COMO UM GOVERNO DEVERIA SER

JAIDEEP PRABHU

COMO UM GOVERNO DEVERIA SER

OS NOVOS RECURSOS DA ATUAÇÃO ESTATAL

Tradução de
Luiz Antônio Araujo

1ª edição

EDITORA RECORD
RIO DE JANEIRO • SÃO PAULO
2022

CIP-BRASIL. CATALOGAÇÃO NA PUBLICAÇÃO
SINDICATO NACIONAL DOS EDITORES DE LIVROS, RJ

P91c

Prabhu, Jaideep
  Como um governo deveria ser: os novos recursos da atuação estatal / Jaideep Prabhu; tradução Luiz Antônio Araujo. - 1. ed. - Rio de Janeiro: Record, 2022.

  Tradução de: How should a government be?: the new levers of state power
  Inclui bibliografia
  ISBN 978-65-5587-395-5

  1. Índia - Política e governo - Séc. XXI. 2. Administração pública - Índia. 3. Política pública - Índia. I. Araujo, Luiz Antônio. II. Título.

21-74899

CDD: 320.60954
CDU: 323.2(540)

Meri Gleice Rodrigues de Souza - Bibliotecária - CRB-7/6439

Copyright © Jaideep Prabhu, 2021
Título original em inglês: How should a government be?: the new levers of state power

Todos os direitos reservados. Proibida a reprodução, armazenamento ou transmissão de partes deste livro, através de quaisquer meios, sem prévia autorização por escrito.

Texto revisado segundo o novo Acordo Ortográfico da Língua Portuguesa.

Direitos exclusivos desta edição reservados pela
EDITORA RECORD LTDA.
Rua Argentina, 171 – Rio de Janeiro, RJ – 20921-380 – Tel.: (21) 2585-2000, que se reserva a propriedade literária desta tradução.

Impresso no Brasil

ISBN 978-65-5587-395-5

Seja um leitor preferencial Record.
Cadastre-se em www.record.com.br
e receba informações sobre nossos
lançamentos e nossas promoções.

Atendimento e venda direta ao leitor:
sac@record.com.br

EDITORA AFILIADA

Aos meu pais e avós, e às famílias de funcionários públicos como as deles, empenhadas em que o governo de seus países funcione melhor.

Sumário

Introdução	9
1 Alicerces	23
2 Como um governo deveria ser?	43
3 O Leviatã insidioso	69
4 O Estado atencioso	95
5 O Estado inclusivo	135
6 O Estado experimental	169
7 O Estado empreendedor: regulando a economia	205
8 O Estado empreendedor: estimulando a economia	245
9 O Estado inovador	283
10 Como os cidadãos deveriam ser?	327
Agradecimentos	353
Notas	355
Índice	371

Introdução

"Então, o que isso quer dizer em termos de governo?"

Era dezembro de 2012 e eu estava em Nova Délhi dando uma palestra na Conferência Anual de Economia do Ministério das Finanças. Tinha acabado de falar sobre como a tecnologia estava colocando o mundo dos negócios de cabeça para baixo quando, das profundezas do auditório, me fizeram essa pergunta. Na palestra, falei a respeito das startups que estavam empregando novas tecnologias e novas formas de organização para construir impérios digitais, provocando disrupções em empresas dominantes em vários setores no mundo. Eu havia dito que essas empresas em ascensão eram pioneiras de uma forma inédita de fazer negócios: trabalhando de trás para a frente, a partir do que os clientes queriam, e então construindo organizações que usavam os dados dos usuários para aperfeiçoar incansavelmente seus serviços. Eu descrevera como essa abordagem revolucionária virara pelo avesso o modelo do século XX, feito de grandes corporações, com enormes orçamentos, que dominaram seus respectivos setores ao desenvolver tecnologia (às vezes em proveito próprio) e depois empurrá-la aos consumidores, em geral, passivos. O mundo dos negócios, argumentei, agora pertencia a companhias frugais, leves, centradas no consumidor; as gigantes mastodônticas, do tipo "quanto maior, melhor", eram uma relíquia do passado.

Eu me referira exclusivamente ao setor privado, mas a voz no auditório queria saber: "O que isso significa em termos de governo?"

No início, fiquei surpreso com a pergunta. Obviamente, ela era importante e relevante. E mais: quem a fazia era um membro experiente do governo indiano. Como acadêmico da área de negócios, eu não tinha dedicado, até aquele momento, muita atenção às implicações da tecnologia sobre os governos. De alguma maneira, naquele dia, improvisei uma resposta que mal arranhava a superfície de uma questão profunda e densa. Mas a pergunta voltaria a mim de várias formas nos anos seguintes.

O que isso significa em termos de governo?

Quando ouvi a pergunta pela primeira vez, em dezembro de 2012, eu já passara cerca de duas décadas pesquisando e escrevendo sobre inovação — como as empresas usam a tecnologia ao desenvolverem produtos novos e melhores para os consumidores e como elas se organizam. Durante a primeira metade da carreira, aproximadamente, estudei como a inovação foi executada por grandes corporações em ascensão no Ocidente. Com minha pesquisa, familiarizei-me com o modelo clássico de inovação do século XX, em que o maior era considerado melhor: inovação estava ligada a vastos projetos — equipes imensas com enormes orçamentos —, sigilo absoluto e processos estruturados que exigiam tempo para desenvolver.

Então, no novo milênio, comecei a estudar a inovação em economias emergentes como a Índia, onde cresci. O que encontrei me surpreendeu. Ao contrário do modelo ocidental do tipo "maior é melhor" e altamente estruturado, as empresas em mercados emergentes eram frugais e ágeis ao buscarem a inovação. Eram boas em fazer mais com menos, em improvisar e em acompanhar o mercado com rapidez.

Motivado por essa distinção e vitalidade, escrevi um livro sobre a inovação em mercados emergentes e sobre o que as organizações ocidentais poderiam aprender com eles. Meus coautores e eu demos ao livro o título *Jugaad innovation* [A inovação do improviso].[1] *Jugaad* é um termo hindi frequentemente usado na Índia para descrever essa inovação frugal e ágil. O livro calou fundo em leitores do mundo inteiro. Traduzido para português, holandês, francês, italiano, japonês e mandarim, o primeiro sinal de sua popularidade surgiu quando cópias piratas apareceram nas calçadas de Mumbai.

Pouco depois deste primeiro livro ter sido publicado, comecei a notar um grande interesse pelo conceito de inovação frugal no Ocidente e *para* o Ocidente. Isto se devia, em parte, aos números crescentes de consumidores ocidentais já sob o efeito de orçamentos estagnados há décadas, e que começavam a cambalear depois da crise financeira e da austeridade governamental.

Mas havia vetores positivos também. Um número cada vez maior de pessoas "comuns" se capacitava com uma série de novas ferramentas e recursos a fim de resolver problemas que somente grandes corporações ou governos teriam tido condições de enfrentar cerca de uma década antes. A democratização da inovação vinha permitindo a ascensão de uma economia frugal, sustentada por tendências como a economia compartilhada e a cultura *maker*, ou "faça você mesmo". Era excitante ver como a internet — junto com as mídias sociais, os smartphones, os computadores e os softwares baratos, as impressoras 3D, os espaços *maker* e os Fab Labs, os aceleradores e o financiamento coletivo — estava permitindo que equipes reduzidas se engajassem no processo completo de inovação, da criação e desenvolvimento de soluções à sua fabricação, promoção e distribuição para um mercado global. Lastreados em tal revolução, surgiram serviços "frugais", como o Airbnb e o WhatsApp, e produtos "frugais", como o Square Reader, uma ferramenta da internet das coisas que permite pagamento com cartão de crédito por meio de uma entrada de áudio de smartphone. (O WhatsApp, por exemplo, foi desenvolvido por quatro pessoas em nove meses e com cerca de 250 mil dólares de investimento somente.)

Inspirado por essa ampla revolução que varria as metrópoles ocidentais e as cidades universitárias, escrevi um segundo livro, *Frugal Innovation* [Inovação frugal],[2] no qual eu e o coautor descrevíamos o que organizações grandes e pequenas estavam fazendo nesse campo e os princípios que sustentavam seus esforços. O livro também foi traduzido para vários idiomas, incluindo francês, mandarim, turco, ucraniano, italiano e russo.

Novamente, porém, como aconteceu em dezembro de 2012 em Nova Délhi, aonde quer que eu fosse, em palestras que dava sobre os livros, havia a inevitável questão de alguém na audiência: "Então, o que isso quer dizer em termos de governo?" Com certa frequência, alguém do público também me abastecia com respostas, ao descrever o que já estava ocorrendo em governos do mundo inteiro. E assim, embora meus livros e minha carreira estivessem até então focados no setor privado, tornei-me cada vez mais atento à revolução paralela que ocorria no Estado.

*

Olhando em retrospectiva, fica claro que o interesse por governos começou em um ponto precoce de minha carreira. Em 2008, fui selecionado para uma cátedra de negócios na Universidade de Cambridge. A cátedra tinha sido criada pelo governo indiano em homenagem ao primeiro-ministro da Índia, Jawaharlal Nehru, que estudara Ciências Naturais em Cambridge cem anos antes. Embora o foco da cátedra fosse o mundo dos negócios, entendi que seria necessário também olhar para como os governos trabalhavam e examinar os laços entre os setores público e privado. Tendo crescido na Índia entre os anos 1970 e 1980, eu possuía uma aguda consciência da importância do Estado para fomentar negócios e crescimento. Num plano mais pessoal, meu pai tinha sido funcionário público e eu, desde tenra idade, observara de perto o papel crucial da burocracia.

De 2012 em diante, contudo, passei a procurar e a encontrar oportunidades para estudar o setor público mais sistematicamente. Comecei a ministrar um curso de mestrado sobre governos e tecnologia em Cambridge. Pouco depois, tornei-me diretor acadêmico de um programa de liderança para funcionários públicos indianos de alto escalão e dei aulas em programas similares para burocratas e líderes políticos dos Emirados Árabes Unidos, da Nigéria, da Malásia e do Cazaquistão. Tornei-me também professor associado do Centro para Ciência e Política, que tinha sido criado para reunir acadêmicos e formuladores de políticas europeus a fim de tratar questões de interesse mútuo. A partir de então, encontrei e falei com frequência com centenas de funcionários públicos de muitas partes do mundo, incluindo Reino Unido, América do Norte, União Europeia e Commonwealth.

Quanto mais pensava na relação entre a tecnologia e os governos, mais nítida ficava a existência de suas três facetas. Em primeiro lugar, havia as implicações positivas sobre como o próprio governo funcionava. Como o Estado usaria novas tecnologias e formas de organização para oferecer melhores serviços para os cidadãos e de modo mais rápido e barato? Se Amazon, Google e Facebook tornavam a experiência do consumidor tão fluida, aproveitavam *big data* e análise de dados para realizá-la mais rápido e com menor custo, coordenavam com eficiência e sucesso grande número de atores nos dois lados do mercado, o da demanda e o da oferta, e continuavam se aprimorando incessantemente, o governo poderia fazer o mesmo? Mas eu também não ignorava um segundo aspecto da questão, mais sombrio. Talvez o governo pudesse usar as mesmas ferramentas para obter maior controle sobre os cidadãos, para monitorá-los e vigiá-los e acumular ainda mais poder. Se Amazon, Google e Facebook tinham sido capazes de ter tanta influência sobre a vida das pessoas, quão mais perigosas essas mesmas ferramentas seriam nas mãos de um governo? Em terceiro lugar, havia, é claro, a questão de como os governos deveriam gerir o uso dessas ferramentas pelo setor privado. O que deveriam fazer em relação às gigantes digitais e seu imenso poder? E como o Estado deveria se relacionar com startups e empreendedores sociais para estimular inovação e crescimento com inclusão? Como, em síntese, deveria ser o governo no século XXI?

*

"As nove palavras mais aterrorizantes em inglês", disse certa vez Ronald Reagan, "são: 'Eu sou do governo e estou aqui para ajudar.'" Será que os governos são realmente tão ruins em honrar essa oferta de ajuda? E se são, qual deveria ser sua escala e seu escopo? Essa é a questão discutida de forma mais urgente na política contemporânea.

De um lado do debate, estão os ultraliberais, para quem o governo é incompetente e ineficiente, no melhor dos casos, e perigoso no pior. Para eles, o único Estado bom é o pequeno, que deixa a maior parte do trabalho de administrar a economia nas mãos do mercado e da sociedade civil. É a tradição intelectual de Friedrich von Hayek e Milton Friedman, e de políticos como Ronald Reagan e Margaret Thatcher aos republicanos do Tea Party.

Reunidos contra eles estão os estatistas, que acreditam na benevolência inerente do governo e desejam aumentar seus poderes e usá-los para influenciar a sociedade e a economia. É a tradição dos socialistas fabianos e dos defensores da economia planificada, assim como de políticos contemporâneos, como Bernie Sanders e Elizabeth Warren, e de movimentos, como Syriza, Cinco Estrelas e Podemos. Para eles, o Estado é a única força capaz de rearranjar as oscilações e injustiças do mercado e assegurar que todas as vidas sejam devidamente valorizadas.

Não surpreende que os grupos discordem e não surpreende que ambos estejam errados. Mas o que este livro pretende argumentar é que ambos estão, em certo sentido, certos. Há, de fato, uma maneira de os governos serem, ao mesmo tempo, grandes e pequenos, generosos e frugais, profundamente presentes na vida dos cidadãos e a um passo da intromissão intervencionista. Esta afirmação é válida em tempos de estabilidade, quando a economia e a sociedade estão funcionando bem sozinhas. E é ainda mais válida em tempos de crise, durante derrocadas financeiras ou pandemias, quando o Estado tem um papel crucial a desempenhar, tendo que ser eficiente e eficaz. Durante a crise financeira de 2007-2008, por exemplo, a reação de alguns governos foi melhor do que outros em relação a problemas urgentes sobre como introduzir e gerenciar pacotes de socorro e empréstimos. As consequências da reação duraram muito além do período imediatamente seguinte à crise. Assim ocorreu, também, com a pandemia de Covid-19 em 2020. Alguns governos foram notavelmente melhores do que outros em mobilizar recursos para responder de modo rápido, humano e eficaz às consequências econômicas e sanitárias da crise. Os melhores governos foram capazes de equilibrar os imperativos de assegurar a saúde pública e garantir que suas economias não fossem moídas até a paralisia. Como fizeram isso?

Em tempos bons e ruins, há muitas formas pelas quais um governo obtém *mais* para os cidadãos com *menos*. Algumas delas são óbvias, mas muitas, afirmo, são inéditas e dependem de novas tecnologias ou de avanços na teoria das organizações.

Se pusermos todas juntas, temos uma receita que pode mudar o mundo, simplesmente, para melhor.

Gostemos ou não, existem de fato tecnologias transformadoras que estão alterando o tamanho e o alcance potenciais dos governos e das empresas privadas. Além disso, há novas formas de coordenar que andam de mãos dadas com as mudanças tecnológicas. Tudo isso traz consequências para os velhos debates sobre o tamanho e o alcance do Estado. Por exemplo, para o bem e para o mal, é possível agora ter um aparelho estatal extensamente invasivo de baixo custo. Por isso, este livro pretende ajudar o leitor a descobrir o real panorama de alternativas que contemplamos hoje: um mundo no qual burocracias vastas e sem transparência podem ser reunidas num quarto; em que os mecanismos de vigilância são privatizados, globalizados e sem transparência; e em que há preocupantes aspectos positivos e negativos nos novos meios à disposição do governo. E, é claro, se os governos não usarem esses meios, outros o farão. A questão sobre como devem ser os governos mudou, e este livro pretende mostrar como.

Ao fazer isso, este livro pretende ser amplamente apolítico. Obviamente, sempre haverá discussões políticas sobre o tipo de questões em que um governo precisa se envolver. Meu tema, entretanto, é a questão relativamente apolítica sobre como o governo deve se posicionar em relação ao cumprimento de seus objetivos, uma vez que tais assuntos estejam decididos. Não se trata de uma questão totalmente apolítica, obviamente. O desejo de eficiência desmorona nos extremos da esquerda e da direita. Por exemplo, aqueles que se opõem ferozmente ao Estado em qualquer escala não devem ver propósito em ajudá-lo a fazer seu trabalho melhor; devem mesmo gostar de ineficiências e fracassos específicos, por comprovarem sua natureza intrinsecamente falha, ou ainda podem tentar sabotá-lo ativamente. Por outro lado, os que apoiam uma forma extrema de estatismo talvez tenham se acostumado à ineficiência dos governos; devem até mesmo acreditar que a única maneira de encarar desigualdades sociais é usando cada vez mais dinheiro (dos outros) para os muitos problemas que a sociedade enfrenta hoje.

Este livro não é dirigido a nenhum desses grupos. Se, porém, você acredita que há coisas legítimas a serem feitas pelo governo e deseja vê-las executadas de forma segura, eficiente e ágil para o bom funcionamento democrático, este livro é para você. Ele contém modelos sobre como um governo pode fazer as coisas, possíveis exemplos úteis se você vier a ocupar um cargo no governo, ou padrões a serem seguidos por representantes eleitos, caso você se importe com a eficiência do trabalho realizado pelo governo. Este livro também mostra — com cuidado e condizente com o desejo de não expressar opiniões substantivas sobre questões políticas — onde estão os perigos. De fato, com muita frequência, o sucesso dos programas governamentais depende não da ideologia que os sustenta, mas da competência com que são implementados. Os melhores planos podem naufragar em razão de uma implementação falha, enquanto ideias medíocres podem funcionar se forem bem implementadas. Melhorar os processos de implementação do governo é, acredito, uma questão eminentemente prática, cujo valor pode ser apreciado tanto por ultraliberais quanto por estatistas.

A estrutura deste livro reflete esses objetivos. O capítulo 1 descreve o Projeto de Identidade Única da Índia e ilustra o que um governo pode fazer hoje, em termos de criação de infraestrutura digital e programas em larga escala, com orçamentos limitados, corretamente e com eficiência. O capítulo 2 recua para investigar o campo do pensamento político do século XX: o campo de batalha das ideias entre os ultraliberais, que brigam por um Estado pequeno, e os estatistas, que brigam por um Estado grande. Defendo a tese de que essa discussão binária não mais se sustenta e que, como sugere Aneesh Chopra, primeiro diretor de tecnologia do governo dos Estados Unidos e autor de *Innovative State* [Estado inovador], o Estado "deve abandonar as desgastadas discussões entre os que abraçam entusiasticamente o governo maior e os que firmemente apoiam o governo menor, discussões que criam adversários e animosidade, mas pouco avanço".[3] Discutindo com Chopra, o capítulo 2 assegura que: "Não se trata de ser maior. Não se trata de ser menor. Trata-se de ser mais inteligente."

O capítulo 3 retorna ao projeto de identidade única da Índia e compila iniciativas similares em outros países, particularmente a China. Observa exemplos positivos de governos que fazem mais e melhor com menos, mas também examina os pontos negativos. Se podem fazer mais pelos cidadãos, certamente podem também fazer mau uso desse poderoso aparato para vigiar, monitorar, policiar e, finalmente, oprimir seu povo. Quais são as implicações desse poder para governos e sociedades?

Os capítulos 4 a 8 analisam em maior detalhe como o governo deve ser no século XXI. Exploram quatro princípios-chave de como podem ser mais receptivos aos cidadãos, mais inclusivos, mais experimentais e aprender a dirigir e não a atrapalhar, tanto no que tange à regulamentação quanto ao estímulo ao empreendimento privado.

Mais especificamente, o capítulo 4 explora como o Estado pode colocar os cidadãos em primeiro lugar — usando novas tecnologias e reduzindo hierarquias governamentais — e prover serviços públicos mais rápidos, melhores e mais baratos.

Em muitas partes do mundo, as pessoas se julgam abandonadas pelo governo. Igualmente, onde o mercado domina, as pessoas percebem o poder que o mercado tem de produzir desigualdade. O capítulo 5 explora a "seguridade social" e como um governo, em diferentes níveis, pode ser mais inclusivo ao tratar de grupos distintos da sociedade.

INTRODUÇÃO

O capítulo 6 examina como o Estado usa o acesso privilegiado ao público para fazer estudos e aprender com os resultados. Como podem os governos — à semelhança do que gigantes digitais fazem com os clientes — usar novas tecnologias, dados e ciência do comportamento para nutrir sua relação com os cidadãos de maneiras inteligentes e ágeis? Como podem eles dar escala às soluções que se mostraram eficazes em fases experimentais, identificando áreas em que as melhores práticas devem ser compartilhadas nos diferentes níveis do Estado?

O capítulo 7 explora como os Estados podem conduzir a economia *controlando* a indústria e as novas tecnologias de um jeito melhor. Nas próximas poucas décadas, o mundo verá o advento de tecnologias radicalmente novas em muitas áreas: inteligência artificial, robótica, carros sem motorista, computação quântica, engenharia genética e assim por diante. Essas tecnologias podem transformar nossas vidas para melhor. Ou causar disrupção imprevista e sofrimento. Vai depender dos governos administrá-las e controlá-las de forma inteligente para que concretizem seu potencial sem colocar em perigo a sociedade e os cidadãos. Para a economia ser inovadora e se desenvolver, o capítulo 7 argumenta que é necessário que um governo alcance equilíbrio entre os extremos da abordagem *laissez-faire* para as novas tecnologias e o controle com mão pesada que poderia matá-las, mesmo antes de avaliar seu potencial positivo de mudança.

O capítulo 8 observa como um governo pode orientar em vez de remar, tanto no âmbito do *desenvolvimento* quanto da indústria e das empresas de modo geral. Mostra como ele aciona o potencial criativo das empresas e dos cidadãos a fim de estimular, e não engessar, a inovação.

Para sobreviver e prosperar, um governo deve ser capaz de se adaptar e mudar. Mas as burocracias governamentais com frequência resistem à mudança: são hierárquicas, seguem processos estruturados, sofrem de pensamento compartimentado e punem o erro, desencorajando a inovação. O capítulo 9 examina como o Estado pode mudar tudo isso por meio da criação de estruturas, atitudes e práticas que encorajem os que estão no governo a se preparar para o futuro.

Finalmente, a força motriz fundamental de mudança para o funcionamento do Estado, porém, vem dos cidadãos e de como eles interagem com o governo. O que os cidadãos devem fazer para conquistar o governo que desejam? Como podem fazer os candidatos eleitos suarem não apenas durante as eleições, mas nos outros momentos também? O capítulo 10 observa a maneira com que os cidadãos devem escolher seus líderes e o que conta como experiência útil para governar neste novo milênio. O capítulo também examina o papel do cidadão engajado e dos movimentos de cidadãos para fiscalizar o governo.

Ao longo do livro, analiso histórias e exemplos de países desenvolvidos (como Estados Unidos, Reino Unido, Dinamarca e Canadá) e de nações em desenvolvimento (como Índia, China, Quênia e Bangladesh). A escolha é alimentada pela convicção de que comparações entre países são essenciais. Em aspectos importantes, os governos são parecidos, estejam onde estiverem: têm objetivos, recursos e freios similares e meios de trabalho e de processos comparáveis. Mesmo quando diferem muito uns dos outros, as comparações são reveladoras. Afinal, algo que um país faz de forma diferente e boa pode inspirar outro país a mudar.

Além disso, estruturei o livro em torno de histórias e exemplos, em vez de apenas em argumentos, baseado na convicção de que as coisas muitas vezes na prática são diferentes do que achamos que seria em função da teoria ideológica. Prestar atenção ao que de fato acontece quando tentamos fazer algo na vida real é esclarecedor e instrutivo. Muitas das histórias que escolhi aconteceram nos últimos dez anos e, portanto, são relativamente recentes. Algumas, contudo, datam de antes da crise de 2008. As mais antigas, acredito, permanecem relevantes. As técnicas básicas e possibilidades de governo não mudam tão depressa. De fato, em alguns casos, os efeitos permanecem por longo tempo. Em outros, algum tempo precisa passar antes de ser possível enxergar os verdadeiros efeitos da mudança.

*

Este livro é sobre como fazer um governo funcionar mais rápido, melhor e mais barato. Por isso, tem relevância imediata para os que trabalham para ou com governos. Mas é também escrito para o leitor geral. Numa era em que o governo nunca foi tão importante e em que a impaciência e a insatisfação do público com as instituições públicas são crescentes, este livro pretende informar e inspirar pessoas sobre o potencial transformador de um Estado que funcione em sintonia com os cidadãos.

Ensinar, escrever e pensar sobre a questão "O que isso quer dizer em termos de governo?" me convenceu de que estamos no limiar de uma revolução da forma com que os Estados funcionam. Estamos avançando rapidamente de um velho modelo de governo — de cima para baixo, de dentro para fora, caro e lento — para outro que é de baixo para cima, de fora para dentro, frugal e rápido.

Por mais de um século, a questão mais exaltada no pensamento político foi o tamanho do Estado. Deveria ser expandido e assumir papel ativo em todas as áreas da vida? Ou este caminho seria apenas intervencionista e ineficaz? Essas questões fizeram sentido no século passado. Agora, com revoluções na tecnologia e na estrutura organizacional, uma revolução está chegando também aos assuntos essenciais do governo. É de grande importância, portanto, que mais uma vez façamos a pergunta sobre como deve ser um governo. Se não a fizermos, podemos acabar governados por um que não desejaríamos.

1
Alicerces

A Índia, no começo da década de 1980, não era um bom lugar para se começar um negócio. De saída, o dinheiro era quase inexistente. Para conseguir seu capital inicial, Nandan Nilekani precisou pedir emprestados 250 dólares à mulher de um de seus cofundadores. Além disso, havia a burocracia, que dificultava a aquisição até mesmo da tecnologia mais elementar. Uma piada da época era que metade do país estava esperando por um telefone, enquanto a outra metade esperava pelo sinal de discagem. Nilekani pretendia abrir uma empresa de software, a Infosys, mas a empresa em gestação teve de esperar três anos para obter a licença para importar um computador. A cada passo, o novo negócio teve de lutar com processos antediluvianos de governo, burocracia bizantina e funcionários de segunda linha, que só trabalhavam se as suas mãos fossem devidamente molhadas. Embora seu pai tivesse sido gerente da indústria têxtil Minerva Mills, Nilekani concordava com os ideais socialistas fabianos que haviam impulsionado a Índia recém-independente. E assim, crescendo em Bangalore, ele havia sido educado com bons princípios socialistas. Os primeiros encontros com o governo como empresário iriam colocá-los à prova.

Demorou uma década de trabalho árduo antes que as coisas começassem a melhorar. No início da década de 1990, a economia da Índia se abriu para o mundo. Tornou-se mais fácil viajar para o exterior, importar máquinas e convidar consultores estrangeiros. Gradualmente, a Infosys se tornou uma participante relevante no negócio global de softwares. A empresa foi pioneira de uma nova forma de distribuição dos trabalhos de escritório por todo o mundo, alocando, em regiões mais baratas, partes diferentes de projetos, para depois entregar a solução completa para o cliente onde quer que estivesse. Se você trabalhou para uma empresa de software em qualquer lugar do mundo, ou lidou, ainda que superficialmente com o software que estava usando como consumidor, você deve ter percebido imediatamente essa revolução. No final da década, a Infosys ficou conhecida como a empresa que inventou o modelo de terceirização global.

Extrovertido, genial e articulado, Nilekani era a frente internacional da empresa. Em 2002, pouco mais de vinte anos depois de ter cofundado a companhia, ele se tornou CEO da Infosys. Quando assumiu, a empresa valia quinhentos milhões de dólares. Quando deixou o cargo para se tornar vice-presidente em 2007, valia três bilhões de dólares.[1] Esse sucesso chamou atenção na Índia. A maioria das pessoas ainda lutava com a dificuldade de avançar; apesar das reformas, o Estado ainda sufocava muitos aspectos da vida e do trabalho, e o país permanecia pobre.

No entanto, mesmo quando a riqueza e o sucesso de Nilekani o colocaram fora do alcance do assédio burocrático, o Leviatã tentou atraí-lo de volta. Em 1999, o ministro-chefe do estado de Karnataka foi falar com ele. Ele aceitaria liderar uma força-tarefa para melhorar a infraestrutura da capital e os desafios de governança? Alguns anos depois, o primeiro-ministro da Índia pediu a Nilekani que trabalhasse em uma nova Comissão Nacional de Conhecimento, criada para melhorar a competitividade do país na economia global do conhecimento. Naquela época, Nilekani também integrou o Grupo Nacional Consultivo em Governança Eletrônica e ajudou a fundar a Associação

Nacional de Empresas de Software e Serviços (Nasscom, na sigla em inglês), órgão comercial da Índia para a indústria de softwares. Em 2006, em reconhecimento a essas contribuições, ele foi agraciado com uma das maiores honras civis da Índia, o prêmio Padma Bhushan. Em um artigo na revista *Time*, o jornalista Thomas Friedman perguntou: "O que torna Nilekani único? Para mim, é algo passível de ser sintetizado em uma frase: excepcional explicador... Se ficar diante da porta de seu escritório por um dia, você percebe que metade das pessoas que entram é de funcionários que buscam instruções ou de clientes à procura de negócios; a outra metade é de políticos, jornalistas e ministros de todo o mundo procurando uma explicação sobre o que tudo isso significa."[2] Foi Nilekani, explicando como a Infosys usou a tecnologia para se tornar global, quem deu a Friedman a frase "O mundo é plano", inspirando a homenagem à globalização, feita pela *New Yorker*, com este título.

As ideias de Nilekani sobre o poder da tecnologia, juntamente com sua experiência de governo em vários níveis, nunca deixaram de inquietá-lo. Seu trabalho para vários órgãos oficiais manteve vivo o interesse pelo serviço público. Sua curiosidade natural sobre por que as coisas eram do jeito que eram e seus instintos como solucionador de problemas continuavam estimulando-o, mesmo quando a Infosys ficou cada vez mais forte e sua própria reputação no mundo dos negócios cresceu.

Em 2009, ele expôs seu pensamento no livro *Imagining India: The Idea of a Renewed Nation* [Imaginando a Índia: a ideia de uma nação renovada, sem tradução para o português]. Nele, Nilekani encarou alguns dos grandes problemas que o incomodavam e a seu país. Um dos mais complicados era a identificação dos cidadãos. O problema, Nilekani explicou, é que mais de quinhentos milhões de indianos, a maioria da população, não tinha meios de provar quem era para ninguém que perguntasse. E muitos perguntavam: funcionários de banco, lojistas distribuindo ração de alimentos, funcionários de departamentos governamentais prestando serviços aos cidadãos etc. Como resultado, muitos indianos não podiam abrir contas bancárias, tirar carteira de motorista ou ter acesso aos registros fundiários ou às rações de alimentos que lhes eram devidas.

Enquanto isso, quem tinha acesso à identificação sofria com o abuso do sistema, dependendo de com qual parte do estado se envolvia. Havia passaportes, números de cartões de racionamento, número de conta permanente para pagar impostos, carteiras de identificação de eleitor e assim por diante. Os bancos de dados existiam em compartimentos desconectados, que tornavam o foco em uma identidade única e definida para cada cidadão quase impossível. E, assim, o sistema estava cheio de fantasmas. Na Índia, enquanto os beneficiários almejados pelos sistemas do governo ficavam desassistidos, incontáveis identidades falsas votavam e recebiam subsídios do setor público, fraudando o Estado em milhões. Certa vez, um acadêmico disse a Nilekani que havia mais cartões de racionamento abaixo da linha da pobreza no estado de Karnataka do que toda a sua população reunida. A dispersão e o desperdício burocráticos fizeram Nilekani lembrar das dificuldades da Infosys no início dos anos 1980 — para obter autorizações a fim de fazer negócios, importar computadores, emprestar moeda estrangeira, entre outras.

Então, o que poderia ser feito?

Nilekani teve uma ideia radical. O país precisava de uma identidade única e universal para cada indiano. Isso não apenas garantiria que os cidadãos aos quais se destinavam os benefícios do governo os recebessem de fato, de forma justa e eficiente, como também eliminaria a fraude no sistema e economizaria enormes somas para o Estado.

Imagining India tornou-se um best-seller do *New York Times*. Estava claro que Nilekani tinha ambições para além dos domínios da empresa privada. Apenas seis meses após a publicação do livro, o mundo descobriria o quanto suas ambições eram sérias. Em 26 de junho de 2009, o recém-reeleito primeiro-ministro da Índia, Manmohan Singh, anunciou que Nilekani chefiaria a recém-criada Autoridade de Identificação Única da Índia (Uidai, sigla em inglês para Unique Identification Authority of India). Nilekani estava se aventurando dentro da barriga da maior fera que o mundo havia conhecido.

Iniciando o Projeto de Identidade Única

Em uma conversa comigo em março de 2017, Nilekani relembrou seus primeiros esfuziantes dias no governo. Em maio de 2009, houve eleição nacional. O Partido do Congresso Nacional Indiano (ou Partido do Congresso) foi reeleito e estava cheio de entusiasmo renovado para fazer coisas. O primeiro-ministro sondou Nilekani para trabalhar em sua equipe.

"Depois de algumas conversas, percebi que trabalhar para criar uma identidade única era a coisa certa. Eu enxergava sua importância. Tinha a ver com alta tecnologia, que era o meu forte, e poderia ter seu sucesso medido. Seria possível dizer que minha equipe tinha registrado tantas pessoas em tanto tempo e assim por diante."[3]

Nilekani encontrou o primeiro-ministro Singh e apresentou algumas condições. Queria que o Projeto de Identidade Única fosse administrado como uma entidade à parte, um corpo autônomo criado por lei. Queria também se reportar ao próprio primeiro-ministro, com um cargo no ministério.

Nilekani tinha trabalhado na periferia do governo até aquele momento. Ele sabia como governos central, estadual e municipal funcionavam. Tinha visto como os burocratas funcionavam e como tinham senso de hierarquia. Se fosse para entrar no sistema, precisaria da estatura necessária. Ele também sabia que o poder era efêmero na vida pública. "Trata-se frequentemente de quem você conhece e quem o apoia. Quando trabalhei no Bangalore Agenda Task Force (Grupo de Trabalho do Programa de Bangalore), tive o apoio do primeiro-ministro de estado para melhorar a infraestrutura da cidade. Mas assim que ele perdeu as eleições, ninguém retornava minhas ligações." Nilekani sabia que somente poderia negociar essas coisas antes de assumir o cargo. Uma vez no governo, ele se tornaria rapidamente parte da mobília.

O primeiro-ministro aceitou todas as condições. Em 26 de junho de 2009, a nomeação de Nilekani foi anunciada ao gabinete ministerial. Em 9 de julho, ele deixou a Infosys. Em 26 de julho, ingressou no governo como presidente da Uidai. O inventor da terceirização global tinha feito a passagem do setor privado para o público.

Nilekani chegou com um plano básico de ataque. Para dar a cada indiano uma identidade única, ele precisaria de algo como um número único ligado a dados biométricos — fotografia, impressões digitais dos dez dedos, reconhecimento de íris dos dois olhos — e dados demográficos, como o nome da pessoa, endereço, gênero e data de nascimento. "Eu queria simplificar", disse.

Ele precisava de uma equipe. Em primeiro lugar, burocratas baseados em Nova Délhi que conhecessem o sistema e pudessem fiscalizar a administração do projeto, e, em segundo lugar, pessoal técnico que conhecesse hardware, software e os detalhes da medição biométrica. Mais uma vez, a velocidade era essencial. Seu trabalho anterior no governo indicava que tinha amigos na burocracia que podiam ajudá-lo a identificar bons ajudantes. Ele escolheu dez.

Para ter certeza de que a tecnologia atenderia ao desafio, Nilekani fez duas coisas. Recorreu ao setor privado para construir a equipe e baseou-a em Bangalore, centro da indústria de computadores da Índia. Procurou pessoas que entendiam de tecnologia, marketing e *branding*. Sanjay Jain, diretor de produto, veio do Google. Pramod Varma, diretor de desenvolvimento, tinha trabalhado na Infosys, a antiga empresa de Nilekani. Srikanth Nadhamuni, diretor de tecnologia, já havia trabalhado na Sun e na Intel. Vivek Raghavan, diretor de biometria, foi empresário de tecnologia no vale do Silício. Todos foram para o projeto atraídos pela empolgação de fazer algo diferente. Não tinham intenção de serem funcionários públicos para sempre. Como viviam e trabalhavam em Bangalore, era lá que a equipe técnica estava baseada. "Foi a maneira de deixar os técnicos fazerem o trabalho em paz", diz Nilekani. "Em Bangalore, foi possível criar uma cultura descontraída, longe do formalismo rígido da burocracia de Nova Délhi."

Era hora de fazer uma declaração de intenções ambiciosa. Em agosto de 2009, Nilekani divulgou que iria registrar seiscentos milhões de indianos (cerca de metade da população) em cinco anos. Era um compromisso importante. Estimularia as mentes.

Tecnologia é importante

Logo no início, nos primeiros meses do projeto, Nilekani havia elaborado um documento estratégico que definia os objetivos e princípios orientadores da Identificação Única (UID, sigla em inglês para Unique Identification). Seu foco era velocidade e escala. Para conseguir isso, era importante desenvolver o projeto com simplicidade e minimalismo.

A UID representaria o maior exercício desse tipo na Índia e, possivelmente, no mundo. Seria a própria encarnação de um conceito inovador de governo. O ideal de um Estado que não fosse o seguidor passivo das tecnologias pioneiras do setor privado, mas sim um desbravador, o primeiro entre os países em desenvolvimento e em qualquer lugar do planeta. A tecnologia de informação seria sua força motriz. Sustentaria os três processos-chave de registro de pessoas, garantindo que não houvesse duplicação de identidades no sistema e capaz de autenticar pessoas on-line em tempo real. Garantir segurança ao longo de todo processo era fundamental.

Vivek Raghavan, diretor de biometria, descreve a abordagem da seguinte forma: "Não poderíamos fazer muitas dessas coisas por conta própria e também não era desejável. Nossa equipe iria construir o sistema de software central, mas para todo o resto deveríamos trabalhar em parceria com outros. Então criamos um ecossistema completo para trabalhar conosco."[4]

Sanjay Jain, diretor de produto, acrescenta: "O ecossistema era composto de três partes." Primeiro, havia os "registradores", que tinham a função de coletar os dados biométricos e registrar os cidadãos em campo. Eram formados por governos estaduais, serviços postais, bancos, seguradoras, empresas de telecomunicações e agências ligadas ao direito do trabalho ou ao sistema público de distribuição. Além dos registradores, havia empresas de software desenvolvendo os aplicativos que usariam a UID para bancos, saúde, serviço público de distribuição e assim por diante. Por fim, havia empresas desenvolvendo dispositivos e hardware necessários para fazer o registro e executar o cadastramento.[5]

A Uidai não se envolveria em aquisições; as agências de registro fariam isso — elas comprariam das empresas de hardware. O papel da equipe da UID era garantir que as agências de registro comprassem hardware compatível com os padrões que a equipe de UID havia estabelecido.

Consequentemente, mesmo em seu ápice, a equipe tinha menos de cem pessoas, algo notável para padrões de governo em qualquer lugar, pois os novos projetos com frequência já nascem atolados por equipes enormes e orçamentos inchados. No entanto, no grande ecossistema em torno da UID, havia milhares de pessoas envolvidas. "Foram essas pessoas que fizeram o grosso do trabalho e nos ajudaram a realizar tanto em tão pouco tempo", diz Jain.

Como eles conseguiram todo esse apoio? E como sabiam que estavam no caminho certo?

O primeiro ano foi dedicado a criar o quadro técnico, administrativo e legal para o projeto. Ram Sewak Sharma, funcionário público da elite do Serviço Administrativo Indiano, dirigia a equipe em Nova Délhi, os engenheiros em Bangalore desenvolviam a tecnologia da plataforma, e enquanto eles trabalhavam Nilekani partiu em campanha individual a fim de conquistar participantes-chave em todo o país. Ele viajou para todos os estados e reuniu-se com os principais ministros e secretários. Falou com funcionários de bancos, membros de câmaras de comércio e até mesmo com líderes de associações de fertilizantes (a agricultura é uma parte importante da economia indiana).

"O papel de Nandan", diz Jain, "era falar sobre o programa, obter apoio, encontrar aplicativos para a UID e confirmar se os princípios por trás do projeto eram sólidos. Ele estava o tempo todo testando nossos princípios e refinando-os. Em pouco tempo, porém, aonde quer que fosse, não havia mais novas perguntas, e foi quando entendemos que o projeto era sólido. Foi nosso ciclo de *feedback*."

Em agosto de 2010, a equipe estava pronta para começar. Os primeiros registros iniciaram em setembro de 2010. "A essa altura", diz Jain, "decidimos chamar a UID de Aadhaar, que significa 'alicerce', uma palavra que foi compreendida por indianos de vários grupos linguísticos do país inteiro."

A UID tinha ultrapassado o primeiro obstáculo. Mas teria muitos outros pela frente.

Desafios burocráticos e políticos

A fase piloto da UID começou em setembro de 2010 e se encerrou em dezembro de 2011. Apesar do tamanho do desafio, deu certo. Ram Sewak Sharma, funcionário público que chefiava a Autoridade em Nova Délhi, descreve como o Aadhaar começou a ganhar impulso real. "Em pouco mais de um ano, em dezembro de 2011, tínhamos inscrito os primeiros cem milhões de cidadãos e enviado uma carta para cada um deles com seu número exclusivo de doze dígitos. Em seguida, pedimos permissão ao governo para fazer mais cem milhões de inscrições. No auge, estávamos registrando cerca de 25 milhões de pessoas por mês."[6]

Centros de registro foram surgindo em todo o país. Vários estados, independentemente de filiação política, aderiram e apoiaram o projeto. Eles enxergaram os benefícios do Aadhaar: era uma solução prática para os enormes vazamentos nos programas de incentivo e para as grandes quantias que perdiam em razão disso.

A Uidai começou pagando aos cadastradores cinquenta rupias (cerca de um dólar) para cada cidadão registrado. Mais tarde, o valor foi reduzido para quarenta rupias. O custo total de todo o restante — desenvolvimento de softwares, centrais de dados, processo de deduplicação biométrica, envio de cartas Aadhaar — chegou a outras cinquenta rupias ou mais por identificação. No total, o Aadhaar custaria ao governo cerca de cem rupias por cidadão: um custo global de 120 bilhões de rupias para registrar todos os indianos. Por outro lado, o governo gastava 3 trilhões de rupias por ano em subsídios e benefícios de vários tipos e perdia algo em torno de 30 bilhões de rupias por ano em razão de vazamentos, falsificações, duplicatas e fantasmas. "Os estados viram o retorno do investimento e aderiram", diz Sharma. "Em agosto de 2012, atingimos a meta de registrar um total de duzentos milhões de pessoas. Então o governo autorizou o registro de mais quatrocentos milhões."

Mesmo avançando no registro maciço da população, eles começaram a enfrentar uma série de ameaças existenciais. A maior delas veio de dentro do próprio governo.

O Ministério do Interior indiano tinha seu próprio programa para coletar biometria e emitir um cartão inteligente para todos os indianos. Ligado ao Registro Nacional de População (NPR, na sigla em inglês) — um banco de dados das identidades de todos os residentes da Índia —, o foco do programa do ministério era estabelecer a cidadania e tratar da segurança interna. O NPR deflagrou uma guerra por territórios entre a Uidai e o Ministério do Interior, que tinha o apoio do ministro, um político poderoso com ambições de se lançar a primeiro-ministro. Enquanto isso, o Ministério das Finanças não gostou da ideia de duas secretarias diferentes coletarem biometria para propósitos diferentes: com razão, considerou a duplicidade um desperdício de dinheiro público. Por várias vezes, durante aqueles meses, o Ministério do Interior agiu tanto para encerrar o projeto da UID quanto para assumir seu controle. Em diversas ocasiões, quase ganhou a parada.

"Nesse momento, fomos atacados pela ala esquerda do próprio governo", diz Sharma. Membros do influente Conselho Nacional Consultivo, um *think tank* que assessorava a líder do Partido do Congresso Sonia Gandhi, argumentaram que os dados biométricos da UID colocariam em risco a privacidade e a segurança dos cidadãos. O economista Jean Drèze e o ativista social Aruna Roy, ambos integrantes do conselho, afirmaram que, ao introduzir o Aadhaar, o Estado estava abdicando de sua responsabilidade em relação aos programas de bem-estar social. O argumento era particularmente irônico, já que a UID tinha o propósito de ajudar as comunidades desassistidas que Roy e Drèze haviam passado suas carreiras defendendo. Mesmo assim, eles levaram a posição para Sonia Gandhi e pediram a ela que interrompesse o projeto até que fosse adequadamente estudado por cientistas sociais. Essas críticas, mais tarde, serviram de base para ativistas que levaram suas preocupações sobre privacidade e segurança à Suprema Corte.

O terceiro desafio veio do Partido Bharatiya Janata (BJP, na sigla em inglês), maior opositor do Partido do Congresso no poder.

Em 2011, formou-se para estudar o Aadhaar um Comitê Permanente de Finanças, chefiado por um membro do alto escalão do BJP no Parlamento. No final de 2011, o comitê apresentou um relatório contundente que contestou a Uidai com fundamentos jurídicos. "O relatório afirmava, muitas vezes de forma pouco precisa", diz Sharma, "que o Aadhaar usou tecnologia não testada, que tinha vários problemas operacionais, que não empregou verificação robusta das identidades das pessoas e que concedeu status legal a cidadãos estrangeiros, como imigrantes de Bangladesh. O relatório foi muito prejudicial para nós. Achamos nesse momento que a Uidai iria acabar."

Ameaça muito mais grave que todas as outras surgiu entre o final de 2013 e o início de 2014, ao se aproximarem as eleições nacionais.

No início de 2014, o BJP, que fazia oposição havia dez anos, estava em ascensão. Liderado por Narendra Modi, ministro-chefe do estado de Gujarat, parecia provável que o partido retornaria ao poder. Os eleitores indianos ficaram desencantados com o Congresso e sua coalizão entre partidos turbulentos e perturbadores. O incansável Modi percorreu o país inteiro realizando grandes comícios nos quais criticava o Congresso e seus aliados por serem corruptos, ineptos e por não conseguirem promover desenvolvimento e empregos.

Em campanha, Modi estava no seu melhor momento. Orador formidável, usou uma gama completa de insultos e zombarias para ridicularizar o Partido do Congresso e seus líderes: Rahul Gandhi, o inexperiente herdeiro do legado Nehru-Gandhi, e Manmohan Singh, o idoso primeiro-ministro. Ameaçador e vigoroso, Modi incluiu o Aadhaar em sua litania sobre projetos fracassados do Congresso. Seu partido, disse, já tinha se oposto ao projeto com o argumento de não admitir que estrangeiros, incluindo imigrantes ilegais, se beneficiassem de programas públicos. Em setembro de 2013, em um comício de jovens em Tiruchirappalli, no sul da Índia, Modi zombou do Aadhaar chamando-o de *jadi buti* — "receita de charlatão" — para todos os problemas da Índia. Levantou a questão dos bilhões de rupias que haviam sido gastos no projeto e perguntou quem realmente se beneficiara do programa. Disse às multidões que, como ministro-chefe de Gujarat, havia escrito ao primeiro--ministro várias vezes nos últimos três anos com preocupações sobre o Aadhaar e sua ameaça à segurança nacional. Em uma reunião do Conselho de Segurança Nacional, ele pedira ao primeiro-ministro que estudasse as questões que havia levantado sobre o projeto. E tinha avisado que o projeto não funcionaria se as questões não fossem adequadamente respondidas.[7]

Muito antes de Donald Trump transformar a mídia social em arma política, Narendra Modi já provava ser um mestre desse recurso, evitando canais tradicionais de imprensa escrita, rádio e TV e dirigindo-se com suas opiniões diretamente aos crescentes milhões que o seguiam no Twitter. Em 8 de abril de 2014, Modi tuitou: "Sobre o Aadhaar, nem a equipe que conheci nem o primeiro-ministro puderam responder às minhas perguntas sobre a ameaça à segurança que o projeto representa. Não há visão, apenas jogada política."

Agarrando-se ao assunto, em 9 de abril de 2014, durante um evento de campanha em Bangalore — a cidade natal de Nilekani —, Modi novamente questionou o bom senso de gastar dinheiro no Aadhaar sem abordar a questão da segurança nacional e das fronteiras. O governo, disse ele, deve responder sobre o que foi feito com as centenas de milhões de rupias destinadas ao programa. No final, advertiu, o Supremo Tribunal teria que intervir.

Dias depois, em 16 de maio de 2014, o país elegeu Modi e o BJP para o governo. Foi a maior vitória do partido em todos os tempos. Com mais de trezentas cadeiras, ganhou maioria absoluta na Câmara dos Deputados. Significava que não teria de fazer alianças complicadas com siglas menores que enfraqueceriam sua autoridade. O BJP poderia trabalhar à vontade. Se o primeiro-ministro Modi mantivesse o discurso de campanha, o projeto Aadhaar estaria morto.

Os abutres estavam sobrevoando. Depois de quatro anos e bilhões de rupias gastas, depois de quase 600 milhões de indianos cadastrados de norte a sul e de leste a oeste do país, depois de milhares de cabines de cadastramento terem feito seu trabalho e burocratas e técnicos trabalhando feito loucos por meses — depois de tudo isso, parecia que o projeto não daria em nada. Nilekani explicou:

> No fundo, projetamos o Aadhaar como uma forma de aproximar o governo do povo. Era para dar poder aos cidadãos e tornar o Estado mais ágil e responsável perante eles. Que melhor maneira havia de incorporar princípios democráticos — governo de, para e pelo povo — do que isso? E ainda, ironicamente, o próprio processo democrático iria agora acabar com a reinvenção do relacionamento entre o governo e o povo. As bases estavam lançadas, mas ninguém seria capaz de construir a partir delas. Parecia um jeito triste de terminar.

Então, quando tudo parecia perdido, alguém do novo governo apareceu. Para ajudar.

UID: de azarão a favorito

Em 16 de maio de 2014, Narendra Modi se tornou o 14º primeiro-ministro da Índia. Ao longo da campanha que o levou à vitória, Modi havia criticado o Aadhaar. Havia sinais de que, uma vez no poder, ele o desmantelaria completamente. De fato, logo após a vitória do BJP, o porta-voz do novo governo, Prakash Javadekar, disse à imprensa: "Nossas preocupações com o Aadhaar são duas: falta de respaldo legal e questões de segurança."[8]

Algumas semanas depois, no entanto, em uma reviravolta significativa, Modi fez uma declaração pública afirmando que tentaria cadastrar 1 bilhão de indianos "com a maior brevidade" no Aadhaar.

O que o fizera mudar de ideia?

Semanas após vencer a eleição, Modi reuniu-se com Nilekani e Ram Sewak Sharma, funcionário público do alto escalão que tinha sido o braço direito de Nilekani nos primeiros anos da Uidai. Sharma, agora à frente do Departamento de Tecnologia da Informação, convenceu-o de que o projeto da UID poderia economizar enormes quantias de dinheiro. Em uma reunião com Modi, ele fez um cálculo por alto. O governo da Índia, sinalizou ele, gastou cerca de 60 bilhões de dólares em subsídios individuais. No mínimo, cerca de 10% desses indivíduos eram fantasmas. Se fossem removidos, resultaria em uma economia anual de 6 bilhões de dólares.

Além disso, e sem que Nilekani ou Sharma soubessem, Modi chegara a tentar implantar um programa semelhante ao Aadhaar em nível regional, quando era ministro-chefe de Gujarat, com resultados positivos. No final das contas, Modi não se opunha tanto como eles haviam temido. O projeto da UID ganhou mais um tempo para lutar por sua sobrevivência.

Este foi apenas o começo. Nos meses seguintes, o governo do BJP, apesar de ter sido anteriormente crítico ao projeto, incorporaria o Aadhaar em vários de seus programas, tornando-o a peça central das reformas do sistema de distribuição pública de alimentos e de subsídios para os pobres, vinculando-o a programas de inclusão financeira e até mesmo ao sistema tributário.

Arun Jaitley, ministro das Finanças, deu o pontapé inicial distribuindo 280 milhões de dólares para o projeto no ano fiscal de 2014-15, valor acima do orçamento do ano anterior, de 220 milhões. Em seguida, em 10 de setembro de 2014, a Comissão de Assuntos Econômicos do Ministério aprovou o processo de inscrição nos estados de Bihar, Uttar Pradesh, Uttarakhand e Chhattisgarh. O objetivo era inscrever 1 bilhão de pessoas em toda a Índia até o final de 2015.

Outro comitê foi designado para revisar o Programa de Transferência de Benefícios Diretos para subsídios do governo para gás de cozinha. O programa foi rebatizado de Pahal, em novembro de 2014, e ficou decidido que o número Aadhaar poderia ser usado para creditar subsídios diretamente nas contas bancárias dos compradores. Até março de 2015, o programa Pahal beneficiaria mais de 100 milhões dos 145 milhões de usuários ativos de gás de cozinha no país. Arvind Subramanian, principal conselheiro econômico do Ministério das Finanças, saudaria o programa como a "virada de jogo" para a Índia. Ele afirmou que o projeto provocou a redução de 24% na venda de gás subsidiado, ao garantir a exclusão de beneficiários fantasmas do sistema.[9] A economia para o governo apenas em 2014-15 foi calculada em quase 2 bilhões de dólares, mais do que o projeto Aadhaar havia custado até então. Em setembro de 2015, o governo estendeu o uso de transferências diretas de dinheiro para subsídios alimentares em três territórios: Puducherry, Chandigarh, Dadra e Nagar Haveli. Agora, em vez de fornecer alimentos subsidiados aos pobres por meio de "lojas de racionamento" intermediárias, as transferências de dinheiro eram feitas diretamente para contas bancárias vinculadas ao número Aadhaar de beneficiários. Ao se pronunciar sobre essas reformas, Peeyush Kumar, o funcionário público responsável, anunciou que: "Embora inicialmente 500-700 rupias por família serão transferidas para as contas bancárias dos beneficiários como subsídio à alimentação, em uma fase posterior o querosene também será contemplado na transferência direta de benefícios."[10] Em 2016, transferências bancárias diretas em subsídios alimentares foram estimadas por outro comitê de alto nível como responsáveis por uma economia de 4,8 bilhões de dólares anuais para o Tesouro, saídos de um orçamento central de subsídio alimentar de cerca de 19 bilhões de dólares.

Outra iniciativa importante foi a campanha de inclusão financeira do governo. Quando o BJP chegou ao poder, mais de 40% dos indianos, muitos deles agricultores pobres ou trabalhadores sem terra, tinham pouco ou nenhum acesso ao sistema bancário. Na tentativa de resolver isso, em 15 de agosto de 2014, Modi lançou o Pradhan Mantri Jan Dhan Yojana (o Plano de Renda do Povo do Primeiro-Ministro), um programa de inclusão financeira com o objetivo de expandir o acesso dos cidadãos a contas bancárias, remessas, crédito, seguros e aposentadorias.[11] Executado pelo Departamento de Serviços Financeiros, mais de 15 milhões de contas bancárias foram abertas no dia do lançamento, uma conquista que chegou ao livro *Guinness World Records* de 2015.

Forçar os bancos a abrir contas era uma coisa. Fazer com que os cidadãos as usassem era outra. Contas bancárias sem propósito estavam destinadas a permanecer inativas. Uma maneira de torná-las úteis era usar transferências bancárias diretas na concessão de benefícios. Mas havia outro obstáculo: como garantir que os beneficiários conseguissem acessar o dinheiro dessas contas? Para a maioria dos indianos no campo, a agência bancária mais próxima ainda ficava muito distante. Foi aqui que o banco móvel entrou. Como afirmou o ministro das Finanças, Arun Jaitley:

> Se for possível concretizar a ideia do governo de JAM — Jan Dhan, Aadhaar, Móvel —, podemos garantir que o dinheiro vá diretamente e mais rápido para o bolso dos mais pobres e, com a economia obtida, dar ainda mais dinheiro para eles. Se formos cuidadosos com o plano e a implementação, podemos estender a Transferência Bancária Direta a outros produtos, para que os mais pobres recebam mais dinheiro para investir em sua ascensão.[12]

As comportas tinham sido abertas. Com cada vez mais indianos cadastrados e o governo central avançando em transferências bancárias para subsídios de alimentos e gás, diferentes setores da administração começaram a encontrar outros usos para o Aadhaar.

Em julho de 2014, os escritórios do governo introduziram o censo habilitado por biometria do Aadhaar para controlar o absenteísmo e publicou os dados on-line no site attendance.gov.in. Naquele mês, a Organização do Fundo de Previdência dos Servidores da Índia começou a vincular as contas de pensão aos números Aadhaar. Em agosto, o primeiro-ministro instruiu a Comissão de Planejamento da Índia a cadastrar todos os presidiários na Uidai. Em novembro, o Departamento de Telecomunicações pediu às operadoras de telecomunicações que coletassem os números Aadhaar de novos compradores de cartões SIM. Em dezembro, a ministra do Desenvolvimento da Mulher e da Criança, Maneka Gandhi, propôs que o Aadhaar se tornasse obrigatório para os homens que criassem perfis em sites de casamento e namoro.

Em 2015, vários ramos do Estado encontraram novos usos para o Aadhaar. Em fevereiro, o Ministério das Relações

Exteriores anunciou que quem tivesse um número Aadhaar conseguiria emitir seu passaporte em dez dias, pois o processo de checagem ficara mais rápido e tornara mais fácil verificar no banco de dados do Escritório Nacional de Registros Criminais se os candidatos tinham antecedentes na polícia. Em março, a Comissão Eleitoral iniciou o Programa Nacional de Saneamento e Autenticação de Listas de Eleitores, que vinculava os documentos de identidade à foto dos eleitores registrados ao número Aadhaar, removendo com isso qualquer duplicidade e criando um sistema de identificação do eleitor sem erros.

E assim foi.

Tanto que, no início de 2016, o Aadhaar se expandira muito além de seus objetivos originais. Idealizado como um programa voluntário, tornou-se praticamente obrigatório não apenas para uma gama de serviços oficiais, mas também para certos serviços privados como conexão para telefone celular e contas bancárias. Os críticos começaram a se preocupar com o fato de que o projeto estava a ponto de virar um Frankenstein. Uma vez que seu uso tinha passado na frente de qualquer lei aprovada para torná-lo compatível com liberdades e direitos constitucionais, ele potencialmente ameaçava as bases da democracia liberal da Índia e até possivelmente violava artigos da Constituição.

Além disso, seria este o destino de outros países também? Como na Índia, governos de todo o mundo haviam despertado para as imensas possibilidades da biometria e tecnologias digitais relacionadas a ela — como circuitos fechados de televisão e monitoramento por GPS ligado a aplicativos — não apenas para prover serviços oficiais, mas também, potencialmente, para monitorar e controlar suas populações. Estaríamos agora em um admirável mundo novo, no qual o governo tinha capacidade e poderes ilimitados? E o que aconteceria em países sem as proteções da democracia?

Por mais importantes que sejam essas questões, elas levantam outras mais básicas sobre para que serve um governo e como ele deveria ser. O que o pensamento político nos diz sobre como o governo deve organizar e usar a tecnologia para atingir seus objetivos e os da sociedade? Vamos abordar esse tema no capítulo 2.

2
Como um governo deveria ser?

O problema do socialismo é que no final você gasta o dinheiro de outras pessoas.

Margaret Thatcher

Reajo pragmaticamente. Onde o mercado funciona, sou a favor dele.
Onde o governo é necessário, sou a favor dele. Desconfio quando alguém diz: "Sou a favor da privatização" ou "Sou profundamente a favor da propriedade pública". Sou a favor de tudo que funciona em cada caso específico.

John Kenneth Galbraith

Na década de 1930, quando a Europa e o mundo se precipitavam para o pesadelo da Segunda Guerra Mundial, um prelúdio daqueles conflitos reais ocorria no campo de batalha das ideias: ideias sobre como um governo deveria ser. Confrontados da esquerda à direita, de leste a oeste, estavam o comunismo dos soviéticos, o fascismo da Alemanha e da Itália e a democracia liberal do Ocidente.

Apesar de haver muitas diferenças nessas visões do Estado, todas mais ou menos concordavam em uma coisa: a importância crucial do governo para guiar a economia. A Rússia soviética tinha planejamento central e a propriedade estatal dos meios de produção. Na Alemanha nazista, o Estado tinha papel dominante no comando de uma economia de guerra, incluindo um plano de quatro anos liderado por Hermann Göring. E os Estados Unidos, recuperando-se da Grande Depressão e dos excessos do capitalismo de mercado, lançavam o New Deal, com enorme investimento do Estado em ambiciosos programas de obras públicas. Os três movimentos — fascismo, comunismo e o New Deal — foram, de uma forma ou de outra, respostas a um problema fundamental no cerne do capitalismo: o problema do ciclo econômico em que o *boom* é sucedido pela quebradeira, quando a oferta e a demanda ficam fora de sintonia.

Como seus principais rivais assumiram a intervenção do Estado com gosto, a Grã-Bretanha também começou a seguir na mesma direção. A questão sobre se a indústria deveria ser nacionalizada havia sido reaberta. No centro do debate estava uma das principais instituições acadêmicas do mundo: a London School of Economics. E no coração da batalha, argumentando contra a nacionalização e o planejamento estatal, estava o emigrado austríaco Friedrich Hayek.

Viena e Londres

Nascido em 1899, Hayek cresceu em Viena, que era então um centro global de ideias e cultura. Quando menino, mostrou ter inclinação acadêmica e desfrutou de ligações com a intelectualidade (o filósofo Wittgenstein era seu primo). Em 1917, ainda adolescente, Hayek lutou na Primeira Guerra Mundial, no front italiano. Quando a guerra terminou, ele voltou a Viena determinado a seguir carreira universitária. Mais tarde, ele iria refletir sobre como a guerra influenciara decisivamente sua vida, chamando sua atenção para a importância da organização política.

Na Universidade de Viena, sob influência do economista Friedrich von Wieser, Hayek desenvolveu de início inclinações amplamente socialistas. Mas, então, leu *Liberalismo: princípios de economia política*, de Carl Menger, e começou a se voltar para o liberalismo clássico. Menger fora professor de Economia Política na Universidade de Viena, de 1873 a 1903. Um dos economistas mais influentes de sua época, formou uma geração de economistas, incluindo Ludwig von Mises, que se tornaria grande influência para Hayek.

Hayek leu o livro *Socialismo*, de Mises, e começou a frequentar seus seminários. Mises então contratou-o para trabalhar com o governo austríaco nos aspectos jurídicos e econômicos do Tratado de Saint-Germain, que dissolvia o Império Austro-Húngaro e criava a nova República da Áustria. Em 1923-1924, Hayek viajou para os Estados Unidos para trabalhar em um projeto de compilação de dados macroeconômicos sobre a economia americana e as operações do Federal Reserve. Ao retornar a Viena, com a ajuda de Mises, Hayek fundou e atuou como diretor do Instituto Austríaco para a Pesquisa dos Ciclos Econômicos, antes de se mudar para a London School of Economics (LSE). Em Londres, ele logo seria reconhecido como um dos principais economistas de sua geração, em particular por seu trabalho sobre a função de coordenação dos preços.

Batalha com Keynes

Na década de 1930, a LSE rivalizava com Cambridge e seu monarca regente, John Maynard Keynes. Lionel Robbins, diretor da LSE, preparou Hayek para se contrapor a Cambridge e Keynes. Em 1930, Keynes publicou *A Treatise on Money* [Tratado sobre a moeda], que examinava a relação entre desemprego, dinheiro e preços. A ideia central era que taxas altas de juro causam aumento do desemprego, em parte porque os consumidores preferem economizar em vez de gastar, tornando difícil para os produtores obter lucro e, assim, contratar trabalhadores.

Robbins, editor da *Economica*, a principal revista acadêmica de economia da época, convidou Hayek para resenhar o livro de Keynes. A resenha foi pesada. Hayek criticou tanto a análise quanto o estilo. "O *Tratado*", escreveu, "mostra-se tão obviamente a expressão de uma fase transitória em um processo ligeiro de desenvolvimento intelectual que seria decididamente injusto considerá-lo algo além de experimental."[1] Ainda por cima, Hayek acrescentou: "A exposição é (...) difícil, assistemática e obscura."[2]

Keynes respondeu na edição seguinte, atacando primeiro o texto de Hayek antes de se dedicar a uma resenha do recém-publicado *Prices and Production* [Preços e produção], de Hayek. Nesse livro, Hayek argumentava que os ciclos de negócios ocorriam porque os bancos injetavam mais dinheiro do que o necessário na economia, levando a taxas de juros mais baixas e alocação deficiente de capital. Ele afirmava que "a anterior instabilidade da economia de mercado é consequência da exclusão do regulador mais importante do mecanismo de mercado, o dinheiro, que por sua vez é também regulado pelo processo de mercado".[3] Keynes chamou *Preços e produção* de "uma das confusões mais terríveis que já li".[4] Acrescentou que o livro era "um exemplo extraordinário de como, começando com um erro, um implacável especialista em lógica pode terminar em Bedlam*".[5]

A batalha logo se estenderia ao domínio público, para além das páginas da *Economica*.

---

* Denominação popular do St. Mary of Bethelem, em Londres, instituição para doentes mentais fundada no século XIII e ainda em atividade. Atualmente, o termo é usado como substantivo comum para designar confusão ou caos. (*N. do T.*)

Keynes havia criticado as medidas de austeridade do governo britânico durante a Grande Depressão. Ele acreditava que, durante períodos de desaceleração, o governo deveria gastar mais do que arrecadava ainda que incorresse em déficits. Em outubro de 1932, Keynes e vários economistas de Cambridge escreveram uma carta ao *Times* em favor do investimento público para lutar contra a depressão. Hayek e alguns dos colegas da LSE prontamente escreveram uma réplica em favor de uma política de governo com orçamento equilibrado. Argumentaram que o investimento privado nos mercados públicos era um caminho melhor para a produção de riqueza e coordenação econômica do que os programas de gastos do governo jamais poderiam ser.

À medida que os anos 1930 avançavam, Hayek foi envolvido em um debate com outros sobre o "problema do cálculo econômico". Ludwig von Mises escreveu em *O cálculo econômico em uma comunidade socialista* que: "Cada passo que nos afasta da propriedade privada dos meios de produção e do uso do dinheiro também acaba nos afastando da economia racional."[6] Apoiando-se em Mises, Hayek argumentou que, em uma economia centralmente dirigida, os planejadores nunca teriam as informações necessárias para desempenhar suas funções de maneira confiável. A alocação eficiente de recursos só ocorreria por meio do mecanismo de preços em mercados livres. Em 1935, Hayek publicou *Collectivist Economic Planning* [Planejamento econômico coletivista], uma coletânea de ensaios relativos a um debate anterior iniciado por Mises. Nesse livro, Hayek incluiu o ensaio no qual Mises argumentava que o planejamento racional era impossível no socialismo. Com a publicação, socialistas como Oskar Lange e H. D. Dickinson tentaram refutar a tese de Mises. Afirmaram que a diferença entre o sistema planificado e o de livre mercado residia em quem era o responsável por resolver as equações de oferta e de demanda. Se alguns preços escolhidos por administradores

COMO UM GOVERNO DEVERIA SER

socialistas estavam errados, resultariam em excesso ou escassez, funcionando como sinais para ajustar os preços para cima ou para baixo, exatamente como aconteceria em uma economia de mercado livre. Por tentativa e erro, a economia socialista poderia, portanto, ser ajustada para imitar a eficiência de um mercado livre ao mesmo tempo que evitava seus problemas.

Hayek confrontou os argumentos. Em um ensaio de 1937, *Economia e conhecimento*, ele apontou que a teoria econômica pressupunha que todos os agentes tinham informações completas e corretas. No mundo real, no entanto, diferentes pessoas tinham diferentes conhecimentos e parte daquilo em que acreditavam podia estar errada. O conhecimento humano, para Hayek, era contingente e disperso. A complexidade da economia industrial significava que era "impossível para qualquer homem pesquisar mais do que um campo limitado".[7] Com base no trabalho de Mises sobre o mecanismo de preços, Hayek argumentou que, sem ele, o socialismo não teria como alocar recursos de forma a conciliar as preferências de milhões de pessoas. Além disso, porque não seria capaz de satisfazer à enorme variedade de desejos das pessoas, a economia centralmente planificada acabaria sendo inerentemente coercitiva. Ao concentrar poder econômico, também concentraria poder político. Uma economia e uma política *competitivas*, por outro lado, era "o único sistema projetado para minimizar, através da descentralização, o poder exercido pelo homem sobre homem". A democracia era um "dispositivo para salvaguardar a liberdade".

Em 1936, Keynes publicara sua *magnum opus: Teoria geral do emprego, do juro e da moeda*. Nela, argumentava que desacelerações como a Grande Depressão foram causadas por consumo deprimido e excesso de poupança. A demanda deprimida diminuiu o incentivo para as empresas investirem, aumentando o desemprego. Para estimular a economia, era preciso que o Estado interviesse estimulando a demanda por meio de gastos. Essas estratégias expansionistas iriam reacender a indústria, devolvendo saúde à economia. As implicações da análise de Keynes eram claras. A melhor maneira de oferecer soluções para a Grande Depressão era com o Estado intervencionista e investidor. Com a publicação do livro, a reputação acadêmica de Keynes cresceu muito, enquanto a de Hayek começou a diminuir. Talvez como reação, Hayek voltou sua atenção para outros temas.

O caminho da servidão

Em 1940, durante a Batalha da Grã-Bretanha, travada entre as forças aéreas inglesa e alemã, a London School of Economics mudou-se para Cambridge, instalando-se na faculdade mais antiga da universidade, Peterhouse. Hayek também se mudou, primeiro para salas que Keynes havia garantido para ele no King's College e, depois, para um celeiro adaptado onde viveria com a família até o fim da guerra. A carga de ensino mais leve em Cambridge e as distâncias mais curtas para o trabalho deram a Hayek tempo para escrever e pensar. Ele ficou mais próximo de Keynes; discutiam livros nos fins de semana e se revezavam em turnos de vigia contra incêndios no telhado do King's College.

Entre 1940 e 1943, Hayek trabalhou no livro que se tornaria *O caminho da servidão*. Inspirado pelos escritos do filósofo liberal francês Alexis de Tocqueville sobre "o caminho para a servidão", Hayek temia que os problemas do capitalismo estivessem levando a Grã-Bretanha e o Ocidente longe demais na direção oposta. Convencido pela própria experiência de que isto seria um erro, Hayek escreveu na introdução que o livro era "produto de uma experiência tão próxima quanto possível de viver duas vezes durante o mesmo período — ou pelo menos duas vezes assistindo à mesma evolução das ideias".[8] Imediatamente após a Primeira Guerra Mundial, a Áustria e a Alemanha tinham aprovado leis de nacionalização. Novamente, durante a Segunda Guerra Mundial, Hayek temia que o mesmo acontecesse na Grã-Bretanha. Como bem sabia, a Grande Depressão havia abalado a fé dos cidadãos e intelectuais na capacidade do sistema de mercado funcionar. O desemprego em massa e a miséria que ela havia trazido causaram o aumento do apoio popular ao socialismo na Europa e nos EUA. As deficiências do capitalismo impossibilitaram a preservação do governo democrático na Alemanha e, antes disso, na Rússia. Para Hayek, no entanto, apenas o capitalismo viabilizava a democracia. "Temos abandonado progressivamente essa liberdade nos assuntos econômicos", escreveu, "sem a qual a liberdade pessoal e política nunca existiu no passado".

Contra a maré da opinião socialista, Hayek fez soar um grito de guerra. Mas ele não usou simplesmente o argumento econômico de que o planejamento central era ineficiente. Estendeu a crítica à esfera política: planejamento econômico e controle estatal da economia levariam ao totalitarismo. Para planejar e administrar adequadamente a economia, o Estado precisaria assumir poderes ditatoriais. Além disso, não havia como permitir que o Estado administrasse apenas a atividade econômica. Se o planejamento realmente libertava os cidadãos de tarefas menos importantes e possibilitava uma vida simples e o pensamento elevado, quem desejaria menosprezar esse ideal? Mas, advertiu, "o objetivo das atividades de seres racionais nunca é econômico".

A nacionalização da indústria levaria à nacionalização do pensamento. O planejamento dos tempos de guerra se estenderia até os tempos de paz. E não adiantava esperar que os melhores governassem. Ao contrário, em um sistema totalitário, apenas os piores teriam a crueldade e o ímpeto para chegar ao topo. Mesmo que os líderes começassem com boas intenções, o poder os corromperia absolutamente. A prática da propriedade privada era essencial não só para a prosperidade, mas também para a liberdade e a democracia.

Como Alan Ebenstein observa na biografia de Hayek, o argumento não era apenas "que o capitalismo é justificado porque é mais produtivo economicamente do que o socialismo clássico, mas esse capitalismo é justificado porque o socialismo clássico é hostil à liberdade".[9] Em *O caminho da servidão*, Hayek enfatizou sem descanso um ponto específico: o de que o coletivismo e o anseio por uma sociedade com um grande propósito comum eram equivocados e perigosos para a liberdade.

Fama

O caminho da servidão foi publicado na Grã-Bretanha em março de 1944. Foi amplamente analisado e vendeu bem. Ironicamente, dado seu argumento, o racionamento de papel durante a guerra significou que os editores tiveram dificuldades para fazer frente à demanda, levando Hayek a apelidá-lo como "aquele livro impossível de obter".

Em 28 de junho de 1944, Keynes escreveu para felicitar Hayek pela "grande" realização. "Não tenha a expectativa de que aceito toda a *dicta* econômica nele. Mas moral e filosoficamente, estou de acordo com praticamente tudo; e não só de acordo, mas comovido e profundamente de acordo."[10] A única crítica era que "há a questão de saber onde traçar o limite", porque o argumento de Hayek significava que "assim que você se move um centímetro na direção da planificação, é necessariamente lançado no caminho escorregadio que o levará no devido tempo ao precipício", conclusão da qual Keynes discordou de forma clara. George Orwell, socialista e dificilmente um defensor provável, escreveu que "na parte negativa da tese do professor Hayek há muita verdade".[11]

Nos Estados Unidos, o livro alcançou maior popularidade do que na Grã-Bretanha. Em abril de 1945, a *Reader's Digest* publicou uma versão resumida, que alcançou grande público. Uma turnê de palestras acadêmicas na primavera de 1945 foi um grande sucesso. Aonde quer que Hayek fosse, era entrevistado pela imprensa escrita e radiofônica. Suas ideias revelaram um poço profundo de demanda não atendida.

Em 1950 Hayek deixou a Grã-Bretanha para assumir um cargo na Universidade de Chicago. Em Chicago, ele conduziu uma série de seminários influentes, inspirando vários acadêmicos a trabalhar em projetos favoráveis às suas teses. Com três aliados e lideranças do departamento de economia — Frank Knight, Milton Friedman e George Stigler —, Hayek formou a Sociedade Mont Pèlerin, um fórum internacional pelo liberalismo econômico. Hayek e Friedman também apoiaram a Sociedade Intercolegial dos Individualistas, organização estudantil americana dedicada à disseminação de ideias liberais.

Friedman e os homens de Chicago

Desde suas origens, no século XVIII, os EUA têm uma forte vertente ultraliberal correndo nas veias. Na década de 1940, jornalistas e escritores nativos, como Isabel Paterson, Rose Wilder Lane e Ayn Rand ajudaram a disseminar ideias ultraliberais às que Hayek e Friedman mais tarde deram respeitabilidade acadêmica. Wilder Lane, que viajou pela União Soviética com a Cruz Vermelha, tornou-se adversária ferrenha do comunismo. Seus escritos iniciais sobre individualismo e o Estado liberal levaram à publicação de *A descoberta da liberdade*, em 1943.

Lane opôs-se ao New Deal e preocupou-se com o "socialismo insidioso" que se anunciava por meio da seguridade social e de todas as formas de tributação. Aquele ano também assistiu à publicação de *A nascente*, de Ayn Rand, e de *O deus da máquina*, da crítica literária Isabel Paterson. Juntas, as três mulheres lançaram as bases do moderno movimento ultraliberal na América do Norte.

Mas, apesar do sucesso popular dessas ideias, o mundo da academia e das políticas públicas permaneceu deslumbrado com o keynesianismo. Muito tempo após sua morte, em 1946, a maioria dos economistas aceitava o argumento em favor da intervenção estatal na economia, principalmente durante recessões. Enquanto isso, o governo federal dos EUA iria turbinar a cobrança de impostos e seus gastos. De 1950 em diante, à medida que a economia crescia, o mesmo acontecia com as despesas do Estado: na defesa, com as guerras na Coreia e no Vietnã, bem como nas áreas de saúde, educação e seguridade social. Nas décadas seguintes, os Estados Unidos se acostumariam cada vez mais a incorrer em déficits orçamentários de grande escala, apoiados pelas crenças acadêmicas da época.

Exceção notável ao domínio keynesiano foi o departamento de economia da Universidade de Chicago. Liderada por Milton Friedman, a universidade lançou um contra-ataque liberal ao mainstream keynesiano. Homem pequeno com reputação de gigante, Friedman não foi apenas um bom economista técnico que fez contribuições fundamentais para a Ciência Econômica, mas também um combativo debatedor, sem medo de falar em público e de escrever na imprensa popular.

Como Micklethwait e Wooldridge afirmaram em *A quarta revolução*, "Friedman detestava a presunção liberal de que o governo era a personificação da razão e da benevolência; ele só via confusão e egoísmo. Ele acreditava que havia uma correlação direta entre intervenção governamental e declínio nacional".[12] Friedman também abraçou a ideia de que políticos e burocratas eram mais nobres em suas intenções do que em suas contrapartes nos negócios. De muitas maneiras, Friedman era mais combativo do que Hayek. Onde Hayek tinha se esforçado para produzir uma crítica sóbria de seus contemporâneos socialistas e seus amigos como Keynes, Friedman não era avesso a argumentos mais surpreendentes. Em 1962, ele escreveu *Capitalismo e liberdade*, no qual propôs cortar os grandes programas do governo quando eles estavam no auge. (Kennedy, que herdara uma dívida do governo Eisenhower de 289 bilhões de dólares, tinha acabado de adicionar mais 23 bilhões de dólares em gastos com subsídios agrícolas e agências de emprego.) Friedman defendeu a abolição do salário mínimo e dos subsídios agrícolas e até a eliminação do controle de fronteiras.

Friedman também conviveu com políticos para promover sua causa. Em 1964, aconselhou Barry Goldwater e, posteriormente, tornou-se aliado de Ronald Reagan. No entanto, na década de 1960 e na primeira metade da década de 1970, Friedman, Hayek e a Escola de Chicago estavam ainda lutando principalmente contra a corrente dominante de opinião e prática.

Mas tudo isso mudaria em breve.

Thatcher e Reagan

Os primeiros sinais de que a maré contra o governo grande estava mudando vieram em fevereiro de 1975, quando Margaret Thatcher foi eleita líder do Partido Conservador do Reino Unido. Pouco depois de se tornar líder, Thatcher conheceu Hayek em Londres. No verão de 1975, quando um palestrante do Departamento Conservador de Pesquisa argumentou que ela deveria escolher um "meio-termo" pragmático entre os extremos da esquerda e da direita, Thatcher enfiou a mão na bolsa e ergueu um livro. Era *A constituição da liberdade*, de Hayek, publicado em 1960, onde ele argumentava que a liberdade era a precondição para riqueza e crescimento, e não o contrário. "É nisso que acreditamos", disse Thatcher, batendo o livro na mesa para enfatizar a frase.[13]

Quando Thatcher chegou ao poder em 1979, a economia britânica estava prostrada, destruída pela inflação e pelo desemprego. Ela deflagrou uma reversão imediata do controle do Estado sobre a economia, privatizando setores inteiros, reformando as relações industriais e introduzindo mudanças na tributação. Foi dado mais peso à política de concorrência do que à política industrial. Com a privatização, veio a desregulamentação financeira. Os controles de câmbio foram abolidos em 1979, e o Big Bang de 1986 removeu muitas restrições na Bolsa de Valores de Londres.

Na macroeconomia, Thatcher foi influenciada pelo pensamento monetarista de Friedman. O imposto de renda direto foi reduzido, enquanto os impostos indiretos aumentaram. As taxas de juros foram elevadas para desacelerar o crescimento da oferta de moeda e reduzir a inflação; limites aos gastos públicos foram introduzidos; e gastos com serviços sociais como educação e habitação foram reduzidos.

Em 1982, na Conferência do Partido Conservador, Thatcher diria que seu governo fizera "mais para recuar as fronteiras do socialismo do que qualquer governo conservador precedente". No ano seguinte, ela afirmou que o povo britânico rejeitou completamente o socialismo de Estado e entendeu que "o Estado não tem outra fonte de dinheiro além do dinheiro que as próprias pessoas ganham... Não existe dinheiro público; há apenas o dinheiro dos contribuintes".

No início dos anos 1980, uma recessão aumentou o desemprego, mas a recuperação posterior, quando ocorreu, trouxe crescimento anual de mais de 4% no final da década, levando alguns a falarem de um "milagre econômico" britânico. Em 1987, o desemprego diminuía e a economia mantinha-se estável. A inflação, que havia chegado a uma alta de 27% em 1975, caiu para 2,5% em 1986, e a alíquota máxima de imposto caiu de 98% em 1979 para 40% em 1988. A privatização melhorou o desempenho, em muitos casos, por meio de maior produtividade do trabalho. Em 1987, Thatcher foi reeleita para um terceiro mandato. Muitas de suas políticas permaneceriam em vigor por décadas. Até mesmo o Partido Trabalhista, que chegara a se opor veementemente a suas políticas, mudou de oposição em relação a muitas delas quando chegou ao poder, no final dos anos 1990.

Nos Estados Unidos, Ronald Reagan se tornou presidente em 1980. Como Thatcher, ele era cético em relação ao papel do governo e listou Hayek como as duas ou três pessoas que mais o influenciaram. Como Thatcher, Reagan lançou um programa hayekiano de desregulamentação. Defendeu políticas fiscais de livre mercado e procurou estimular a economia com cortes generalizados de impostos. Contrário à intervenção estatal, Reagan reduziu os gastos com programas não militares, como Medicaid, vale-refeição, educação federal e Agência de Proteção Ambiental. Para gerenciar o banco central, Reagan nomeou Alan Greenspan para a presidência do Federal Reserve, em agosto de 1987. Membro do círculo de Ayn Rand desde a década de 1950, Greenspan se definiria como "ultraliberal republicano vitalício".

Como no Reino Unido com Thatcher, após a recessão do início de 1980, a economia dos EUA sob Reagan cresceu rapidamente, registrando a taxa anual de 7,9% de 1982 a 1988. O desemprego, que atingiu o pico de 10,8% em dezembro de 1982, caiu durante o resto do governo Reagan. Dezesseis milhões de novos empregos foram criados e a inflação diminuiu significativamente.

O resto do mundo

Mas talvez o maior sucesso de Hayek, Friedman e de suas ideias ultraliberais viriam de trás da Cortina de Ferro. Nos anos 1970 e 1980, livros como O *caminho da servidão* se revelariam de grande influência sobre os futuros líderes das "revoluções de veludo" da Europa Central e Oriental. Muitos desses então dissidentes tornaram-se liberais clássicos como Hayek, tendo aprendido com ele a importância da liberdade econômica. Um deles, Václav Klaus, descreveu como estudou Hayek ainda na pós-graduação na Itália e, depois, ao voltar para a Tchecoslováquia, adquirira um profundo apreço pelos princípios de mercado. Klaus acabaria tornando-se presidente da República Tcheca.

Milton Friedman diria que ninguém teve mais influência "sobre os intelectuais por trás da Cortina de Ferro" do que Friedrich Hayek. "Seus livros", disse Friedman, "foram traduzidos e publicados em edições clandestinas e no mercado ilegal, foram lidos amplamente e, sem dúvida, influenciaram o clima de opinião que acabou provocando o colapso da União Soviética."[14]

Na verdade, o colapso da União Soviética pôs a nu todas as armadilhas das economias centralizadas; e não apenas suas desvantagens econômicas — o desperdício, a paralisia e a ineficiência —, mas também suas consequências políticas e morais. Exatamente como Hayek tinha alertado, o bloco comunista usou o controle sobre a economia para consolidar o poder nas mãos de um Estado monolítico que então controlou todos os aspectos da vida. O caminho da servidão conduziu a uma realidade de pesadelo de proporções gigantescas. A queda da Cortina de Ferro, quando chegou, foi uma força libertadora saudada com alívio quase universal.

Vários países pós-coloniais da Ásia, da África e da América Latina acompanharam o bloco soviético. Sob sua influência e como resposta a um capitalismo que associavam ao imperialismo, muitos desses países haviam adotado, entre os anos 1950 e 1990, o planejamento centralizado e a propriedade estatal dos meios de produção na economia. E então perceberam os danos que o planejamento centralizado provocava. Além disso, no Leste Asiático, a economia de mercado proporcionava um crescimento espetacular no Japão, em Taiwan, na Coreia do Sul, em Hong Kong e Cingapura. Temerosas de se tornarem uma União Soviética e inspiradas pelos tigres asiáticos, as economias em desenvolvimento da Ásia, da África e da América Latina começaram, na década de 1990, a desmontar as propriedades do Estado e a abrir a concorrência nos mercados interno e externo. A eliminação dos controles trouxe uma prosperidade que o mundo jamais tinha visto. De 1990 em diante, alguns dos novos mercados emergentes — especialmente China e Índia — começaram a ter crescimento de dois dígitos.

No alvorecer do novo milênio, havia poucos países no mundo em que o Estado ainda dominava a economia. Globalmente, prevaleceu o consenso liberal. Hayek e seus seguidores tinham vencido. Os liberais, ao que parecia, tinham derrotado o Estado.

Tinham?

O Estado nunca foi embora

No final do século XX, apesar das vitórias de Hayek e Friedman, e apesar do progresso implacável do mercado, o Estado persistiu. Na verdade, o Estado só cresceria em importância ao lado do mercado. Afinal, era necessário um governo para orientar e administrar a economia. Na verdade, conforme o mercado crescia em importância, o papel do governo se tornava ainda mais crucial.

Nos EUA, a partir da década de 1950, o governo federal começou a apresentar um déficit orçamentário aparentemente permanente. Mesmo com a economia crescendo, os gastos do Estado em programas sociais e defesa aumentavam. Como já foi dito, John F. Kennedy adicionou 23 bilhões de dólares à dívida de 289 bilhões que herdara de Eisenhower, com gastos em rodovias estaduais, subsídios a preços agrícolas, restituições de impostos, um programa de vale-alimentação e agências de emprego. Lyndon Johnson acrescentou 42 bilhões de dólares à dívida nacional, com a criação do Medicare, do Medicaid e com a revitalização urbana. Quase o dobro do que Kennedy havia acrescentado, mas seria menos de 1/3 do aumento gerado pelo presidente Nixon. Na verdade, com apenas uma exceção, cada presidente, desde Johnson, aumentou a dívida nacional em 30% ou mais. Até Ronald Reagan — conhecido defensor de um governo reduzido — acabaria presidindo um Estado em expansão e com o aumento de gastos. Sua política de "paz por meio de força" proporcionou o aumento real de 40% em gastos com defesa entre 1981 e 1985, um recorde em tempos de paz. (A única exceção a essa tendência seria Bill Clinton, que encerrou seu segundo mandato com superávit orçamentário: uma conquista que foi rapidamente revertida com os cortes de impostos de George W. Bush.)

No Reino Unido, sob Thatcher, a privatização da indústria precisava da regulamentação estatal para garantir legitimidade e competitividade. De fato, a regulamentação se expandiu significativamente durante os anos Thatcher, para compensar a perda de controle governamental direto. Órgãos reguladores como a Agência de Telecomunicações (Oftel, sigla em inglês para Office of Telecommunications), a Agência para Mercados de Gás e Energia Elétrica (Ofgem, sigla em inglês para Office of Gas and Electricity Markets) e a Agência Nacional para os Rios (NRA, sigla em inglês para National Rivers Authority) foram criadas em 1984, 1986 e 1989, respectivamente.

Na década de 1990, os governos de centro-esquerda de Bill Clinton, nos Estados Unidos, e de Tony Blair, no Reino Unido, encontraram um meio-termo entre o mercado e as ideias ultraliberais de Reagan e Thatcher. Valorizaram a prosperidade que os mercados trouxeram e a usaram para financiar o Estado de bem-estar social. Para eles, o mercado não era incompatível com programas sociais e financiamento estatal da saúde e da educação. Clinton reformou o sistema de previdência social, tornando-o mais eficiente e justo. Blair investiu em infraestrutura social — escolas e hospitais — e concentrou-se em aperfeiçoar tais serviços, reduzindo os tempos de espera no sistema de saúde e melhorando os resultados educacionais nas escolas. Houve também esforços para a diminuição da pobreza infantil e para a redução do aumento da desigualdade. O acordo pragmático entre Estado e mercado duraria pelo menos duas décadas, até que tudo desabou em 2007-2008.

A crise financeira

Talvez, o melhor exemplo do papel do Estado seja o da crise financeira de 2007-2008, a pior recessão global desde a Grande Depressão.

Após vários anos de crescimento e desregulamentação cada vez maior dos mercados financeiros, as consequências foram devastadoras em 2007, quando proprietários de imóveis de segunda linha nos Estados Unidos começaram a atrasar o pagamento de suas hipotecas. Então, em 15 de setembro de 2008, riscos excessivos que os bancos tinham assumido resultaram no colapso do Lehman Brothers, o quarto maior banco de investimento dos EUA. O congelamento de crédito que se seguiu quase provocou o desmoronamento do sistema financeiro global.

Houve muitas razões complexas para a quebra. No entanto, a Comissão de Inquérito da Crise Financeira, criada pelo Congresso norte-americano para investigar o assunto, concluiu que as principais razões tinham a ver com falhas generalizadas na regulamentação e na supervisão financeiras, e também com a incapacidade do mercado, por si só, de controlar Wall Street. As falhas específicas do Estado incluíam má "preparação e ação inconsistente", bem como a desregulamentação de derivativos, especialmente swaps de crédito duvidoso; a revogação da Lei Glass-Steagall, em 1999, que eliminou a separação entre bancos de investimento e depositários nos Estados Unidos; e leis que eram mal-aplicadas em áreas-chave do sistema financeiro.

Ainda em 1997, Alan Greenspan, o presidente do Federal Reserve, havia brigado para manter o mercado de derivativos desregulado. Em 2000, o presidente Clinton e o Congresso sancionaram a Lei de Modernização de Futuros de Commodities, que permitiu a autorregulação do mercado de derivativos. Derivativos como swap de crédito (Credit Default Swap, CDS) poderiam então ser usados para proteção contra risco de crédito sem exigir a propriedade dos instrumentos de dívida subjacentes. Entre 1998 e 2008, o volume de CDSs pendentes aumentaria cem vezes, com estimativas de que a dívida coberta por esses contratos variava de 33 trilhões de dólares a 47 trilhões de dólares, em novembro de 2008. Enquanto isso, em junho deste mesmo ano, o valor total de derivativos aumentaria para 683 trilhões de dólares.

O Estado, por sua negligência, ajudara a provocar a crise. Agora, precisava intervir para mitigar as consequências. O Federal Reserve, junto com bancos centrais de todo o mundo, imediatamente expandiu a oferta de moeda. Esperava-se que isso evitasse uma espiral deflacionária, em que salários mais baixos e maior desemprego causariam uma queda autossustentável no consumo global. Os bancos centrais dos Estados

COMO UM GOVERNO DEVERIA SER

Unidos, do Reino Unido e da comunidade europeia efetuaram a maior injeção de liquidez da história mundial, comprando dos bancos 2,5 trilhões de dólares de dívidas públicas e ativos privados problemáticos. Os governos do Ocidente correram para garantir a dívida emitida pelos bancos, por fim, comprando 1,5 trilhão de dólares de ações preferenciais recém-emitidas em seus principais bancos. Os Estados ampliaram o número de instituições com liquidez e aumentaram a flexibilidade com que as instituições poderiam aproveitá-la.

Os governos também socorreram uma variedade de empresas assumindo enormes obrigações financeiras durante o processo. Juntos, vários órgãos governamentais dos Estados Unidos gastaram trilhões em empréstimos, compras de ativos, garantias e em custos diretos. Os Estados Unidos acabariam lançando dois pacotes de estímulo, totalizando quase 1 trilhão de dólares durante 2008 e 2009. Outros países lançaram seus próprios planos de estímulo em 2008.

Em junho de 2009, o presidente Obama apresentou uma série de propostas de regulamentação. Tratavam de proteção ao consumidor, pagamento de executivos, proteção financeira bancária e requisitos de capital; expandiam a regulamentação do sistema bancário paralelo e derivativos; e davam mais poder ao Federal Reserve para encerrar sistemicamente instituições importantes. Em janeiro de 2010, Obama propôs mais regulamentações, que limitavam a capacidade dos bancos de se envolver em negociações com capital próprio. Na Europa, os governos lançaram os regulamentos de Basileia III, que aumentaram as cotas de capital, impuseram limites à alavancagem, ao risco de contraparte e introduziram novos requisitos de liquidez.

Durante as audiências no Congresso em 2008, Alan Greenspan depôs admitindo que "cometeu um erro ao presumir que o interesse próprio das organizações, especificamente bancos e outros, era (sic) tal que elas seriam as mais capacitadas para proteger seus acionistas e seu patrimônio nas empresas".[15] Ele em seguida admitiu, com relutância, que sua doutrina de livre mercado talvez apresentasse falhas.

A crise financeira provou como os governos são importantes para garantir o bom funcionamento da economia. Demonstrou ainda que, se o Estado dorme no ponto, as quebras após as expansões são inevitáveis e drasticamente prejudiciais. Assim, depois que a bomba explode, os governos precisam intervir e desfazer a confusão. Sem as intervenções, haveria mais e maiores catástrofes que fariam a Grande Depressão parecer inofensiva comparativamente.

Liberais *versus* estatistas

No último quarto do século XX, a dependência mútua entre Estado e mercado tornou-se evidente em muitas partes do mundo. A ascensão dos tigres asiáticos e depois da China mostrou exatamente o que é possível quando o mercado é administrado pelo Estado. Sem o papel forte do Estado, não teria havido o milagre do Leste Asiático. Na Rússia, por outro lado, o desmonte da União Soviética mostrou o que acontece quando o Estado se torna fraco demais. Lá, o tratamento de choque e um governo desatento desencadearam os horrores do capitalismo desenfreado e do *laissez-faire*: a ascensão dos oligarcas e da desigualdade em grande escala.

No entanto, como é visível na China, o mercado por si só também não garante a liberdade. Para que a liberdade tenha raízes profundas, são necessários freios e contrapesos constitucionais no poder central do Estado e uma cultura mais ampla de instituições independentes e de transparência. Um Estado autoritário administra a economia para gerar prosperidade como uma forma cínica de garantir o próprio monopólio do poder.

Assim, ao entrarmos na terceira década do novo milênio, após mais de cem anos de expansão e colapso, de mudanças sísmicas políticas e sociais, o que aprendemos sobre como o governo deve ser?

Por um lado, através de Hayek, Friedman e ultraliberais, aprendemos que o mercado tem o poder de prover dinamismo econômico e, em alguns casos, de fornecer ainda outros tipos de liberdade. Por outro lado, através de Keynes e dos estatistas, aprendemos que o mercado apresenta falhas e limites, que ele precisa de gestão, regulamentação e intervenção governamental.

Os liberais conquistaram muitas vitórias, nenhuma mais significativa do que a queda do comunismo soviético e (parcialmente) a ascensão da China. As nações em desenvolvimento que adotaram o planejamento estatal como princípio central começaram todas a se tornar liberais. Nesses países, o Estado deixou de possuir e gerenciar os meios de produção e abriu-se à concorrência interna e externa. O espaço para liberdade econômica se expandiu em todo o mundo. Em alguns casos, as liberdades civis e políticas também se expandiram em consequência disso.

A ironia, porém, é que, embora tudo isso tenha acontecido, os estatistas conquistaram suas próprias vitórias. Lado a lado com a expansão do mercado, o mundo também experimentou a expansão do Estado, de seus deveres e responsabilidades, e de seu poder, tamanho e orçamento. Além de seus deveres do século XIX, o de fornecer segurança, defesa e lei e ordem, no século XX o governo tornou-se responsável pela gestão da economia e do ciclo econômico, definindo a política fiscal e monetária, proporcionando seguridade social e garantias de emprego, gastos com infraestrutura, saúde, educação e investimentos em ciência e tecnologia.

Agora, no século XXI, a lista de coisas que o governo deve fazer aumentou ainda mais. Muitos dos maiores desafios do nosso tempo — globalização, migração, desigualdade, mudanças climáticas, pandemias e tecnologia disruptiva — só podem ser encarados por um Estado proativo que adote ações coordenadas em nome do interesse público, enquanto equilibra os interesses concorrentes de vários grupos. Além de tudo que fazia antes, o governo também deve estimular a inovação, promover o emprego e a capacitação, proteger o meio ambiente e regulamentar novas áreas tecnológicas. O Estado é a barreira final contra todos os excessos do setor privado, bons e ruins.

Em todo o mundo, a impaciência com a dificuldade dos governos em oferecer soluções para as mudanças de conjuntura resultou na insatisfação em massa. A disrupção tecnológica causou disrupção política. O cenário foi exacerbado por crises como a financeira de 2007-2008 e a da pandemia de Covid-19 de 2020. Os cidadãos querem que o governo seja mais atuante, competente e transparente. Os líderes terão que saber equilibrar de modo pragmático intervenção estatal e liberdade. Mas, como escreveu Ricardo Reis, professor da London School of Economics, sobre as respostas dos formuladores de políticas econômicas para a crise da Covid-19: "Em meio a todas essas, a urgência de fazer algo alinhou os ideólogos usuais. Para eles, não há opções excludentes (agora ou nunca). A situação de emergência requer uma expansão enorme e permanente do papel do governo, ou o socorro a empresas fracassadas, mas politicamente conectadas."[16]

Em última análise, no entanto, o Estado não pode continuar crescendo e gastando sem parar para atingir seus objetivos. Gastos excessivos terão consequências econômicas desastrosas. Aumentar o tamanho e a complexidade de um governo também o tornará lento para mudanças e indiferente às necessidades dos cidadãos. Mesmo que o governo deva gastar durante a crise, no final das contas, quando a crise for embora, alguém tem que pagar a conta. E então, o governo deve fazer mais e melhor com menos, e tem que agir rapidamente, sem quebrar a banca. Mas acreditar que isso significa dar a ele mais poder é um erro. Mesmo o melhor governo pode, com o tempo, tornar-se complacente, arrogante e incompetente.

Em *Teoria geral do emprego, do juro e da moeda*, em 1936, Keynes escreveu que: "Os sistemas estatais autoritários de hoje parecem resolver o problema do desemprego sacrificando a eficiência e a liberdade. Mas é possível, por meio de uma análise correta do problema, curar a doença preservando a eficiência e a liberdade." O equilíbrio entre eficácia, eficiência e liberdade é precisamente o desafio que este livro se propõe a enfrentar.

Hayek e amigos *versus* Amazon & Cia.

Durante a maior parte dos últimos cem anos, a questão sobre como deve ser o governo tem sido travada no campo de batalha de grandes e pequenos Estados. Mas as possibilidades mudaram agora por razões que Hayek, Keynes e Friedman não poderiam saber ou prever.

Queiramos ou não, o Estado é mais importante agora, mesmo que o mercado tenha se tornado mais poderoso. A tecnologia tornou mais fácil para o governo fazer mais com menos. Em alguns casos, a tecnologia também tornou agentes do mercado mais poderosos do que o Estado, ameaçando desestabilizar Estado e mercado.

Para assegurar que o mercado funcione bem, o governo agora deve compreender melhor a tecnologia e saber melhor como usá-la. Mas também deve haver pesos e contrapesos a respeito do que o Estado e os agentes do mercado podem realizar com este poder recém-descoberto.

Hayek morreu em março de 1992, pouco antes de a internet se tornar popular em todo o mundo. Ele não viveu para ver a ascensão das gigantes digitais: o imenso poder que a eficiência do mercado traz, mas também a desigualdade que cria, as distorções que traz para a democracia e a liberdade e a ameaça que representa para governo e economia. Ele não viveu para ver como países como a Índia — cujos governos no século XX dificilmente haviam sido modelos de eficiência e eficácia — usariam as tecnologias e as novas formas de organização do século XXI para criar uma infraestrutura digital poderosa com baixo custo. E, embora tenha vivido durante uma década de ascensão da China, Hayek não conseguiu prever como o governo chinês usaria o poder do mercado para aprofundar seu próprio controle do poder e usar a tecnologia e a organização para desenvolver um aparato de Estado capaz de monitorar e controlar o povo.

Na década de 1940, Hayek argumentou que a eficiência econômica e a liberdade individual estavam intimamente ligadas. Uma sociedade livre e descentralizada poderia alocar recursos melhor do que alguns planejadores centrais; estes últimos podiam apenas supor o conhecimento disperso entre milhões de indivíduos. Hoje, por outro lado, é muito possível um sistema eficiente e centralizado. Tecnologias digitais e big data permitem que empresas como Google, Amazon e Facebook "vejam" áreas grandes da economia e as coordenem de forma muito mais eficaz do que os administradores soviéticos jamais puderam.

Hayek tinha três questões contra o Estado. As duas primeiras tinham a ver com sua relativa ineficiência e incompetência; a terceira tinha a ver com o potencial para usar mal seu poder excessivo. Por mais válidas que fossem as duas primeiras críticas, claramente o governo agora consegue fazer muito *e* fazer bem. O Aadhaar da Índia é uma prova disso. O Estado também é capaz de usar o acesso privilegiado ao público para conduzir estudos e aprender com os resultados. Pode, como fazem as gigantes digitais com seus clientes, usar novas tecnologias, usar dados e ciência comportamental para nutrir o relacionamento com os cidadãos de modo inteligente e ágil. Com rapidez, o governo pode incrementar soluções, quando comprovadamente funcionem na fase experimental, e olhar para todas as áreas a fim de compartilhar as melhores práticas em diferentes níveis do Estado.

Dizendo de forma mais clara, hoje existem tecnologias transformadoras que Hayek não previu e que estão alterando a escala e o âmbito tanto do governo quanto da iniciativa privada. Isso tem impacto nas antigas discussões sobre o tamanho do Estado, uma vez que não fazem mais sentido como forma de escolher entre as opções. Por exemplo, para o bem ou para o mal, é possível ter um sistema de aparato estatal altamente intrusivo a baixo custo.

Então, o que resta é a terceira crítica de Hayek ao governo, ou seja, o potencial de mau uso do seu poder. De certa forma, a crítica é ainda mais relevante no século XXI. O governo pode tornar-se eficiente e eficaz para o seu próprio bem e o de seus cidadãos? No capítulo 3, analisamos o potencial lado negativo da capacidade do Estado de usar novas tecnologias e formas de organização.

3

O Leviatã insidioso: um Estado eficaz e eficiente é apenas mais assustador?

Mesmo para manter a neutralidade, é preciso um governo forte.

Alexander Hamilton

Um governo grande o suficiente para dar tudo o que se quer é forte o suficiente para levar tudo o que se tem.

Thomas Jefferson

Voltando a Nova Délhi, em 2016, o Aadhaar tinha se expandido muito além de seus objetivos originais. Idealizado como um programa voluntário, ele se tornara praticamente obrigatório, não apenas para uma série de serviços oficiais, mas também para algumas atividades privadas, como serviços de telefonia celular e gerenciamento de contas bancárias. Críticos de vários quadrantes apontaram que o programa ainda não operava sobre uma base jurídica adequada. Mas qualquer novo projeto de lei que o governo introduzisse precisaria da aprovação da câmara alta, na qual o BJP, o partido no poder, não tinha maioria.

Para contornar o problema, em 3 de março de 2016, o ministro das Finanças, Arun Jaitley, apresentou a Lei Aadhaar como um projeto de lei sobre "dinheiro". Tais projetos de lei sobre "dinheiro" poderiam ser aprovados por meio de uma cláusula especial, vinculados a questões essencialmente financeiras, permitindo-lhes contornar a aprovação formal da Câmara Alta, o senado indiano. Um artigo na lei legalizava retroativamente todas as ações anteriores do governo relacionadas ao Aadhaar.

A decisão de apresentar o Aadhaar como um projeto de lei sobre "dinheiro" foi imediatamente criticada pela oposição. Ghulam Nabi Azad, do Partido do Congresso, escreveu a Jaitley queixando-se de que era errado o partido governista evitar a Câmara Alta por não ter a maioria. Tathagata Satpathy, do Partido Biju Janata Dal, expôs a preocupação de que no futuro o projeto pudesse ser usado para vigilância em massa ou mesmo para limpezas étnicas.

Apesar dessa oposição, a lei foi aprovada na Câmara Baixa em 11 de março de 2016. Em um debate na Câmara Alta, quatro dias depois, Sitaram Yechury, do Partido Comunista da Índia, argumentou que a lei não devia ter sido aprovada enquanto uma ação sobre o direito à privacidade ainda estivesse na Suprema Corte. Em 16 de março de 2016, a Câmara Alta devolveu o projeto à Câmara Baixa com algumas sugestões de emendas que foram imediatamente rejeitadas.

Críticas: eficácia, segurança e privacidade

Como o governo e seus vários braços — em Nova Délhi e nos estados — começaram a encontrar cada vez mais usos para o Aadhaar, a sociedade civil da Índia passou a criar cada vez mais objeções. As objeções não desapareceram depois da aprovação da Lei Aadhaar. Na verdade, apenas ganharam impulso e se alinharam sob três bandeiras principais: eficácia, segurança e privacidade.

O Aadhaar enfrentou uma série de problemas práticos desde sua primeira aplicação na distribuição pública de alimentos. Reetika Khera, economista especializada em desenvolvimento e crítica do projeto, destacou três. Primeiro, embora a maioria das pessoas tivesse um número Aadhaar, alguns dos mais vulneráveis não o tinham. Para eles, o acesso ao alimento através do sistema de distribuição pública estava ameaçado. Mesmo para os que tinham carteiras de identidade surgiram problemas, decorrentes de erros na alimentação dos dados, fosse porque o processo de "propagação" ou o link para o Aadhaar não funcionou por falta de conectividade, ou porque intermediários inescrupulosos cobraram uma taxa para fazer esse link. Além disso, erros nos dados demográficos, como nomes ou datas de nascimento incorretos, podiam causar entraves quando a incompatibilidade entre os dados bancários do cidadão e seu cartão Aadhaar fosse acusada. Tais incompatibilidades podiam interromper ou cancelar o pagamento de pensões, por exemplo.

As opiniões de Khera foram apoiadas por um relatório de dezembro de 2017, publicado pelo Centro para o Desenvolvimento Global. Baseado em pesquisas realizadas no estado do Rajastão, o estudo encontrou problemas com autenticação e pontos de acesso financeiro e descobriu que alguns respondentes tiveram que pagar "taxas" aos provedores. O relatório concluiu que "mesmo com o sistema Aadhaar em vigor e a preferência aparentemente ampla pelos novos sistemas de entrega, a infraestrutura tecnológica cria alguns gargalos".[1] Entre os que recebiam provisão alimentar, 71% geralmente obtinham acesso em uma ou duas tentativas; para 25% foram necessárias três a quatro tentativas; e 4% disseram que não podiam fazer isso em tempo hábil ou de forma alguma. Os poucos que acharam o novo sistema pior, para subsídios de gás de cozinha e recebimento de pensões, citaram a inconveniência de ter de acessar fundos bancários como o principal motivo de incômodo.

Jean Drèze, um economista belga que vive na Índia desde 1979, trabalhou extensivamente em questões relativas a áreas urbanas pobres e comunidades rurais. Desde o início do

Aadhaar, Drèze foi cético quanto à sua capacidade de melhorar o sistema de benefícios. Em 2017, com Khera e outros, Drèze conduziu uma pesquisa com novecentas famílias no estado de Jharkhand, comparando aldeias que usaram o sistema Aadhaar para comprar grãos com outras que não o adotaram. Drèze e seus coautores descobriram que 20% dos domicílios, nas aldeias onde a autenticação Aadhaar era obrigatória, não haviam conseguido obter qualquer grão, em comparação com 4% em outras aldeias. Eles também concluíram que o Aadhaar não colaborou para a redução da corrupção. Entre os domicílios que conseguiram comprar grãos, os níveis de corrupção eram os mesmos — cerca de 7% — nas aldeias com ou sem o sistema.

Outros críticos opuseram-se à obrigatoriedade do Aadhaar para regimes de bem-estar e serviços sociais. Na verdade, Khera, junto com seus coautores, estima que, desde 2014, pelo menos 25 pessoas podem ter morrido porque falhas no sistema impuseram-lhes corte de suprimentos, assistência médica ou pagamentos de aposentadorias.[2]

Um segundo grande problema era a segurança do sistema e preocupações relacionadas à privacidade. Em janeiro de 2018, o *Tribune*, um jornal diário em inglês, revelou que por cerca de 8 dólares uma jornalista obtivera acesso ilegal a todo o banco de dados do Aadhaar, exceto para impressões digitais e reconhecimento de íris dos titulares do cartão. Por outros 5 dólares, ela pôde imprimir cartões de identificação com qualquer número Aadhaar.[3] A primeira resposta da Uidai à notícia foi registrar uma ocorrência policial contra a repórter e seu jornal. Como a medida resultou em nova repercussão ruim na imprensa, a Uidai mudou de tom, reiterou seu compromisso com a liberdade de imprensa e a punição dos culpados, e acrescentou camadas de segurança ao sistema.

Logo descobriu-se que a jornalista do *Tribune* tinha sido capaz de violar as defesas do sistema por meio de um dos milhares de provedores privados de registro licenciados para processar aplicativos de identificação. Ananth Padmanabhan, do Fundo Carnegie para a Paz Internacional, acredita que ter tantos funcionários privados é receita para catástrofe e pode acarretar mais problemas.[4] Por exemplo, o Aadhaar agora está conectado a mais de 150 outros bancos de dados, muitos dos quais incluem dados mais detalhados e menos seguros dos cidadãos, armazenados por vários estados indianos. Alguns desses bancos de dados incluem informações sobre afiliação religiosa e usam dados do telefone celular para rastrear movimentos de cidadãos. Outra falha reside em como a Uidai em si é estruturada. "É um animal muito estranho", diz Padmanabhan. "Transformaram o guardião dos dados em autoridade reguladora. Essas funções devem estar separadas."[5]

Os críticos preocupavam-se com a violação do banco de dados responsável por armazenar o perfil completo de uma pessoa, seu estilo de vida, amigos e hábitos de compra. Outros tinham receio de que vigaristas, ou o próprio governo, pudessem usar indevidamente esses dados. As preocupações não se mostraram infundadas: mais de duzentos órgãos governamentais tornaram públicos dados privados do Aadhaar, e algumas empresas com acesso aos dados foram flagradas usando-os para outros fins que não os permitidos.

Mishi Choudhary, advogada especializada em tecnologia e colaboradora da BBC, argumenta que é difícil evitar o uso indevido do banco de dados na vigilância exercida pelo Estado. Qualquer pessoa que forneça dados para o sistema, diz ela, basicamente "aposta por toda a vida que seu governo nunca será totalitário ou mesmo fortemente antidemocrático".[6] Choudhary exemplifica com o caso da província de Xinjiang, na China, onde a vigilância do Estado resultou em "vasta coleção de amostras de DNA, impressões digitais, reconhecimento de íris e tipos de sangue de pessoas entre 12 e 65 anos".[7] A informação está conectada ao *hukou*, ou cartão de registro domiciliar, dos residentes e tem sido usada para controlar acesso a instituições de ensino, benefícios médicos e habitacionais.

Choudhary argumenta que os riscos de uma falha catastrófica são difíceis de gerenciar em um sistema centralizado à base de números únicos de identificação. Como ninguém pode alterar seus dados genéticos ou impressões digitais em resposta a um vazamento, qualquer comprometimento desse banco de dados é simplesmente irreversível por toda a vida do cidadão. Além disso, nenhum governo pode peremptoriamente afirmar que esse banco de dados nunca será violado. "Em abordagens mais descentralizadas", diz ela, "múltiplas fontes de dados e formas de identificação são sobrepostas para obter a maior probabilidade de identificação correta, na medida das necessidades. Significa não depender de apenas um jeito de confirmar a identidade de uma pessoa e permitir o uso de diferentes formulários para diversificar o risco."[8]

A Suprema Corte entra em cena

Em 2018, o Aadhaar já se tornara foco de debates sobre privacidade, soberania de dados e governança digital na Índia. Em abril de 2018, Shashi Tharoor, parlamentar do Partido do Congresso, escreveu que o governo tinha efetivamente tornado o Aadhaar obrigatório, embora assegurasse aos tribunais que não. O governo tinha até mesmo permitido a participação de empresas privadas, de forma que todo o esquema era agora "inconstitucional", apesar de estar apoiado na Lei Aadhaar de 2016. A lei, segundo Tharoor, limitara o propósito do cadastramento ao intuito de estabelecer a "identidade de um indivíduo em relação ao recebimento de um subsídio, benefício ou serviço oriundo do Fundo Consolidado da Índia".[9] Como os serviços prestados por bancos privados e operadoras de telefonia se enquadrariam nessas categorias? E qual o interesse do Estado em saber se um indivíduo tinha telefone celular, viajado de trem ou avião, ou aberto uma conta no banco? Conectar dados biométricos e dados pessoais sensíveis a um banco de dados central, sem fornecer segurança adequada, equivalia, na verdade, a violar o direito à privacidade. Sua legalidade era uma questão para os tribunais, concluiu Tharoor.

A Suprema Corte da Índia teve, é claro, que se envolver desde o princípio em casos ligados ao Aadhaar. A Constituição da Índia, cujo texto é o mais longo do mundo, prevê a separação de poderes: o Executivo presta contas ao Legislativo e ao Judiciário independente, liderado pela Suprema Corte. Em julho de 2015, a Suprema Corte identificou que alguns estados insistiam em usar o Aadhaar para distribuir benefícios, apesar de uma determinação contra isso. Em agosto de 2015, ela obrigou o governo a divulgar, pelas mídias impressa e eletrônica, que o Aadhaar não era obrigatório para qualquer programa de bem-estar. Finalmente, em janeiro de 2018, um tribunal de cinco membros deu início ao julgamento de 27 ações sobre a constitucionalidade do sistema. O processo estendeu-se por 38 dias, tornando-se o segundo julgamento mais longo na história da Suprema Corte indiana.

Em 26 de setembro de 2018, o tribunal anunciou a decisão. Com maioria de quatro contra um, defendeu a legalidade do sistema para programas de bem-estar, afirmando que os benefícios superavam os riscos à privacidade. Reconhecendo falhas no sistema, a sentença dizia que constituíam apenas cerca de 0,2% dos casos e que não havia necessidade de "jogar o bebê fora com a água do banho". O tribunal permitiu que o governo exigisse os números do Aadhaar quando cidadãos se cadastrassem para pagar impostos e apresentar declarações anuais.

A Suprema Corte, no entanto, também decidiu que a seção 57 da Lei Aadhaar era inconstitucional. Isso significava que os bancos privados e as operadoras de telefonia móvel não podiam mais exigir que os clientes fornecessem seu número Aadhaar para verificar a identidade ao contratar serviços. A Suprema Corte também anulou a chamada "exceção nacional de segurança", que em circunstâncias excepcionais permitia o acesso de agências de investigação a dados de qualquer pessoa sem um mandado.

O juiz D. Chandrachud — a voz divergente no tribunal — destacou os vários riscos à privacidade que o sistema acarretava. Em seus comentários, observou que "garantias constitucionais não podem ser comprometidas pelas vicissitudes da tecnologia". Também discordou dos colegas juízes em que o Aadhaar reduzira a coleta de dados, observando que tinha "potencial para vigilância" e que sua arquitetura "representava riscos de potencial violação de vazamento do banco de dados".

Ronald Abraham e Elizabeth Bennett escreveram para a BBC argumentando que a opinião divergente de Chandrachud deveria moldar a "trajetória futura do projeto — e fazê-lo com transparência".[10] Recomendaram que a cada episódio de violação de dados o governo trabalhasse com os pesquisadores e críticos, em vez de ignorar o problema. O governo também deveria ser proativo na divulgação de informações sobre segurança e documentar tanto as deficiências quanto as medidas tomadas para corrigi-las. Por fim, em vez de expandir agressivamente os planos de atuação do projeto, o governo deveria manter seu foco na plataforma de identidade e fazê-lo com segurança e competência. Por exemplo, facilitando a residentes rurais a obtenção de atualizações e garantindo que eles não fossem excluídos por causa do Aadhaar.

Os prós e contras da impressão digital

Apesar das polêmicas que gerou, o projeto Aadhaar permanece popular. Em junho de 2018, Amitabh Kant, o servidor encarregado do Niti Aayog, principal órgão de planejamento da Índia, declarou que o governo economizara 18 bilhões de dólares com a transferência digital de dinheiro para beneficiários de mais de quatrocentos programas governamentais. Ele acrescentou que "O governo está mais adiantado que o setor privado em relação à inclusão financeira. Digitalizamos nossa economia. Diferentemente dos EUA, na Índia os dados são de propriedade pública".[11] O Aadhaar, disse Kant, ajudara o país a dar um salto com vara e se posicionar entre as cinco primeiras economias de fintech (tecnologia financeira) em termos globais. De fato, em 2020, a Índia era o segundo maior *hub* de fintechs do mundo, com mais de 2 mil startups e mais de 30 bilhões em valores negociados em 2016 (com expectativa de crescimento além de 70 bilhões de dólares desde então) .[12,13]

Nandan Nilekani, o cérebro do Aadhaar, argumenta que o sistema deve ser visto não como mais um projeto ou programa, e sim como uma infraestrutura fundamental para a era digital. A Índia é agora o único país no mundo, sustenta, onde 1 bilhão de pessoas pode fazer transações sem papel e sem dinheiro, em seus telefones celulares, a custos drasticamente reduzidos. "Construindo-se a infraestrutura digital certa, é possível dar o salto."[14]

Quando encarado como infraestrutura fundamental, o Aadhaar parece menos controverso. O governo, argumenta Nilekani, não se recusaria a construir uma rodovia porque contrabandistas poderiam transitar por ela. Nem ninguém diria que devemos "destruir as rodovias que já construímos, e que milhões de pessoas usam, porque nem todos possuem carros", ou que "apenas veículos estatais, e não carros particulares e donos de caminhões, devem usá-las".[15] No caso do Aadhaar, diz ele, "acesso universal é para um bem maior".[16]

Nilekani concorda que há necessidade de privacidade e controles de segurança mais eficazes. Mas essas necessidades, ele intui, não deveriam ser argumento contra o acesso privado. Ao contrário, são um motivo para permitir que o acesso passe pelo Estado, porque traria supervisão universal para o sistema. "Os pesos e contrapesos democráticos que construímos para regular o acesso privado vão também regular as ações governamentais. É muito melhor, nesses casos, confiar nas instituições judiciais e parlamentares do Estado do que na benevolência de negócios que exploram bancos de dados."[17]

De fato, se o Estado não produz bens públicos, o setor privado surgirá para preencher o vazio. Em muitos países, as gigantes globais da tecnologia são as provedoras mais populares de identidade digital. "É seu objetivo declarado", lembra Nilekani, "conhecer você melhor do que você conhece a si mesmo, porque assim podem lhe vender anúncios e produtos."[18] De forma crescente, esses negócios são tão lucrativos que podem fazer subsídios cruzados com outros serviços e então oferecê-los de graça, a fim de coletar ainda mais dados dos cidadãos. Tais dados, afirma Nilekani, "não residem em solo indiano e são acessíveis a governos estrangeiros. Não temos soberania sobre nossos próprios dados e não decidimos sobre o que acontece com eles".[19]

São muitos, indubitavelmente, os benefícios do Aadhaar, e há reconhecimento global sobre o sucesso do programa. Paul Romer, prêmio Nobel e ex-economista-chefe do Banco Mundial, acredita que é melhor desenvolver um sistema padronizado, de forma que as pessoas tenham seus números de identidade onde quer que estejam no mundo, e que o sistema na Índia é o mais sofisticado que ele conhece. Romer também acredita que "deveria ser parte da política de governo dar aos indivíduos algum controle sobre os dados que as empresas privadas coletam e algum controle sobre como esses dados são usados".[20] Nisso, ele concorda com o crescente número de defensores de direitos humanos e de especialistas em política, para quem dar aos usuários o controle sobre seus dados é uma boa forma de prover equilíbrio e privacidade em sua captura e uso, seja por governos ou empresas privadas.

A Índia está longe de ser exceção

Embora notável em tamanho e alcance, em termos globais, o Projeto de Identificação Única não é de forma alguma um caso isolado. Na verdade, o esforço da Índia em modificar radicalmente a relação do governo com seus cidadãos foi concomitante a tentativas similares — e até mesmo anteriores — ao redor do mundo.

Em 2003, por exemplo, o Brasil introduziu no país o Bolsa Família, programa de transferências diretas em dinheiro para famílias pobres que mantivessem os filhos na escola e fizessem o acompanhamento de saúde das gestantes, lactantes e crianças. Lançado pelo presidente Lula, o programa apoiou-se em esforços anteriores para criar uma base de dados única nacional dos beneficiários da assistência governamental. A iniciativa reduziu a duplicação de benefícios e os custos administrativos dos programas e instaurou prazos e critérios de gradação para os beneficiários. Em 2013, o programa foi apontado como responsável por baixar os índices de pobreza extrema à metade, de 9,7% para 4,3%, e pela redução da desigualdade de renda em 15%.[21] De acordo com Deborah Wetzel, diretora do Banco Mundial, o programa conta com cerca de 50 milhões de beneficiários, 90% dos quais são mulheres, e passou a ser amplamente reconhecido como "exemplo global de sucesso" e "referência para políticas sociais em todo o mundo".[22] O mais impressionante é que o exercício não custou muito. Por apenas 0,6% do PIB, o governo dotou de eficiência seu setor social — o Brasil gasta mais de 20% do PIB em educação, saúde, proteção e seguridade social — e construiu uma plataforma para programas adicionais como o Brasil sem Miséria e o Busca Ativa. Um país que foi criticado por ser um lugar onde "jogar dinheiro de um helicóptero" seria a forma mais eficiente de ajudar os pobres foi bem-sucedido ao criar um sistema que proporciona dignidade e autonomia ao povo de maneira rápida e frugal.[23]

Outras regiões das Américas, México, Chile e Uruguai, progrediram rápido em relação à simplificação e à digitalização dos serviços públicos. No México, 74% das transações governamentais podem agora ser feitas on-line.[24] No Chile, a Agenda Digital 2020 tem como objetivo "disponibilizar os serviços on-line de modo abrangente e garantir sua qualidade".[25] Ferramentas que tornaram mais fácil compartilhar informações entre departamentos têm sido cruciais em prover serviços focados no cidadão. Um sistema unificado que verifique on-line a identidade das pessoas, por exemplo, pode facilitar o trabalho de coordenação entre as diferentes instâncias do governo. México e Uruguai agora têm sistemas digitais de identidade em funcionamento e os cidadãos podem acessar o serviço usando interfaces que são simples e similares umas às outras. Entre 2010 e 2014, o Chile lançou o programa ChileAtiende, que reúne serviços de vinte instituições governamentais diferentes. Os cidadãos acessam "todas essas transações face a face em um único balcão" ou por meio de uma "central telefônica ou plataforma web" do programa.[26]

Enquanto isso, na Europa, desde meados dos anos 1990, a Estônia mantém um programa sistemático de desenvolvimento e hospedagem de governança eletrônica, marco na forma de administrar esse tipo de recurso. Líder mundial em digitalização, a Estônia permite que seus cidadãos façam uma gama enorme de transações on-line, incluindo votar, preencher declarações de imposto, obter registro de identidade, participar do censo, montar negócios, assinar contratos, gerenciar aposentadorias, obter e preencher receitas médicas e interagir com o sistema educacional. Todos os serviços estão ligados a um número de identidade único. O governo estoniano estima que, em função da eficiência, seus sistemas eletrônicos economizem cerca de 2% do PIB por ano. Ao mesmo tempo, eles intensificam o engajamento dos cidadãos e resultam em um dos mais altos níveis de pagamento de impostos do mundo. Além disso, as soluções de identificação eletrônica também permitem um melhor monitoramento interno dos gastos, reduzindo pagamentos governamentais indevidos. Iniciativa similar num país como os Estados Unidos resultaria em economia de mais de 300 bilhões de dólares (2% do PIB norte-americano em 2017) e mais de 100 bilhões de dólares por ano em pagamentos governamentais indevidos.[27] Motivado por esse exemplo, Israel se propõe a fazer algo similar.

Apesar da capacidade do Estado em usar novas tecnologias e infraestrutura, com o objetivo de fazer mais por seus cidadãos com menos, há um lado sombrio desses desdobramentos. Como o projeto Aadhaar mostra, esses programas expõem preocupações legítimas sobre privacidade, segurança e vigilância. A Índia, de qualquer forma, apesar dos problemas, é um país democrático, com pesos e contrapesos constitucionais, judiciário independente e imprensa (majoritariamente) livre. Os pesos e contrapesos, como afirma Nilekani, proporcionam maior transparência e proteção aos cidadãos contra o mau uso de programas do tipo pelo Estado. Mas nem todos os países contam com tais proteções, e alguns governos extremamente autoritários abraçaram o novo mundo da tecnologia e infraestrutura com grande entusiasmo.

O "Sistema de Crédito Social" da China

Desde 1978, quando o Partido Comunista no poder abriu-se para o mundo, a China tem experimentado uma notável renascença. As conquistas do país não apenas o tornaram globalmente importante, como também exigem que sejamos flexíveis a respeito de suas complexidades e contradições. No intervalo de quatro décadas, o país deixou de ser um retardatário e chegou à condição de segunda maior economia do mundo. Grande parte deste crescimento foi alcançado a partir de uma nova forma de capitalismo, agora controlado pelo Estado, por meio do qual o governo encorajou empresas estrangeiras e nacionais (algumas das quais são propriedade estatal) a usar o mecanismo de mercado para prover inovação.

Ao mesmo tempo que empreendeu a revitalização de empresas privadas, o governo chinês também impulsionou mudanças no setor público. Como Yijia Jing e Stephen Osborne descrevem em *Public Service Innovation in China* [Inovações nos serviços públicos da China], de 2017, o governo chinês, por volta de 2003, começou a promover um "governo orientado para serviços", que amplia e aprofunda o cumprimento da lei como sua missão central. Em níveis central e local, as instituições do setor público se engajaram na oferta de serviços — promoção de saúde, educação e outros benefícios para o cidadão — e a satisfação dos cidadãos tornou-se indicador de importância crescente do desempenho público. Técnicas modernas foram adotadas para ajudar: pesquisas para avaliar desempenho, microblogs e WeChat, um aplicativo de mídia social, para disseminar informação.

A maioria das inovações, entretanto, não se compara ao Sistema de Crédito Social, um programa nacional desenhado para avaliar a reputação econômica e social de cidadãos e empresas. Com o sistema, todos os cidadãos recebem uma classificação de crédito, baseada em seu comportamento econômico e social. A classificação combina pontuação de créditos ao estilo ocidental com medições potencialmente mais abrangentes e intrusivas. As medições incluem dados de provedores de pagamentos on-line ou notas de vizinhos por bom comportamento. As avaliações acarretam consequências para os cidadãos. Quem tem boas avaliações recebe prêmios, como empréstimos bancários favoráveis e descontos nas contas de calefação doméstica, enquanto quem é mal avaliado pode ser impedido de comprar passagens de avião ou de trem de alta velocidade.

Lançado em 2014, o sistema concentra-se em "honestidade nos assuntos de governo", "integridade comercial", "integridade societária" e "credibilidade judicial". O governo considera o sistema uma forma de regular a economia e ferramenta de governança para orientar o comportamento dos cidadãos. De acordo com o documento de fundação do Conselho de Estado, o programa deve "permitir a livre circulação dos que são confiáveis e dificultar que os suspeitos deem um único passo".[28] Até 2020, o plano de implementar a fase inicial do sistema no país inteiro parecia ter sido bem-sucedido.

Em Rongcheng, uma das três dúzias de cidades da China a ter o sistema implantado, é possível ver como ele funciona. A prefeitura de Rongcheng, assim como a própria cidade, tem aspecto futurista: é uma construção de vidro e aço que parece uma nave espacial. Na tentativa de reduzir a burocracia, a prefeitura serve como um centro integrado para cidadãos à procura de autorizações e licenças. Para evitar que tenham de pular de um escritório a outro, os residentes podem falar com funcionários de vários departamentos, cujas mesas estão dispostas em espaços abertos e reluzentes. Num desses espaços, podem também obter sua avaliação de crédito social.

Operado pelo vice-diretor do Escritório de Administração de Crédito Social de Rongcheng e por outros sete funcionários, o sistema funciona da seguinte maneira: de saída, mil pontos são dados a cada um dos 740 mil residentes adultos. Se receber uma multa de trânsito, a pessoa perde cinco pontos. Se, por outro lado, ganhar um prêmio municipal por "ato heroico", administrar um bom negócio ou ajudar a família em diferentes circunstâncias, a pessoa ganha trinta pontos. Um prêmio em nível departamental vale cinco pontos. É possível também obter pontos como voluntário em programas locais ou fazendo doações de caridade. Tudo que afete a pontuação deve ser comprovado por algum documento oficial.[29]

Dependendo da pontuação, a classificação vai de A+++ a D. (Algumas infrações comprometem a nota gravemente. Dirigir bêbado faz o conceito cair para C.) Uma nota A+++ habilita o cidadão a alugar bicicletas públicas sem depósito, a receber um desconto de cinquenta dólares na conta de calefação durante o inverno e a obter empréstimos bancários em boas condições. Empresas também são submetidas ao sistema. Elas ganham pontos por pagar tributos pontualmente, mas perdem pontos por vender produtos de baixa qualidade ou insalubres. Negócios com pontuações mais altas se beneficiam de condições de financiamento mais favoráveis e passam por menos exigências para vencer licitações públicas.

O sistema já foi alvo de muita controvérsia. Por todo o país, tribunais chineses "proibiram pessoas que queriam viajar de comprar bilhetes de voo 17,5 milhões de vezes até o final de 2018" e "cidadãos colocados em listas proibidas por infrações de crédito social foram proibidos de comprar passagens de trem 5,5 milhões de vezes".[30] Outros foram proibidos de matricular os filhos em escolas, de reservar quartos de hotel, de usar cartões de crédito e até de arranjar emprego. Os cidadãos podem também ser punidos por seu comportamento on-line — por passar muito tempo jogando ou pelos hábitos de consumo — e por uma série de atos individuais sem impacto na comunidade mais ampla.[31] A Human Rights Watch qualifica o programa de "assustador" e cheio de abusos arbitrários.[32] Outros o consideram uma máquina aterrorizante de vigilância e disciplina em massa.

Para complicar, não há um sistema único. Atualmente, cada governo local tem o próprio sistema, com variações específicas. Há também versões privadas, como o Sesame Credit, criado pela Ant Financial, empresa de pagamentos que foi desmembrada da Alibaba, a Amazon chinesa. Em alguns casos, há acordos entre cidades e empresas, como Alibaba e Tencent, que autorizam a permuta de dados relativos à avaliação dos cidadãos. Mareike Ohlberg, pesquisadora associada do Mercator Institute for China Studies, considera perturbadora a conexão entre dados dos sistemas privados e as classificações do governo. Atualmente, ela diz, há uma grande quantidade de dados em movimento sem nenhuma proteção e sem nenhuma transparência em relação aos algoritmos usados para construir uma pontuação ou um ranking.[33]

Dito isso, o sistema não é exclusivo da China; há paralelos no Ocidente. No Reino Unido, por exemplo, sistemas de avaliação de crédito combinam a pontuação de crédito do cidadão, obtida mediante o uso do telefone e o pagamento de aluguéis, para filtrar os candidatos a um emprego ou autorizar o acesso a serviços sociais. E empresas como a Experian monitoram e oferecem aos bancos e instituições de crédito imobiliário dados sobre a pontualidade do cidadão no pagamento de suas dívidas. Na Alemanha, dados de um sistema universal para avaliação de crédito, Schufa, são combinados com geolocalização e registros de saúde, para determinar acesso ao crédito e ao seguro de saúde. Pequenos negócios no Ocidente tampouco estão imunes: quem vende em plataformas digitais, como eBay ou Amazon, é submetido a avaliações de estilo social baseadas em tempo de entrega; enquanto motoristas de Uber e locadores do Airbnb são rotineiramente avaliados por clientes, com impacto em seus ganhos. Mas o que faz do sistema chinês algo único é que ele estende a ideia para todos os aspectos da vida dos cidadãos, incluindo comportamento cívico, como atravessar fora da faixa de pedestres, pagar conta, tocar música em espaços públicos e assim por diante. Ohlberg não acredita que o uso e abuso de dados agregados para análise de comportamento seja em si um fenômeno chinês. Mas ela acha que o sistema chinês, se funcionar como pretendido, será "ao mesmo tempo único e parte de uma tendência global".[34]

De acordo com o governo chinês, o Sistema de Crédito Social está relacionado à construção de confiança. A tese não é implausível. Jing Zeng, pesquisador na Universidade de Zurique, diz que a economia chinesa tem questões preocupantes, como por exemplo a qualidade dos alimentos, a poluição, ou companhias que não tratam adequadamente os empregados. Punir empresas por mau comportamento aumentaria a confiança dos consumidores e melhoraria a eficiência do mercado. Avaliações de crédito também ajudariam quem está fora do sistema a ter acesso facilitado ao crédito. Como observa Ohlberg: "Alguns dos primeiros pilotos do Sistema de Crédito Social, que precederam o grande plano administrativo publicado em 2014, estavam, na verdade, construindo um sistema de crédito social para a zona rural. A maioria das pessoas nessas regiões não teriam dados financeiros e bancários."[35] Um sistema como esse poderia também ser usado para microempresas, cuja avaliação de crédito em geral não pode ser obtida por meio dos critérios tradicionais.

Até o momento, os chineses parecem convencidos da essência benevolente do sistema. Uma pesquisa de 2018, com mais de 2,2 mil entrevistados, apurou que 80% tinham aderido a um sistema social de crédito comercial.[36] O mais popular deles era o Sesame Credit, no qual a adesão é voluntária. De qualquer maneira, apenas 7% dos entrevistados estavam cientes de que eram agora também parte de um sistema do governo. Surpreendentemente talvez, 80% aprovavam em parte ou na íntegra os sistemas sociais de crédito. O apoio convicto provinha dos mais velhos e mais afluentes, educados e urbanos: um grupo que no Ocidente valorizaria a privacidade acima de tudo. (On-line, os cidadãos chineses parecem ainda mais entusiasmados com a ideia. Quando, em 2016, a Administração Nacional de Turismo publicou os nomes das pessoas que tinham sido proibidas de viajar de avião por "mau comportamento", milhares de chineses "curtiram" e repostaram a notícia no site de mídia social Sina Weibo.)

É possível, contudo, que muitos cidadãos chineses não tenham pensado a fundo sobre as implicações do sistema. Como afirma Ohlberg, ele pode também ser usado para "invocar leis vagas, atinentes a um suposto risco à segurança ou à unidade nacionais". Samantha Hoffman, bolsista não residente do Australian Strategic Policy Institute, concorda. Para ela, o Sistema de Crédito Social se resume a poder governamental. "Se resolver problemas fosse o objetivo real, o PCC (Partido Comunista Chinês) não necessitaria de crédito social para fazê-lo."[37]

De acordo com Hoffman, o Sistema de Crédito Social é um "programa controlado pelo Estado e desenhado para fazer uma coisa: manter e expandir o poder do Partido Comunista Chinês". Em certos aspectos, é uma versão tecnologicamente avançada do "Linha de Massas", de Mao Tsé-tung, o método usado pelo partido para moldar e administrar a sociedade a partir de 1948. "Na China de Mao", diz Hoffman, "o Linha de Massas apoiou-se na mobilização ideológica do povo, usando o carisma pessoal de Mao para forçar a participação. O PCC não podia mais, depois da era de Mao, valer-se da mobilização ideológica como ferramenta principal ao operacionalizar a administração da sociedade."[38]

Ohlberg acrescenta que as incompreensões sobre o sistema não eliminam os perigos que ele traz. A verdade, de acordo com ela, reside "em algum lugar entre os que dizem que a cobertura da mídia é imprecisa e que, portanto, não é tão ruim, e os que a veem como uma completa distopia".[39]

O Estado de vigilância

Sob certos aspectos, uma prévia do futuro distópico chinês já está aparente em Xinjiang: a província da Ásia Central que tem um movimento separatista muçulmano.

Sob o presidente Xi Jinping, o governo chinês expandiu enormemente a vigilância interna, incentivando uma nova geração de empresas que fornecem tecnologia sofisticada a preços baixos. Em 2017, o governo chinês gastou mais de 1,24 trilhão de yuans em segurança interna, perfazendo mais de 6% do gasto total do governo e mais do que seu orçamento militar.[40] Os gastos com segurança interna dobraram em regiões como Xinjiang e Beijing. De fato, técnicas de vigilância foram testadas primeiro em Xinjiang antes de serem expandidas para outros lugares. Essas técnicas incluem o uso de sistemas de vigilância por vídeo, softwares de banco de dados, investigações forenses por smartphone, óculos policiais com mecanismo de reconhecimento facial, câmeras que analisam como as pessoas caminham, drones e robôs "inteligentes". Em 2018, a China tinha 170 milhões de câmeras de segurança em uso pelo chamado sistema de monitoramento Skynet, com outros 400 milhões previstos para entrar em uso até 2020.[41] Integrar as câmeras com programas de reconhecimento facial e inteligência artificial tem potencial para criar um vasto Estado de vigilância.

Variantes locais dessa abordagem geral surgem o tempo todo. Por exemplo, um recente relatório da Human Rights

Watch examina um aplicativo para celular que está sendo usado pelas autoridades em Xinjiang para coletar dados pessoais sobre minorias étnicas na província.[42] O aplicativo é ligado à Plataforma Integrada de Operações Conjuntas (IJOP, sigla em inglês para Integrated Joint Operations Plataform), um programa da polícia de Xinjiang que analisa informações e marca indivíduos que são considerados uma ameaça. A IJOP é, por outro lado, parte de uma rede de vigilância que inclui barreiras de controle com scanners de identificação facial, postos policiais de "conveniência" e até câmeras de vigilância no interior de residências. Os dados recolhidos incluem tipo sanguíneo, altura e práticas religiosas das pessoas. Indivíduos assinalados como perigosos podem acabar em campos de reeducação. Grupos de direitos humanos calculam que cerca de 1 milhão de uigures, população majoritariamente muçulmana, sejam mantidos nesses campos. Embora o governo os chame de "centros de treinamento voluntário", sobreviventes relataram ter sido submetidos a lavagem cerebral, molestados e torturados.

De acordo com Maya Wang, autora do relatório da Human Rights Watch: "O governo chinês está monitorando cada aspecto da vida das pessoas em Xinjiang, selecionando aqueles de quem desconfia e submetendo-os a escrutínio adicional."[43]

Aqui, como em outras partes da economia, o governo trabalha estreitamente com as empresas. O sistema IJOP e o aplicativo, por exemplo, foram desenvolvidos por subsidiárias da China Electronics Technology Group Corporation, uma grande empresa militar estatal. O aplicativo tem como alvo mais de trinta "tipos de pessoas", sobre os quais os funcionários prestam atenção especial. Esses tipos incluem quem apresenta comportamentos como: "de repente voltou para a cidade natal depois de ficar longe por um longo tempo"; "não socializa com vizinhos, raramente usa a porta da frente"; "coletou com entusiasmo dinheiro ou materiais para mesquitas"; e "família usa quantidade anormal de eletricidade".[44] Depois de preencher relatórios sobre indivíduos suspeitos, o aplicativo solicita às autoridades que realizem "missões de investigação". Isso lhes permite coletar mais dados pessoais, como checar o telefone do indivíduo em qualquer um entre mais de cinquenta aplicativos, incluindo WhatsApp e redes privadas virtuais (VPNs na sigla em inglês). O aplicativo IJOP pode também incluir dados do veículo do indivíduo, cor, marca e número da placa. Segundo o relatório da Human Rights Watch, os dados são então usados para possibilitar que câmeras de vigilância, equipadas com inteligência artificial, monitorem o veículo quando ele passa por postos de controle.

Na China, o Partido Comunista já é uma presença ubíqua em prefeituras e conselhos no país inteiro. O uso de vigilância em todos os setores, com o auxílio da tecnologia, amplia ainda mais seu alcance. E crises, como a pandemia de Covid-19, iniciada entre 2019-2020, fornecem a desculpa perfeita para expandir o controle de forma mais ampla e profunda. Após o surto inicial da doença, que matou milhares na província de Hubei, e mesmo após a melhora dos números epidemiológicos, o governo chinês continuou a policiar o movimento dos cidadãos em todo o país, por meio de um aplicativo de saúde com código de cores. O Estado também proibiu pessoas, incluindo aquelas com visto de residência, de retornarem do exterior para seus lares.[45]

Além disso, o sistema de justiça chinês apresenta várias inadequações, como Samantha Hoffman aponta: "Não há proteção verdadeira para as pessoas e entidades sujeitas ao sistema... Na China, não existe o Estado de direito. Regulamentos amplamente apolíticos na superfície podem ser políticos quando o Partido Comunista Chinês (PCC) decide usá-los para fins políticos."[46] De acordo com a Anistia Internacional, a China "tem o maior número de jornalistas e ciberdissidentes presos do mundo", o que está relacionado ao fato de o país ter "o sistema mais sofisticado de controle e vigilância da web".[47]

Enquanto isso, a tecnologia desenvolvida pela China agora está sendo exportada para outros países. Até 2019, dezoito países, incluindo Uzbequistão, Paquistão, Emirados Árabes Unidos e Zimbábue, estavam usando sistemas inteligentes chineses de monitoramento, enquanto mais de 35 países tinham recebido treinamento em tópicos como "orientação pública de opinião", de acordo com um relatório da Freedom House.[48]

Com esse *know-how* de vigilância e disseminação de tal aparato em todo o mundo, os críticos alertam para um futuro de autoritarismo sustentado pela tecnologia e de perda de privacidade em escala industrial. "Eles estão vendendo isso como o futuro da governança; o futuro será controlar as massas por meio da tecnologia", diz Adrian Shahbaz, diretor de pesquisa da Freedom House.[49]

Nações democráticas, como o Reino Unido e os EUA, claramente não estão imunes. O Reino Unido tem um dos sistemas de vigilância política mais extensos do mundo, que combina uma vasta rede de câmeras privadas e públicas com poderes consideráveis de fiscalização de tráfego e de internet. Nos Estados Unidos, como o denunciante Edward Snowden revelou, os serviços de vigilância do governo colheram dados de chamadas telefônicas e uso de internet de milhões de cidadãos. Mas o crescente domínio global da China acrescentou uma nova dimensão ao fenômeno. Empréstimos de Beijing tornaram a vigilância tecnológica disponível para governos que antes não podiam pagar por ela, embora haja indícios de pouca transparência e responsabilidade no que se refere ao uso do sistema autoritário da China.

"O Ocidente não deveria copiar nenhum aspecto do sistema de crédito social", diz Samantha Hoffman, do Australian

Strategic Policy Institute. Ela chama a atenção para as comparações com aplicativos privados, como o Uber e seu sistema de classificação, mas acredita que, embora os aplicativos privados sejam problemáticos, eles são muito diferentes dos sistemas patrocinados pelo Estado. "A República Popular da China é um país autoritário", diz ela. "O Partido Comunista Chinês há décadas vem sendo responsável por graves violações dos direitos humanos — basta olhar para o exemplo de Xinjiang agora."[50]

Como deve ser o governo do século XXI?

Como mostram o Aadhaar da Índia e o Sistema de Crédito Social da China, governos ao redor do mundo podem criar e lançar vastos programas com grande velocidade e eficiência, e a baixo custo.

Do lado positivo, esses programas mostram como é possível transcender a oposição ideológica entre o Estado grande e o pequeno. Um governo não precisa ser perdulário, lento e corrupto: pode aprender a ser eficiente, transparente e eficaz. Mas eles também evidenciam a importância da sociedade civil e dos pesos e contrapesos institucionais para garantir que o Estado não use indevidamente o imenso poder e eficiência que lhe é conferido pelas novas tecnologias e pelas novas formas de organização. Programas governamentais têm que ser, no sentido moral, executados conforme padrões diferentes dos empreendimentos privados.

É de extrema importância o modo como o Estado usa as novas tecnologias e como ele se organiza no século XXI, não apenas para os que trabalham para o governo, mas para todos os cidadãos. Como, então, um governo deve ser nesse admirável mundo novo? Como garantir que faça o bem para os cidadãos de forma mais eficaz e eficiente? Os próximos capítulos examinam quatro princípios para orientar governos a fazer melhor com menos no século XXI. O capítulo 4 começa com o que talvez seja o mais importante deles: como construir um governo que responda às necessidades dos cidadãos, ou seja, que trabalhe de fora para dentro, a partir da perspectiva do cidadão, em vez de dentro para fora, com a perspectiva da burocracia.

4

O Estado atencioso: cidadãos em primeiro lugar

O Estado deve ser um serviço, não um ídolo.

Alexander Gabuev

O valor do Estado, a longo prazo, é o valor dos indivíduos que o compõem.

John Stuart Mill

Em 1981, aos 20 anos, Jos de Blok tornou-se o que era então algo raro: profissional de enfermagem do sexo masculino. Na universidade, ele estudou Economia e estagiou na gigante da indústria química, Dow, mas seu coração estava longe. "Havia negócios e dinheiro demais e gente de menos. Na adolescência, fui voluntário num hospital e aquela experiência me marcou. Então, decidi que voltaria a ela."[1]

Nos primeiros anos, De Blok cuidou de pessoas com problemas mentais nas alas psiquiátricas de grandes hospitais. Finalmente, em 1987, começou a trabalhar como enfermeiro de bairro. Naquele tempo, como durante a maior parte do século XX, a assistência à saúde na Holanda estava organizada em torno de pequenas comunidades atendidas pelo enfermeiro de bairro. Os enfermeiros trabalhavam próximos aos médicos de família e do sistema hospitalar. Muito qualificados, eles tinham alto grau de autonomia, o trabalho era variado e o foco era o paciente.

Mesmo hoje, trinta anos depois, De Blok fala com melancolia daqueles anos. "Foi o tempo mais lindo da minha vida.

Trabalhei num vilarejo com poucos colegas. Éramos uma equipe e organizávamos tudo sozinhos. Aprendemos a lidar com todos os tipos de problema. Cuidamos de doentes terminais e de portadores de demência, mas também atendemos crianças. Era um trabalho inspirador."

Então, em 1993, tudo mudou. Para fazer frente aos custos elevados e à população em processo de envelhecimento, os políticos holandeses de vários partidos decidiram que a assistência local à saúde deveria ser "profissionalizada". Os grupos pequenos de assistência em domicílio seriam incorporados a organizações maiores, coordenadas por profissionais. Isso garantiria economia de escala. Num grupo maior, enfermeiros com capacitação adicional poderiam contribuir mais. A concorrência abaixaria os custos, enquanto a qualidade da assistência aumentaria.

Para o novo sistema ter bom resultado, muita coisa precisava mudar. A assistência, agora integrada, estava dividida em assistência de idosos e de crianças. Por consequência, a própria definição de que tipo de trabalho seria feito e por quem também mudou. Muitas das funções exercidas por enfermeiros foram centralizadas em uma repartição, com um quadro completo de novas atribuições. Novos profissionais foram recrutados para supervisionar a admissão de pacientes e a designação dos enfermeiros responsáveis por cada um. Outros funcionários ficavam incumbidos de administrar os cronogramas e as rotas dos enfermeiros. Foram criadas centrais de atendimento para filtrar os telefonemas dos pacientes.

Sem demora, os administradores entraram em cena com força. Em 1995, a fusão significou a redução do número de organizações de assistência, caindo de cerca de trezentas para 85. As maiores tinham uma equipe completa de chefes — CEOs, diretores e administradores regionais — para gerenciar e monitorar enfermeiros em campo.

Mirando na eficiência, várias atividades de assistência passaram a ser definidas como "produtos". Cada produto, por sua vez, foi dividido em um número de tarefas ou procedimentos. Mirando na eficiência, também, cada um destes procedimentos recebeu normas de duração. Uma injeção podia levar dez minutos; desinfecção, quinze minutos; curativo, dez minutos; troca de compressas, não mais do que dois minutos e meio. Tabelas com códigos de barras foram colocadas na porta dos quartos dos pacientes. Depois de cada visita, os enfermeiros escaneavam os códigos de barras junto com o produto que haviam entregado. Os dados eram registrados com a hora em um sistema central, podendo ser monitorados e acessados remotamente.

O processo completo de assistência foi dividido em várias tarefas especializadas, executadas por pessoas diferentes. Enfermeiros menos capacitados, mais baratos de contratar, fariam coisas mais simples, enquanto apenas os mais qualificados e, portanto, mais caros, lidariam com tarefas mais complexas.

"O sistema inteiro mudou dramaticamente", diz De Blok. "Num período muito curto de tempo, o foco mudou de cuidar das pessoas para oferecer produtos. E os produtos proliferaram loucamente. Havia cuidado pessoal, cuidado pessoal extra, cuidado pessoal especial. Havia cuidado de enfermagem, cuidado de enfermagem extra, cuidado de enfermagem especial. Havia orientação, orientação extra e assim por diante."

O processo tornou-se industrial. Como parte da mudança, muitos idosos foram transferidos para casas de repouso e as repartições das organizações de assistência cresceram para assumir mais tarefas. Áreas operacionais, como recursos humanos e marketing, floresceram. "Tudo isso mudou a percepção do que é uma boa assistência de saúde", diz De Blok, "e de quais são as boas soluções. Os sistemas tomaram o lugar dos relacionamentos. Tínhamos sistemas de controle de qualidade, sistemas de recursos humanos, sistemas administrativos... Os níveis de administração aumentaram. As repartições burocráticas aumentaram."

Em vez de serem capazes de pensar nos pacientes e em como tornar sua vida melhor, os enfermeiros ficavam irritados com as várias atividades que precisavam realizar e com os códigos que deveriam atribuir a cada uma delas. Se um enfermeiro levava dez minutos a mais para chegar até um paciente, tinha que explicar o motivo; tinha que contabilizar o tempo, agora a base de cálculo para seu salário. As mudanças fizeram com que enfermeiros altamente qualificados abandonassem a profissão e resultaram na dramática queda dos níveis de formação da força de trabalho remanescente. Ao final de poucos anos, cerca de 50% dos enfermeiros com graduação haviam deixado o emprego.

Mas, se era ruim para os enfermeiros, era ainda pior para os pacientes.

"Para os pacientes", diz De Blok, "especialmente para os idosos, algumas dessas mudanças foram um desastre. Um paciente com demência tinha que receber em casa trinta profissionais diferentes no espaço de um mês. Para cada nova pessoa, ele era obrigado a explicar novamente a sua situação e a dizer o tipo de ajuda de que precisava." As organizações de assistência se transformaram em fábricas, e os gerentes assumiram o controle.

A ironia máxima foi que os políticos pensaram que as forças de mercado e a concorrência reduziriam os custos e que a qualidade do atendimento melhoraria. Em vez disso, o inverso aconteceu. Os custos realmente aumentaram, enquanto a qualidade diminuiu. O sistema deveria ser organizado e gerenciado. Mas a confusão prevaleceu. À medida que as organizações de assistência médica se fundiram e cresceram, voltaram-se para dentro de si mesmas e ficaram cada vez mais distantes das pessoas para as quais foram estabelecidas para servir.

Buurtzorg: pessoas acima da burocracia

Jos de Blok não conseguiu escapar do cataclismo de 1993. As mudanças fizeram com que ele deixasse de ser enfermeiro de bairro e passasse para a administração. Ao longo da década seguinte, ele se recapacitou como gerente. Fez mestrado em inovação e assumiu uma série de funções de gestão, incluindo a de diretor de inovação e, depois, diretor administrativo. Durante todo o tempo, no entanto, ele planejou mudar o sistema, para retomar seus princípios mais humanitários.

"Quando deixei de ser enfermeiro comunitário em 1994, tive uma grande discussão com meu diretor. E prometi aos colegas de enfermagem e amigos que não iria descansar até que nossa profissão fosse reconstruída de alguma forma. Por dez anos, carreguei a promessa comigo, constantemente pensando em como realizá-la."

Nesse meio-tempo, a organização para a qual ele trabalhava quase faliu. Muitos dos enfermeiros tornaram-se coordenadores ou assessores. Vários abandonaram inteiramente o campo. Com as habilidades que havia obtido no mestrado, De Blok tentou mudar o sistema por dentro. Fez várias tentativas para encurtar a distância entre enfermeiros e a administração. Seu papel como diretor de inovação permitia que fizesse isso. Mas era o máximo a seu alcance. O sistema era poderoso demais.

As coisas chegaram a um ponto crítico em 2003.

Eu, naquela época, tinha dezesseis colegas no alto escalão, todos diretores. Todos com seus impérios próprios. Todos concentrados em seus cargos e em seu progresso pessoal. O foco de nossas reuniões estava apenas na melhor forma de concorrer com as outras organizações de assistência e aumentar nossa fatia do mercado. Não estávamos mais pensando em como melhorar a vida dos pacientes.

À sua volta, De Blok tinha muitos pacientes e enfermeiros insatisfeitos. Havia chegado a hora de fazer a mudança. Ele teria que começar sua própria organização e retornar aos princípios básicos.

Ele voltou ao que mais conhecia e amava: ser enfermeiro.

Eu ainda sentia e pensava como um enfermeiro. Assim, fiz o que um enfermeiro faria e me coloquei no lugar de meus pacientes terminais. Tentei ver o mundo da perspectiva deles. Alguns tinham apenas alguns dias de vida. O que eu poderia fazer para tornar esses poucos últimos dias tão bons quanto possível?

Partindo da perspectiva do paciente, De Blok fez uma série de perguntas a si mesmo. Como organizar o melhor apoio possível aos pacientes e sua família? Como ajudar no processo de luto e dar às famílias as melhores lembranças da experiência? As respostas, quando as obteve, foram claras. Não funcionaria para os pacientes e sua família terem que lidar com um sistema que lhes apresentou profissionais diferentes o tempo todo, cada um designado para desempenhar uma entre várias tarefas. Seria necessário, em vez disso, concentrar-se na *relação* entre o cuidador e o paciente. Seria necessário reunir pessoas qualificadas e com autonomia, cuidando do que o paciente e a família mais precisavam naqueles poucos e preciosos dias.

Então De Blok pensou nos próprios enfermeiros: como melhorar o trabalho *deles*? Como garantir que estivessem focados no relacionamento com os pacientes, em vez de presos à burocracia que passara a dominar sua vida? E seria possível organizar a burocracia de forma que deixasse o mundo exterior feliz sem ter que incomodar os enfermeiros com nada disso?

Pensei em como seria ótimo se pudéssemos dizer ao enfermeiro: "Faça o que for preciso para se concentrar no atendimento. Vamos conectar seu tempo com produtos diferentes, mas você não precisa lidar com nada disso." Continuaríamos garantindo às seguradoras de saúde que as coisas estavam sendo feitas da mesma forma que em outras organizações de assistência, que os preços médios ainda seriam os mesmos, e assim por diante. Mas a realidade dos enfermeiros seria diferente. O relacionamento com o paciente seria sacrossanto.

Então, uma peça final do quebra-cabeça apareceu. Ard Leferink, ex-colega e especialista em sistemas de informação, disse a De Blok que conhecia uma maneira de expandir sua ideia. Naquela época, na maioria das organizações de saúde na Holanda, os sistemas de gerenciamento de informação em uso continuavam os mesmos da década de 1990, desenvolvidos antes da era da internet. Eram pesados, não integrados e nada fáceis para o usuário. Leferink entendeu como uma plataforma contemporânea, semelhante à do Facebook e baseada na internet, poderia ser desenvolvida rapidamente e com baixo custo para ajudar os enfermeiros em seu trabalho, liberando-os para se concentrar no atendimento.

"Com essa abordagem", diz De Blok, "poderíamos nos concentrar em bons resultados para o paciente, com ética profissional, e ainda reduzir custos. Enfermeiros e pacientes ficariam felizes. Estaríamos combinando novas formas de organização e tecnologia com os princípios experimentados e testados, que haviam funcionado nas décadas de 1970 e 1980, e ainda manteríamos satisfeitos os demais participantes do sistema, como as seguradoras e os políticos."

E assim, em 2006, junto com Leferink e Gonnie Kronenberg, sua mulher, De Blok criou uma nova organização de assistência à saúde: a Buurtzorg. A missão da organização, cujo nome significa "Assistência de vizinhança", seria pôr o atendimento ao paciente no centro de tudo e dar autonomia aos enfermeiros. Seu lema e princípio norteador era simples: humanidade acima da burocracia.

Equipes autoadministradas e sem chefe

Na essência, o modelo de trabalho da Buurtzorg baseava-se em uma equipe pequena e autogerenciada de dez a doze enfermeiros, que atendia uma comunidade específica de cerca de cinco mil pessoas. "Com uma comunidade de cerca de cinco mil indivíduos", diz De Blok, "você pode ter que lidar com cerca de quarenta pacientes idosos que necessitam de cuidados. Com dez a doze enfermeiros responsáveis pela comunidade, cada enfermeiro tem cerca de quatro a cinco pacientes para cuidar a qualquer momento, uma boa proporção para um atendimento de qualidade."

Numa escala assim, os enfermeiros se dedicariam a desenvolver relacionamentos sólidos com os pacientes, atendendo suas diversas necessidades. A fragmentação, que atormentara os sistemas burocráticos das grandes organizações de saúde, virou coisa do passado. Os enfermeiros se transformaram nos orientadores pessoais de seus pacientes, e cada paciente era atendido por não mais do que um ou dois enfermeiros ao longo do tratamento. Nessa escala, os enfermeiros também podiam criar vínculos melhores com outras pessoas na comunidade e desenvolver as redes informais de que precisavam para trabalhar melhor.

Os enfermeiros obtinham os históricos e prontuários de hospitais, médicos ou famílias, e passavam a organizar tudo por conta própria, registrando pacientes, fazendo avaliações e programando compromissos. Eles decidiam entre si com quais médicos ou farmácias desejavam trabalhar e como se relacionar com os hospitais da área. Para acionar várias funções administrativas, como registro e agendamento, acessavam ferramentas baseadas na web com um iPad pessoal: tudo era digital.

Mas a autonomia não parava por aí. As equipes, por exemplo, tinham também permissão para escolher onde instalar seus consultórios e como decorá-los. Isso criou o sentimento de propriedade e de empreendedorismo. "No momento em que as equipes começaram a trabalhar desse jeito, começaram a pensar de forma diferente", diz De Blok. "Em muitas organizações maiores, os funcionários executam ordens. Mas se é em sua própria empresa, você se pergunta: 'O que preciso fazer para me tornar bem-sucedido?'"

No modelo da Buurtzorg, os enfermeiros realizam uma quantidade de tarefas que, em empresas maiores, costumam ser rigidamente executadas pela administração ou pela área de TI. Já às equipes da Buurtzorg são dadas orientações abrangentes com as quais trabalhar — o aluguel do consultório não pode exceder quinhentos euros, o orçamento para a mobília é de mil e duzentos euros etc. —, mas elas conservam, apesar disso, enorme grau de autonomia. O principal é oferecer a melhor assistência de saúde possível e assegurar que as equipes estejam financeiramente sadias. Essa autonomia possibilita uma série de práticas criativas: os enfermeiros encontraram novas formas de compartilhar informação com as equipes e de lidar de maneira igualmente flexível com médicos e hospitais.

Um elemento-chave na forma como as equipes se estruturam é a ausência de chefes: as decisões são tomadas coletivamente. As equipes são auto-organizadas e autoadministradas. No livro *Reinventando as organizações*, o teórico organizacional Frederic Laloux, que escreveu extensivamente sobre o modelo da Buurtzorg, diz: "Qualquer um que tenha trabalhado numa equipe sem chefe sabe que ela pode facilmente se tornar um pesadelo. Mesmo assim, isso raramente acontece na Buurtzorg. Como pode ser?"[2]

A razão, de acordo com Laloux, é que a Buurtzorg ajuda os enfermeiros a se ajudarem. As equipes de enfermeiros recebem apoio constante por meio de treinamento, a capacitação e o uso de ferramentas apropriadas permitem que a autogestão funcione na prática. Por exemplo, todos os novos enfermeiros fazem um curso de "convivência orientada para a solução".[3] Durante o curso, adquirem habilidades e técnicas para o processo de tomada de decisão em grupo e aprendem novas formas de escuta e comunicação. Também aprendem a fazer reuniões e a apoiar uns aos outros em tempos difíceis. Uma vez no trabalho, os enfermeiros recebem ajuda regular de instrutores da Buurtzorg, treinados em dinâmicas de grupo. Os enfermeiros também são incentivados a se ajudar. Aqui também a tecnologia contribui: as equipes se apoiam em relação a problemas e soluções por meio da plataforma da rede social Buurtzorg.

Laloux ressalta que a ausência de chefe não significa que todos os enfermeiros de uma equipe sejam "iguais". Em qualquer assunto, um determinado enfermeiro com a experiência necessária pode assumir a liderança ou seguir outros enfermeiros mais capacitados. Por exemplo, um enfermeiro pode ser ótimo instrutor ou bom ouvinte, enquanto outro tem conhecimento enciclopédico sobre doenças.

Os beneficiários finais dessa inovação organizacional são os próprios pacientes. Com o modelo da Buurtzorg, eles passam a conhecer bem seus enfermeiros. Constroem relacionamentos com os cuidadores principais e com o tempo passam a confiar neles. Sua assistência não é mais uma confusão de rostos desconhecidos e manobras impessoais: uma injeção aqui, um curativo ali. Não são mais um simples código de barras ou um número. Não é apenas sua necessidade física que é atendida, mas também as necessidades emocionais e sociais, de forma holística. O modelo Buurtzorg também garante que os pacientes saibam cuidar de si próprios. Os enfermeiros são treinados para ensinar os pacientes a se ajudarem. Em vez de se tornarem dependentes de seus enfermeiros, os pacientes são encorajados a explorar suas redes de família, de amigos e de vizinhos para obter apoio.

A Buurtzorg deu o primeiro passo na pequena cidade holandesa de Almelo, em 2007, com uma única equipe de dez enfermeiros. O modelo logo se mostrou tão bem-sucedido que em 2014 a organização apresentava um rápido crescimento, com nove mil enfermeiros atendendo mais de 70 mil pacientes em mais de oitocentas comunidades na Holanda.[4] Em 2018, mais da metade dos enfermeiros de bairro trabalhavam para a Buurtzorg.

Administração leve sem gerenciamento intermediário

Talvez a característica mais revolucionária da Buurtzorg seja a forma como ela organiza o trabalho na retaguarda. A administração é um assunto altamente simplificado. As atividades que podem ser realizadas de forma rápida e contínua são executadas por equipes de enfermagem na linha de frente. O resto — funções essenciais, como administração financeira e de salários — é feito por uma pequena equipe burocrática em Almelo. Desde o início, o plano era não ter gestão intermediária: nenhum departamento separado para comunicação, serviços jurídicos, recursos humanos, gestão patrimonial, finanças, compras ou tecnologia da informação.

"Nossa ideia", diz de Blok, "era de que qualquer coisa que pudéssemos integrar à prática diária não deveria ser feita na retaguarda. Se você registra os dados em um sistema de TI, então não é preciso outro pessoal para controlar esse fluxo de trabalho. Desde que alguém na equipe de enfermagem verifique se está tudo certo, não é necessário que outro grupo o faça novamente."

O escritório da Buurtzorg foi estruturado a partir da experiência da equipe fundadora, tendo por base o que é essencial para qualquer administração. Horas de faturamento das seguradoras de saúde; contratos; apoio a enfermeiros em casos difíceis. As palavras de ordem eram "simplificar" e "automatizar". Isso reduziu drasticamente a necessidade de pessoal em Almelo. "Prometemos a nós mesmos não usar nada que já existisse nas organizações de assistência à saúde", diz De Blok. "A área de recursos humanos restringiu-se apenas a contratos de trabalho. Só fizemos o que era absolutamente necessário."

Nos primeiros anos, mesmo com o aumento vertiginoso do número de enfermeiros ingressando na organização, a Buurtzorg tinha apenas cinco a dez pessoas na administração. Eram funcionários generalistas, com habilidade e mentalidade flexíveis, que compreendiam a relação entre recursos humanos e finanças, e que ficavam felizes em fazer o necessário, do atendimento ao cliente ao trabalho com planos de saúde. Para eles, nunca foi problemático mudar de um conjunto de tarefas para outro.

"Criamos flexibilidade e sentimento de propriedade na administração", diz de Blok. "Mesmo quando começamos a crescer, com centenas de enfermeiros chegando a partir de 2008, não dissemos: temos mil novos enfermeiros, então precisamos de mais pessoas na retaguarda para apoiá-los."

Para essa abordagem funcionar, as equipes de enfermagem da Buurtzorg têm seus orçamentos próprios. Cada uma tem também seu sistema de ponto de venda on-line, ou PIN, para cuidar dos pagamentos em tempo real. A digitalização reduziu a necessidade de papelada indo e vindo entre a linha de frente e a matriz.

A organização tem sido muito cuidadosa ao expandir o staff administrativo. Em 2018, a proporção permaneceu fixa, com cerca de cinquenta administradores para catorze mil enfermeiros. "Sempre achamos que dá para fazer com menos", diz De Blok. "Se alguém sai, não contratamos outra pessoa." Quando a Buurtzorg interveio para resgatar uma organização de assistência de saúde holandesa, em 2016, acabou adicionando mais 2,5 mil enfermeiros à folha. Por meio da fusão, três pessoas da administração da nova organização deixaram a entidade recém-criada. "Embora essas três pessoas tenham saído, o processo administrativo geral, na verdade, melhorou", diz De Blok. "Às vezes, quando há pessoas demais na administração, é problemático. E se tiver, pode ser complicado dispensá-las, mesmo que não sejam necessárias."

Os anticorpos do sistema reagem

A trajetória da Buurtzorg não tem sido um mar de rosas. Há muita resistência do sistema existente e de interesses arraigados. No início, muitos acharam que De Blok e seus amigos eram completamente loucos. Como seria possível trabalhar com enfermeiros mais caros, eles disseram, e mesmo assim custar mais barato? A suposição era de que pessoal caro significava assistência à saúde cara. Com base nessa lógica, muitas organizações de saúde dispensaram profissionais com melhores salários. Quando a Buurtzorg apareceu, eles pensaram: ela pode ficar com os enfermeiros caros, contanto que tenhamos acesso aos mais baratos. Além disso, na época, a Buurtzorg — com apenas oitenta ou noventa pessoas — ainda não causava grande impacto e dificilmente representava uma ameaça.

Mas quando a organização começou a crescer, e à medida que centenas de enfermeiros de outras organizações de assistência na Holanda passaram a se juntar a ela, a oposição aumentou. Algumas contrataram advogados e ameaçaram entrar na justiça se os enfermeiros demissionários levassem os pacientes junto. A Buurtzorg começou a receber intimações a partir de 2009.

Em 2010, a situação piorou. Algumas seguradoras, invocando razões técnicas, ameaçaram reter 4 milhões de euros em pagamentos para a Buurtzorg, e uma crise financeira se anunciou. Na realidade, os seguros de saúde eram ambivalentes em relação à nova organização e seu crescimento vertiginoso. Embora alguns achassem que o sistema de saúde holandês estava pronto para algo novo, outros consideravam a Buurtzorg uma trapaça. A resposta da Buurtzorg foi: lidamos com o ceticismo, contanto que as seguradoras paguem. Com o tempo, a história falará por si.

O apoio, quando chegou, veio de uma direção inesperada. Em 2008, o ministro da Saúde holandês havia visitado a Buurtzorg e ficara impressionado com o que ouviu dos enfermeiros. A Buurtzorg tinha os mesmos enfermeiros e pacientes de outras organizações de saúde, o ministro havia notado, mas sem a inquietação evidente dos outros lugares. "Podemos ser nós mesmos neste trabalho", disseram os enfermeiros ao ministro. Isso resultou em um convite à Buurtzorg para que fosse a Haia explicar ao Ministério da Saúde como funcionava seu modelo de trabalho. Da visita surgiu a iniciativa de desenvolvimento de uma política nacional baseada no modelo da Buurtzorg. As seguradoras, por sua vez, logo aderiram e, finalmente, desembolsaram o dinheiro retido.

A prova de fogo

Em 2009, uma auditoria independente feita pela Ernst & Young identificou que os pacientes da Buurtzorg precisavam de 40% menos horas de assistência.[5] Os pacientes, afirmava o relatório, eram encorajados a adquirir mais autonomia. Em vez de mimá-los, os enfermeiros os ajudavam a recuperar a capacidade de cuidarem de si. Também aconselhavam que os pacientes usassem suas próprias redes de apoio no processo de recuperação, envolvendo amigos, familiares e vizinhos regularmente. Como resultado, os pacientes se recuperavam mais rápido e gastavam menos tempo em assistência. As internações hospitalares também haviam diminuído em 1/3 e, quando havia necessidade, a estada era mais curta em geral. O relatório mostrou também outros benefícios: as faltas dos enfermeiros e as demissões eram respectivamente 60% e 33% menores do que em outras organizações de assistência. Além disso, custos adicionais eram menores do que de outros provedores de cuidados domiciliares: 8% do custo total ante 25%.[6] O relatório concluiu que se o modelo da Buurtzorg fosse colocado em escala nacional, o sistema de seguridade social holandês faria uma economia total de mais de 2 bilhões de euros.[7]

Em 2015, uma nova avaliação pela consultoria KPMG concluiu que, apesar de a assistência da Buurtzorg ser mais cara por hora do que abordagens tradicionais, era de qualidade mais alta e mais valorizada pelos pacientes.[8] Fundamentalmente, assim como a auditoria da Ernst & Young, o estudo da KPMG também apontou que o modelo da Buurtzorg requeria apenas metade da assistência média usual. Como resultado, o modelo era 30-40% mais barato no total, enquanto a satisfação do paciente era a mais elevada.[9]

Não é de surpreender que há muitos anos a Buurtzorg tem sido recorrentemente a "empregadora do ano" na Holanda.

A maior prova de que o modelo funciona é sua expansão para outras áreas de assistência à saúde e de serviços sociais, na Holanda e fora dela. Em saúde preventiva, por exemplo, dois enfermeiros da Buurtzorg criaram a Buurtzorg+, uma nova abordagem para a prevenção de quedas e ferimentos de idosos.

Ao perceberem que muitos pacientes mais velhos caíam com frequência, recebendo próteses de quadril que diminuíam sua autonomia, os enfermeiros desenvolveram, com um fisioterapeuta e um terapeuta ocupacional, um protocolo de mudanças dentro das residências que visava a minimizar o risco de quedas.

Outro exemplo é a Buurtdiensten (Atendimento de bairro), concebida para ajudar pacientes sofrendo de Alzheimer com as tarefas domésticas. Desenvolvida a partir do modelo central de pequenas equipes trabalhando em comunidades, esta subdivisão tinha crescido, em 2018, para mais de 1 mil funcionários em pouco mais de três anos.

Em 2012, foi criada a Buurtzorg Jong (Buurtzorg jovem) para apoiar crianças vulneráveis e abandonadas. De novo, pequenas equipes de cuidadores — trabalhando com professores, médicos, a polícia e assistentes sociais nas famílias, nas escolas e nos hospitais — ajudaram a superar a fragmentação e os altos custos dos serviços sociais tradicionais nessa área.

Em saúde mental, a Buurtzorg T oferece cuidados terapêuticos domiciliares a pacientes nos primeiros estágios de doenças mentais. A iniciativa reduziu a necessidade de internar pacientes nos hospitais psiquiátricos, aliviando assim a pressão sobre o sistema oficial.

Há mudanças agora em curso para transformar a vida dos idosos: migrar de casas de repouso imensas e burocráticas para unidades comunitárias menores. Em toda parte, os hospitais ficaram grandes e sem alma, observa De Blok. Por isso, a Buurtzorg está tomando medidas para criar um quadro menor e integrado de unidades nos bairros da cidade.

Impressionados com as realizações da organização na Holanda, outros países estão desenvolvendo seus equivalentes do modelo da Buurtzorg. Desde 2010, administradores, médicos e enfermeiros passaram a procurá-la, vindos da Bélgica, China, República Checa, França, Japão, Coreia do Sul, Suécia,

Reino Unido e Estados Unidos. "O que vejo em uma série de países é que os sistemas estão cada vez mais complicados, e as frustrações, maiores", diz De Blok. "Quero mostrar que é fácil mudar."

No total, a Buurtzorg recebeu pedidos de mais de quarenta países e está ajudando a desenvolver o modelo em 25 deles, por meio de acordos de licenciamento. A Buurtzorg fornece o conteúdo e traduz a plataforma de TI para diferentes idiomas, mas as organizações locais adaptam o modelo para que funcione no que realmente importa.

De fato, o modelo da Buurtzorg oferece importantes lições, não apenas para a assistência à saúde, mas também para serviços públicos, de maneira mais geral, ao redor do mundo. Isto deixa claro que uma organização melhor, apoiada na tecnologia, pode tornar o governo mais receptivo em relação aos cidadãos na área que mais afeta suas vidas cotidianas: os serviços públicos. Especificamente, saúde e assistência social, educação, serviços de emergência, policiamento e segurança, que constituem a maior parte do trabalho do governo em qualquer lugar. Conseguirão os governos evoluir a ponto de, com orçamentos cada vez menores e de forma ágil, enfrentar o desafio da demanda crescente por melhores serviços públicos?

A crise global dos serviços públicos

Por mais de 25 anos, Mark Thompson estudou Transformação Organizacional e trabalhou no setor público. Depois de atuar na divisão de serviços governamentais da Andersen Consulting, fundou a Methods, empresa de consultoria que ainda dirige com seus cofundadores. Ao longo do processo, Thompson fez mestrado e doutorado; agora, é professor de Economia Digital na Universidade de Exeter, no Reino Unido. Embora escreva artigos e livros sobre vários aspectos das mudanças no governo, seu foco tem sido os serviços públicos.

Para Thompson, a capacidade do governo de fornecer serviços públicos é de importância crucial por uma série de razões:

> O Estado se aproxima da grande maioria dos cidadãos através do serviço público. Como cidadãos, não estamos particularmente interessados no funcionamento interno de grandes órgãos como o Tesouro Nacional ou a Secretaria do Trabalho e Previdência Social. O que nos preocupa são questões cotidianas como: meu lixo é recolhido com regularidade e os cuidadores estão tratando direito dos meus pais idosos?[10]

O serviço público é a face pública do governo em todos os lugares. E no entanto, no mundo inteiro, está sob forte pressão. Mesmo antes da crise financeira, um relatório da McKinsey de 2007 havia chamado atenção para como o envelhecimento das populações estava levando a aumentos insustentáveis nos orçamentos de saúde dos mundos desenvolvido e em desenvolvimento. As pressões só aumentaram nos últimos anos. Como Thompson afirma: "Nos Estados Unidos, Reino Unido, França, Alemanha e Japão, o serviço público é o sinal visível de como o governo está falhando com os cidadãos quase diariamente."

Há muitas razões para isso. Por um lado, há os dados demográficos e a absoluta pressão da demanda. Vivemos mais, porém não necessariamente com mais saúde, e há mais pessoas para cuidar. Por outro lado, as expectativas dos cidadãos aumentaram, mesmo quando o tratamento que recebem está sujeito a restrições. Para complicar, os governos têm limites orçamentários. Vários países do Ocidente estão enfrentando uma queda de participação no PIB global, baixos índices de produtividade, grandes e crescentes déficits fiscais. Esses problemas não vão desaparecer tão cedo. "Não podemos arcar com a redução ainda maior dos principais serviços", diz Thompson. "Mas, da mesma forma, não podemos pagar por esses serviços simplesmente por meio de impostos. Nem apertando os 5% mais ricos vai ajudar a alcançar o impossível: os números são muito grandes. Está muito enganado quem pensa que apenas aumentar os impostos sobre 'os ricos' resolverá as coisas."

A situação é particularmente ruim no nível local de governo, em que muitos serviços públicos são prestados. Tomemos o Reino Unido, por exemplo. Nos últimos anos, tem havido um refrão diário na imprensa sobre o que há de errado com os serviços públicos locais. Em particular, a assistência social — a proteção ou assistência a crianças ou adultos portadores de necessidades em razão de doença, deficiência ou pobreza — é uma grande bomba-relógio. Um relatório de 2018, feito pelo Instituto de Estudos Fiscais, estima que a assistência social consome mais de 1/3 dos orçamentos de governos locais.[11] Além disso, o financiamento central para os municípios secou. Fora do município, o subsídio de impostos foi reduzido a zero e algumas prefeituras tiveram que financiar a assistência social com recursos próprios. Em 2020, alguns condados, entre eles Surrey e Northamptonshire, quebraram. Outros devem quebrar também.

"O velho argumento de mais impostos ou mais cortes nos serviços públicos é uma escolha falsa", diz Thompson. "Acredito que há uma terceira opção: a reforma administrativa geral dos serviços públicos. No fim, ela acontecerá de qualquer maneira, mas, misteriosamente, ninguém ainda está discutindo isso abertamente."

Para aumentar o mistério, uma solução pode ter estado diante de nós esse tempo todo.

O mundo sedutor da Amazon, da Netflix e do Google

O governo pode aprender com Amazon, Netflix e Google? À primeira vista, parece estranho, e mesmo chocante, considerar empresas de tecnologia modelos a serem seguidos pelo governo. Essas companhias não são, afinal, exemplos de tudo que está errado em relação ao uso da tecnologia no mundo contemporâneo? O governo não deveria nos proteger dos excessos das gigantes digitais em vez de imitá-las? Mesmo assim, como Mark Thompson argumenta, há muita coisa que o governo pode aprender com elas — sobre como usam a tecnologia e as novas formas de organização para fornecer serviços para um grande número de pessoas de um jeito altamente eficaz e eficiente.

De fato, a internet impulsionou os negócios de uma grande variedade de setores ao redor do mundo. Em pouco mais de uma década, inúmeras startups digitais surgiram e cresceram, tornando-se gigantes em áreas tão diversas quanto transporte, varejo, música, cinema, namoro, hospedagem, habitação e viagem.

Uber, Amazon, Spotify, Netflix, Tinder e Airbnb, cada uma dessas empresas triunfou estruturando-se ao redor dos usuários e valendo-se de novas formas organizacionais e da tecnologia para atender clientes direta e efetivamente, e com baixo custo. Muitas são capazes de contínuos aperfeiçoamentos nos serviços oferecidos, ao coletar e processar dados e assegurar de que estejam sempre dando ao público exatamente o que ele quer. E embora a maioria use tecnologia digital, trata-se apenas de um meio orientado para um fim: fortalecer a relação com o consumidor em vez de substituí-la ou reduzi-la.

Gostemos ou não, o segredo do sucesso dessas empresas é que elas sempre agiram de forma disruptiva em relação à forma como indústrias inteiras estão organizadas. Quase todas foram bem-sucedidas, em parte por removerem boa parcela de funcionários em setores intermediários, nos quais os responsáveis gastam tempo demais copiando coisas e tempo de menos gerando valor para as pessoas.

"Empresa atrás de empresa", diz Thompson, "as startups digitais aplicaram esses princípios e replicaram o truque em todo o mercado." Ele acredita que as mesmas ideias podem ser aplicadas ao setor público, com grandes benefícios tanto para cidadãos quanto para os governos. Para fazê-lo, de qualquer maneira, o serviço público precisa se concentrar incansavelmente em atividades que os cidadãos valorizam, padronizando as restantes. Assim como a Buurtzorg, ele deve aprimorar constantemente as primeiras, enquanto usa a web para criar uma linha de montagem para as últimas.

"Precisamos fundamentalmente reorganizar a maneira como o serviço público é prestado e administrado", diz Thompson, "e precisamos usar a tecnologia digital para nos ajudar a fazer isso. Podemos aprender muito com empresas como Amazon, Netflix e Google."

Vejam a Amazon, por exemplo. A gigante cria um imenso valor para os clientes ao desenhar seus serviços a partir das necessidades deles e de sua "trajetória de consumo" — como fazem pesquisa, avaliam, pagam e recebem serviços — e ao fornecer tudo isso de um jeito integrado, simples e fácil de usar. Ela então usa a rede de compartilhamento da internet para obter máxima eficiência na retaguarda, aprimorando o que já existe, como o correio, para fornecer esse valor a um custo mínimo.

"Quando uso a Amazon, ela me 'conhece'", diz Thompson, "e é capaz de propor coisas que eu talvez goste. Ela me oferece um conjunto de opções 24 horas por dia, sete dias por semana, e permite que eu avalie os fornecedores de maneira que os outros potenciais clientes vejam o que penso sobre os seus serviços. Ela pode criar com facilidade uma vitrine eletrônica que combine pagamento, logística e feedback sobre mim e oferecer algo específico para minhas necessidades, na minha casa, no momento que eu escolher. E faz isso barato e de uma forma incrivelmente popular para todo mundo."

Não há absolutamente nenhuma razão para que muitos serviços públicos não sejam administrados assim. Mas simplesmente não são. Os funcionários do serviço público em geral não nos "conhecem" e, normalmente, não podem propor serviços configurados segundo nossas necessidades. Não dá para escolher entre diferentes prestadores de serviços, e os horários são limitados. Normalmente, não avaliamos seus serviços em tempo real nem os serviços são constantemente aprimorados através desses dados.

Um exemplo da inadequação do serviço público no Reino Unido são os múltiplos compartimentos na saúde e na assistência social e o fracasso em configurar os serviços em torno de pacientes.[12] Por um lado, é amplamente reconhecido que uma assistência social de qualidade previne problemas de saúde e descongestiona hospitais, e que os setores de saúde e de assistência social deveriam ser integrados para assegurar assistência coordenada e eficiente. Por outro, os setores têm estruturas e orçamentos muito diferentes. A assistência à saúde é prestada pelo NHS e em grande parte gratuita para o usuário. A assistência social, por sua vez, é contratada pelas autoridades locais a partir de um conjunto de prestadores, em geral privados, e a maioria dos serviços é paga. Os dois tipos de assistência são regidos por legislações muito diferentes e operam sob regimes muito diferentes de tomada de decisão e fiscalização. Como consequência, falta uma estratégia para integrar os dois setores e as pessoas não obtêm a assistência coordenada de que precisam; o resultado, portanto, é ruim.

Por outro lado, como consumidores, nos esforçamos para *não* usar a Amazon, porque os serviços são tão perturbadoramente personalizados e coordenados. Como muitas das gigantes digitais, a empresa tem aplicado, de um modo quase sinistro, um monte de princípios de design — hiperconveniência a práticas de *feedback loop* e gratificação instantânea — para ficarmos viciados em seus serviços. "Quando entramos no site da Amazon", diz Thompson, "é como revisitar um velho amigo que 'conhece' nossos desejos e necessidades mais profundos, até melhor do que nós mesmos, e que usa esse conhecimento para que a gente volte sempre."

Enquanto isso, do lado do negócio, o uso da internet pela Amazon permitiu a forma mais terrivelmente eficiente de acumulação de capital da história da humanidade. "Não é de admirar que Jeff Bezos seja o homem mais rico do mundo", diz Thompson. Mas, pergunta Thompson, e se o serviço público fornecesse o mesmo ganho para os cidadãos, ao mesmo tempo aumentando sua eficiência administrativa, e aplicasse o que foi economizado de volta na prestação do próprio serviço público para as pessoas na ponta? As consequências seriam enormes.

Considere a Netflix e o que o modelo tem para oferecer ao governo. Diferentemente dos estúdios de Hollywood de antigamente, que "eram donos" da cadeia completa — roteiristas, cenógrafos, compositores, operadores de câmera e ilhas de edição diretamente para os cinemas —, a Netflix, especialmente antes de começar a fazer os próprios programas, apenas reunia o trabalho de outros (criadores de conteúdo e gerentes, editores e produtores) e oferecia o produto final a consumidores de um jeito fácil, agradável e contínuo. Como resultado, a empresa foi ajustada para focar em um tipo de criação de conteúdo que as pessoas valorizam, do modo mais eficiente possível. Ela não gastou tempo e dinheiro estruturando e mantendo a sua versão do que os outros podiam produzir melhor. Trabalhando assim, as empresas de internet, como a Netflix, evitam estruturar e manter repetidamente funções comuns, liberando seus criadores de conteúdo para se concentrar eficientemente no que gera valor.

Mais uma vez, infelizmente, não é assim que os governos funcionam. Em princípio, tudo é feito por conta própria e há uma grande e complexa cadeia logística com intermediários e burocratas. Desse modo, não apenas favorece a ineficiência, mas também reforça a distância entre o Estado e os cidadãos, reduzindo a capacidade do Estado de detectar as necessidades dos cidadãos e de oferecer soluções.

Por muito tempo, foi exatamente essa a situação das mais de seiscentas unidades pulverizadas do NHS no Reino Unido, cada uma trabalhando com recrutamento independentemente, tendo agências como intermediadoras. Para evitar tal desperdício, criou-se uma plataforma de recrutamento on-line — NHS Empregos —, o maior serviço compartilhado de inscrição em massa do Reino Unido. O NHS Empregos é agora o maior site de um único empregador para recrutamento na Europa, com uma visita a cada dois segundos e mais de 275 mil candidaturas de emprego por mês. O site já gerou uma economia de mais de 1 bilhão de libras esterlinas desde o lançamento.[13]

Por fim, considerem o Google. A gigante de pesquisa oferece o mesmo serviço a todos em qualquer lugar do mundo. Além disso, o Google agrega demanda (ao fazer com que milhões usem sua ferramenta ubíqua de busca) ao mesmo tempo que desagrega oferta. Consequentemente, atrai anunciantes para o seu site, onde eles competem por espaço e por atrair nosso olhar.

Idealmente, diz Thompson, os governos deveriam fazer o mesmo. Mas fazem o oposto. Replicam tudo e, nesse processo, oferecem serviços idiossincráticos em toda parte: de cidade em cidade, de prefeitura em prefeitura. Especificamente, em vez de agregar a demanda originada por seus cidadãos, o Estado a desagrega, perdendo assim os benefícios da integração. E em vez de desagregar a oferta e usar seu imenso poder de barganha para obter eficiência, o Estado faz negócios com poucos fornecedores grandes repetidamente, entregando-lhes enormes recompensas às custas do contribuinte.

Um exemplo marcante dessa forma de ineficiência é a contratação pelo governo de tecnologia de informação (TI) para serviços públicos. No que diz respeito à TI, o governo costuma depender apenas de um pequeno oligopólio de grandes fornecedores. Ainda por cima, os órgãos governamentais, em vez de reunirem a demanda para aumentar seu poder de barganha, contratam esses fornecedores de forma atomizada, várias vezes, em todos os órgãos. Consequentemente, acabam pagando mais por TI e gerando desperdício de dinheiro público.[14] De fato, estudos consagrados mostraram que os órgãos do governo pagam substancialmente mais por TI em comparação aos preços encontrados no comércio em geral. Levando em conta a pressão sobre os orçamentos governamentais, é particularmente notável que alguns órgãos no Reino Unido, por exemplo, gastem em média 3,5 mil libras esterlinas em um computador de mesa. Como compram várias unidades de uma vez, deveriam gastar muito menos do que o cidadão médio. Mas gastam mais.

E fica ainda pior devido à repetição de trabalho. Thompson assinala que as tarefas que o serviço público realiza nas prefeituras — administração de processos, registros, checagens de identidade, fluxos de trabalho e licenciamentos — são idênticas em serviços como tratamento de lixo, planejamento e transporte. "Há mais de 350 prefeituras somente na Inglaterra", diz Thompson. "Cada uma replica as mesmas tarefas de rotina milhares de vezes. Imagine o desperdício! E imagine o quanto poderia melhorar!"

E se o serviço público fizesse como as gigantes digitais? E se ele fosse mais coordenado e organizado em torno das necessidades dos cidadãos, em vez de burocratizado? E se focasse incansavelmente em resultado, para então usar a tecnologia de modo a ser melhor e mais econômico?

Para Thompson, o serviço público digitalmente inteligente seria mais acessível, auditável e transparente. Seria mais flexível e receptivo a feedbacks. Concentraria seus recursos para cuidar das pessoas incansavelmente em vez de ser burocrático. Faria tudo isso com o uso da tecnologia para minimizar despesas administrativas e gerenciais, oferecendo assim a melhor relação custo/benefício.

Como John Micklethwait e Adrian Wooldridge enfatizaram em *A quarta revolução*, um livro de 2015 sobre o futuro dos governos: o setor privado foi convulsionado por uma década de mudança e inovação radical, tendo aprendido a fazer mais com menos devido à pressão dos acionistas e da concorrência. Nesse processo, a internet reorganizou tudo, de jornais à música, viagens e entretenimento. Por que não o Estado?[15]

Parece que chegou a hora de o governo provar que a mesma transformação radical pode também acontecer no âmbito do setor público. Mas então brota a pergunta: quem fará isso primeiro, e como?

O que a Buurtzorg fez bem

"Quando li pela primeira vez sobre a Buurtzorg", diz Thompson, "quase caí da cadeira. Finalmente estava ali a prova de que o que as gigantes da internet estavam fazendo no setor privado podia ser feito também no setor público."

Thompson ficou entusiasmado em particular com o fato de que a Buurtzorg não se baseava apenas em tecnologia: tratava-se, antes de mais nada, de organização e de pessoas. Ele ficou impressionado de ver como o grupo holandês, ao colocar pacientes e enfermeiros em primeiro lugar, conseguira fazer duas coisas diferentes ao mesmo tempo: melhorar a qualidade da assistência à saúde e aumentar a satisfação dos enfermeiros. "Normalmente, o senso comum diz que o que é bom para o consumidor é ruim para o prestador. Mas a Buurtzorg desmantelou esse mito."

Thompson também ficou impressionado com a forma que Jos de Blok encontrou para criar um setor administrativo leve e ágil, disponibilizando recursos que seriam aplicados na expansão do número de enfermeiros na linha de frente. Como ele disse:

> A proporção de catorze mil enfermeiros para cinquenta administradores é comparável ao que encontramos no mundo das gigantes digitais. É similar à forma como Amazon, Facebook e Google usam a rede compartilhada da internet ao procurar bons negócios para os consumidores, enquanto disponibilizam recursos para a retaguarda. Tudo isso me fez pensar sobre qual seria o efeito se a mesma abordagem fosse aplicada para prestar serviços públicos no Reino Unido.

Em um artigo de 2015 no *Guardian*, Thompson especulou sobre a economia que a abordagem da Buurtzorg proporcionaria ao Reino Unido. Uma auditoria da Ernst & Young realizada na Buurtzorg concluíra que se todas as organizações holandesas de assistência adotassem o modelo da Buurtzorg, a Holanda economizaria cerca de 2 bilhões de euros por ano. Para o Reino Unido, levando em conta que a população é maior, Thompson concluiu que significaria uma economia de cerca de 6 bilhões de libras esterlinas por ano, somente em assistência comunitária.[16]

Mas e se a abordagem fosse adotada no National Health Service *inteiro*? O NHS tem um orçamento de cerca de 120 bilhões de libras esterlinas por ano. Embora ninguém saiba

o número exato, uma estimativa conservadora é de que 14%
do orçamento é usado em administração. Trabalhando com o
pressuposto de que cerca de 40% destes 14% seriam automatizados, a economia seria de cerca de 7 bilhões de libras por ano.
O valor economizado, por sua vez, pagaria cerca de 200 mil
médicos recém-formados a mais. (Os ganhos em uma economia
muito maior, como a dos Estados Unidos, seriam ainda mais
estonteantes: o setor de assistência à saúde norte-americano
gastou mais de 3,5 trilhões de dólares em 2018 e empregou
cerca de 18 milhões de trabalhadores, com o maior crescimento
registrado em empregos administrativos e gerenciais.)

Thompson prossegue argumentando: se o modelo da Buurtzorg fosse estendido para o setor público em geral, a economia
seria realmente significativa. O Reino Unido, ele enfatiza,
tem mais de 5 milhões de trabalhadores do setor público, dos
quais 1,5 milhão estão na administração pública. Se o salário
médio é cerca de 24 mil libras esterlinas, estes funcionários,
que não são da linha de frente, custam ao Estado cerca de 36
bilhões por ano. Se o Reino Unido ajustasse a proporção para
se adequar ao modelo holandês, de cinquenta trabalhadores
administrativos para uma equipe de catorze mil da linha de
frente, Thompson estima que o país precisaria de "menos
de 23 mil pessoas na retaguarda para apoiar 5,3 milhões na
linha de frente".[17] Reduzir o número de empregados de retaguarda de 1,5 milhão para apenas 23 mil geraria economia em
salários de até 35,5 bilhões de libras esterlinas. O valor economizado poderia então ser canalizado de volta para serviços da
linha de frente, mais necessitados de recursos.

Ainda que os números exatos possam ser contestados ou
sejam desconhecidos, não há dúvida de que a economia seria
significativa. Além disso, o princípio qualitativo do que está
em jogo importa mais do que as cifras quantitativas. O que
Thompson está sugerindo é nada mais do que a reconfiguração

do setor público, fora do gerenciamento e da burocracia e de volta para o público.

É óbvio que a transformação não será fácil.

Obstáculos à mudança

Já existe a tecnologia necessária para transformar o serviço público. Os obstáculos à mudança não são tecnológicos, portanto, mas sim sociais e organizacionais.

Em primeiro lugar, o debate sobre como provocar a mudança ainda está para acontecer. O discurso público, nos dias atuais, oscila entre os velhos extremos de aumentar impostos ou reduzir gastos. Os próprios cidadãos parecem presos em um ciclo interminável de ataque ao serviço público ou de resistência à mudança. "Em nossas vidas privadas", nota Thompson, "usamos os novos serviços digitais como Amazon e Uber e gostamos muito. Nossos políticos estão ainda presos à velha dicotomia Estado *versus* mercado. Com frequência afundamos no estardalhaço inócuo e no compromisso religioso de preservar o *status quo*."

O segundo desafio é o enorme cansaço para a transformação que aflige o setor público. Depois de comprar gato por lebre por tanto tempo, de se perder entre tantos consultores e acadêmicos diferentes, os funcionários públicos têm um medo legítimo de que qualquer nova mudança será mais uma reorganização de cima para baixo, a beneficiar apenas os administradores. "Há uma desconfiança em relação à linguagem, à mentalidade e às soluções gerenciais", diz Thompson. "Há uma fadiga, causada por mudanças anteriores que não levaram a lugar algum."

Em terceiro lugar, há o problema intricado sobre o que fazer com os que se tornarão dispensáveis após a reorganização e entrada de novas tecnologias. Há formas de lidar com isso, de fato, mas a requalificação, por exemplo, seria lenta. "As mudanças podem levar dez a quinze anos para serem feitas. E há a questão de como a mudança será administrada."

Acima de tudo, talvez, os governos estejam presos a gigantescos sistemas obsoletos, em que a administração e os custos cresceram graças às equipes da linha de frente. Tentativas anteriores de mudar as velhas estruturas compartimentadas de comando e controle resultaram em mais camadas de governo, outros níveis de complacência e governança, que não agregam valor para os cidadãos.

Um caminho: começar com as prefeituras

Thompson reconhece que, como em todas as organizações "obsoletas", os esforços para reestruturar o governo em escala enfrentarão a inércia e os interesses arraigados. Em vez de atacar diretamente o problema, com um plano sofisticado e implementado a partir do topo, ele sugere começar de forma modesta. Sua recomendação é começar com um conjunto pioneiro de órgãos públicos que estejam mais suscetíveis à reforma, ou que tenham a necessidade premente de fazê-la.

De fato, essa mudança de baixo para cima já está em andamento no Reino Unido, nos Estados Unidos, no Canadá, na Espanha e em Bangladesh. Veja o Reino Unido, por exemplo. À primeira vista, pode parecer quase insignificante, mas dois governos locais progressistas em West Sussex — a prefeitura do distrito de Adur e a prefeitura do município de Worthing — recentemente se uniram para transformar seus serviços públicos de forma radical. Lideradas por um ambicioso prefeito e um brilhante secretário da área digital, as prefeituras identificaram 22 padrões e procedimentos comuns de serviços. Elas então buscaram ferramentas digitais para automatizar esses processos. Agudamente conscientes de que a tecnologia requerida poderia mudar novamente no intervalo de dois a três anos, eles tiveram como princípio identificar uma plataforma de uso comum, baseada em nuvem, na qual pudessem construir e compartilhar procedimentos entre setores. Depois, estruturaram a plataforma Salesforce, um sistema de gerenciamento de relações com o cliente que oferece uma interface para administração e resolução de processos, bem como para a localização e o direcionamento automático de ações às pessoas responsáveis. Mais importante, a plataforma também permite que os consumidores monitorem seus processos.

Embora a plataforma Salesforce não fosse a mais barata, os membros da equipe decidiram que era a melhor tecnologia a ser usada naquele momento. Além disso, para economizar a longo prazo, executaram o software em conjunto com uma plataforma de código simples: uma que não necessitava dos programadores caros da Salesforce para ser usada. A solução combinada permitiu que funcionários públicos arrastassem e selecionassem elementos, literalmente, e criassem novos fluxos de trabalho sem ter que recodificar tudo outra vez.

Esse é um exemplo do que Thompson chama "governo Lego": um processo combinatório de um conjunto básico de blocos de construção, apto a proceder diferentes funções, como licenciamento, reserva, registro, pagamento e acompanhamento de processo.[18] "Os funcionários públicos", diz ele, "podem usar a tecnologia *plug and play*, cada vez mais popular na internet, em vez de gastar tempo e dinheiro desenvolvendo sistemas sob medida para cada órgão."

A abordagem, além de flexível, é mais barata do que a contratação de programadores. É também mais acessível. Não apenas permite que funcionários públicos criem novos fluxos de trabalho, mas também habilita cidadãos de uma comunidade, possibilitando-lhes o uso de procedimentos-

-padrão oficiais para criar seus próprios negócios ou instituições rapidamente.

As prefeituras de Adur e Worthing foram pioneiras, e muitas outras, em lugares remotos como Cheltenham, Forest of Dean, Cirencester e Essex, seguiram o mesmo caminho. Thompson espera que esse seja o começo de uma tendência que trará a transformação de baixo para cima. "À medida que mais prefeituras adotarem essas abordagens", diz ele, "muitas outras provavelmente vão se inspirar, aprender e fazer o mesmo."

Design centrado no usuário e o Estado responsivo

Para atingirem a meta de ser mais receptivos à população, os governos têm duas opções. Aproximar-se dos cidadãos ou aproximar os cidadãos deles próprios, criando e oferecendo soluções em parceria.

A Buurtzorg é a materialização da primeira abordagem. A organização holandesa aproximou-se dos pacientes por meio do redesenho organizacional (simplificação e nivelamento), da movimentação de recursos para a linha de frente e da autonomia para os enfermeiros. Num nível mais elevado, os governos podem também se aproximar de seus cidadãos transferindo poder: do centro para as províncias e, finalmente, para cidades e prefeituras. Com a estratégia de delegar, a resposta da Alemanha ao enfrentamento da Covid-19 foi reconhecida como mais eficaz do que a da França. O sistema federal da Alemanha dá a seus dezesseis estados, parcialmente soberanos, autonomia sobre os sistemas de saúde. Em razão disso, a saúde pública alemã não é orientada por uma autoridade central, mas por cerca de quatrocentos órgãos de saúde pública, controlados pelos estados e comandados por administrações municipais e rurais. A descentralização

O ESTADO ATENCIOSO

permitiu que uma variedade de laboratórios agisse independentemente do controle central. Como consequência, no início da pandemia, mais de 250 laboratórios em todo o país foram capazes de realizar entre 300 mil e 500 mil testes para Covid-19 por semana.[19] Como explicou Matthias Orth, do Instituto de Medicina Laboratorial do Marienhospital de Stuttgart: "Não tenho que esperar uma ligação do ministro da Saúde para ir adiante com um estudo." Por outro lado, o sistema mais centralizado da França inibiu a iniciativa local, desencadeando a amplificação de más decisões no centro. Resultado: a França foi superada pela Alemanha em testagem e teve número muito maior de mortes no mesmo período. "Em testagem", diz François Heisbourg, da Fundação para Pesquisa Estratégica, "testemunhamos um sistema incrivelmente centralizado fracassar de forma humilhante."[20]

A tendência mundial de fortalecimento de prefeitos é mais um exemplo de transferência de poder para fora do centro. Os prefeitos estão cada vez mais eficazes e populares pelo mundo, e por várias razões. Em nível municipal, um governo é mais próximo da vida e dos problemas dos cidadãos. A escala é mais humana em relação à natureza da atividade. Por isso, há redução de complexidade, aumento de transparência e capacidade de resposta. Frequentemente, os prefeitos pertencem à mesma comunidade que governam, o que lhes dá percepção exclusiva e os ajuda a estabelecer uma relação de confiança. Eles podem tomar medidas mais rápido para identificar problemas, desenvolver e implantar soluções, além de monitorar seu progresso. Como as soluções tendem a dar frutos em espaço mais curto de tempo, o mandato normal de um prefeito é suficiente para executar mudanças e medir os resultados. E como a cadeia causal entre ações e consequências é menos complexa, dá para rastreá-la sem muita controvérsia. Os cidadãos monitoram as ações que são bem-sucedidas e as que não são, algo raro de conseguirem fazer em relação aos políticos em nível nacional.

Finalmente, prefeitos são frequentemente menos ideológicos e mais independentes. Mesmo quando são de partidos e ideologias tradicionais, são frequentemente mais pragmáticos e podem experimentar novas ideias. Como afirma a *Economist*: países como a Grã-Bretanha são prisioneiros "do culto ao governo centralizado, estabelecido na era da produção em massa, mas é cada vez mais irrelevante na era da personalização e da customização".[21] O culto, argumenta a *Economist*, está comprometendo a inovação. Por outro lado, várias políticas públicas das mais interessantes — uso de smartphones para coordenar caronas e maior liberdade para as escolas — aparentemente vieram de prefeitos americanos.

A nova safra de prefeitos faz parte de um movimento global que impulsionou figuras como Michael Bloomberg, ex-prefeito de Nova York, e Park Won-soon, ex-prefeito de Seul. Sem dúvida, Bloomberg juntou-se a este amplo movimento em sua carreira pós-prefeitura. Juntamente com a Universidade de Harvard, ele fundou a Iniciativa Bloomberg Harvard de Liderança para as Cidades, um programa de treinamento que, em 2017, convidou quarenta prefeitos* de todo o mundo para aprender a liderar melhor suas comunidades. Como afirma Bloomberg, "oferecemos treinamento de nível mundial para CEOs do setor privado. Não deveríamos fazer o mesmo para prefeitos eleitos?".[22]

Assim, os governos podem se aproximar dos cidadãos ou aproximar os cidadãos a se aproximarem deles. O conceito de governo de Tim O'Reilly, que o entende como plataforma, é a materialização da segunda abordagem.[23] Aproximar os cidadãos do governo é algo em geral alcançado através de

---

* Entre os convidados estava o então prefeito de Fortaleza (CE), Roberto Cláudio, do Partido Democrático Trabalhista (PDT). (*N. do E.*)

ferramentas digitais. As ferramentas podem ser usadas para engajar os próprios cidadãos na prestação de serviços públicos e na criação de soluções. Os exemplos são abundantes. O U-Report é um sistema gratuito, baseado em SMS, que estimula os ugandenses a discutir o que está acontecendo em suas comunidades e a fazer parcerias para obter mudanças em grande escala.[24] Os cidadãos se registram gratuitamente, pelo celular, e uma vez por semana respondem a pesquisas sobre questões que os afetam, como assistência de saúde, educação e saneamento. Os resultados das pesquisas, em seguida, são anunciados nos jornais e no rádio, para então serem enviados aos funcionários públicos. Muitos membros do parlamento de Uganda têm assinado voluntariamente o U-Report, a fim de monitorar o que as pessoas estão dizendo em suas unidades eleitorais. Um parlamentar, por exemplo, foi encorajado a agir quando soube pelo U-Report que os níveis de vacinação para crianças com menos de cinco anos eram extremamente baixos em seus distritos. Como reação, lançou uma campanha pública de conscientização obrigatória. O U-Report está agora sendo reproduzido em outros países na África, incluindo Ruanda, Burundi, República Democrática do Congo, Sudão do Sul, e em outras partes do mundo, entre elas o México.

O D-CENT (sigla em inglês para Decentralised Citizens Engagement Technology ou Tecnologias Descentralizadas de Engajamento de Cidadãos) é um projeto europeu para criar ferramentas digitais de democracia direta.[25] As ferramentas notificam os cidadãos, em tempo real, sobre questões que são importantes para eles e os ajudam a propor, escolher e votar em soluções colaborativas locais. O código-base do projeto usa padrões de código aberto e é disponibilizado sob licenciamento *open source*. Em 2013, com financiamento da União Europeia, o projeto foi posto em prática na Espanha, na Finlândia e na Islândia. Em Barcelona e Madri, as ferramentas têm sido usadas para criar plataformas digitais de engajamento de cidadãos, para definição, desenvolvimento e implantação de políticas públicas. Em Helsinque, as ferramentas do D-CENT foram usadas para informar cidadãos sobre definições de políticas municipais. Em Reykjavik, o D-CENT ajudou a estruturar uma plataforma participativa de orçamento para a cidade: a plataforma Betri (Melhor) Reykjavik permite aos cidadãos submeter propostas sobre como gastar uma parte do orçamento municipal em seus bairros.

A chave para o sucesso de ambas abordagens é que elas põem os cidadãos no centro de tudo que fazem. Consideram as coisas da perspectiva deles e então propõem soluções e organizações adequadamente. Governos ao redor do mundo estão cada vez mais usando o conceito de centralidade no cidadão para resolver problemas, em todos os órgãos e em diferentes níveis do Estado.

Nos Estados Unidos, por exemplo, o Escritório de Gerenciamento de Pessoal (OPM, sigla em inglês para Office of Personnel Management) criou, em 2012, um laboratório que emprega o conceito de centralidade no ser humano para resolver problemas do ponto de vista de quem usa um produto ou serviço particular. Conhecido como Lab at OPM, ele trabalha em conjunto com agências federais, aumentando a qualidade de seus programas e serviços. Em 2015, o laboratório trabalhou com o Departamento de Agricultura dos Estados Unidos (USDA na sigla em inglês) no Programa Nacional de Almoço Escolar, um serviço que oferece refeições saudáveis gratuitas ou subsidiadas para mais de 30 milhões de crianças diariamente. O desafio do USDA era: "Como facilitar para as famílias o papel de fornecer informações precisas sobre sua elegibilidade para o programa de almoço gratuito e reduzido?" A equipe do laboratório OPM entrevistou funcionários de escola e famílias, discutiu soluções com eles e redesenhou o processo de inscrição. Mantendo os princípios do conceito de centralidade no ser humano, o novo processo foi testado com famílias antes de ser aprovado por dirigentes escolares.

Do outro lado do Atlântico, o Gabinete do Primeiro-Ministro do Reino Unido estabeleceu seu próprio Policy Lab, em 2014. Dirigido por Beatrice Andrews e Andrea Siodmok, trata-se de um espaço criativo onde equipes desenvolvem políticas acessíveis e orientadas por dados que põem o usuário no centro do processo. Andrews e Siodmok dizem que o laboratório trabalhou em problemas interdepartamentais, mas também recebeu visitantes de outros países, dispostos a replicar o modelo em casa. De fato, agora estão surgindo laboratórios de políticas em governos ao redor do mundo. NESTA (sigla para National Endowment for Science, Technology and Arts), o think tank, calcula que existam mais de cem laboratórios como esses no mundo, em níveis nacional, regional e municipal, com um novo sendo criado a cada mês.

O serviço público e a confiança dos cidadãos

Novas formas de organização possibilitadas pela tecnologia digital mostraram às pessoas comuns o que é possível na vida delas. Empresas como Amazon, Netflix e Google nos tornaram ansiosos para que nossos governos e serviços públicos apresentem níveis similares de conveniência e agilidade de resposta. Consequentemente, cidadãos de toda parte agora nutrem expectativas em relação ao governo e querem mudanças. Uma pesquisa do Gallup, feita em 2019, revelou por exemplo que, nos países da OCDE, em média 30% dos cidadãos estavam insatisfeitos com a assistência à saúde em sua área, 34%, com o sistema de educação, e 44%, com o sistema judicial e os tribunais.[26]

A insatisfação está no cerne dos níveis decrescentes de confiança nas instituições públicas. Nossos líderes parecem distantes, e seus representantes eleitos se mostram lentos, para oferecer soluções às nossas necessidades. Desde 2002, a Edelman, uma empresa de comunicação e marketing, entrevistou pessoas do mundo inteiro sobre o grau de confiança nas instituições. Richard Edelman, o dono da empresa, acredita que há um fosso crescente entre "públicos informados", ou seja, "os que têm diploma universitário, que consomem regularmente notícias da mídia e estão dentre os 25% com renda familiar mais alta", e "populações de massa", que formam o grosso do restante.[27] A crise financeira de 2008, acredita Edelman, produziu uma suspeita generalizada das populações de massa de que as elites agem apenas em interesse próprio, não em interesse do povo, e de que especialistas não necessariamente têm acesso à melhores informações do que o restante da população.

De acordo com Edelman, nos Estados Unidos, entre os 25% com renda mais alta e os 25% com renda mais baixa, há um abismo de 31 pontos em relação à confiança nas instituições. Esse abismo persiste nos países que enfrentam graus variados de dificuldade econômica: respectivamente 29, 26, 22 e 19 pontos na França, no Brasil, na Índia e no Reino Unido. Edelman sustenta que "as pessoas tendem a confiar em empresas mais do que no governo, em parte porque 'as empresas fazem as coisas acontecer, enquanto o governo é visto como 'incapaz'".[28] Aparentemente, as pessoas acreditam em empresas de tecnologia em particular porque "oferecem vantagens".[29]

Assim sendo, o governo tem um trabalho difícil pela frente. Contudo, há indícios positivos de várias partes sugerindo mudança e planos reais: descentralização, fortalecimento de prefeitos, desenvolvimento do governo como plataforma e organizações como a Buurtzorg ao redor do mundo. Temos uma chance rara, levando em conta o desenvolvimento da tecnologia, de transformar o jeito de funcionar dos governos, a fim de transferir recursos das funções massivamente redundantes da retaguarda para os serviços da linha de frente.

A questão, então, não é se, mas quando, e com que rapidez a transformação vai acontecer. A pressão sobre os governos é particularmente acentuada no sentido de mobilizar os cidadãos que foram deixados para trás pela globalização e pela mudança tecnológica. Como os governos podem tornar seus programas mais inclusivos e atender aos diferentes grupos, cujas vidas (e a própria sobrevivência) serão ainda mais profundamente abaladas nos próximos anos? Vamos nos voltar para esse desafio a seguir, no capítulo 5.

5

O Estado inclusivo: atender a muitas tribos

Tenho o sonho de que um dia esta nação vai se levantar e viver o verdadeiro significado de sua crença: Temos essas verdades por autoevidentes, de que todos os homens foram criados iguais.

Martin Luther King Jr.

Onde há discórdia, que levemos harmonia...
Onde há desespero, que levemos esperança.

Margaret Thatcher

Em 8 de novembro de 2016, o dia em que Donald Trump foi eleito o 45º presidente dos Estados Unidos, Michael Tubbs, um afro-americano de 27 anos, fez história à sua moda, elegendo-se prefeito de Stockton, Califórnia. Unidos no triunfo eleitoral, os dois vitoriosos não poderiam ser mais diferentes. Trump era, pelo menos nominalmente, republicano, enquanto Tubbs era democrata. Aos 70 anos, Trump tornou-se o mais velho presidente a ser eleito na história dos Estados Unidos. Aos 27 anos, Tubbs era o mais jovem prefeito a ser eleito em uma cidade com população de pelo menos 100 mil pessoas. Trump teve pai milionário, enquanto Tubbs foi criado por mãe solteira e que precisava de vários empregos para pagar as contas.

Como prefeito, Tubbs estruturaria seus programas fazendo pontes para dirimir conflitos e promovendo a reconciliação entre os grupos divergentes. Ele pretendia governar para ricos e pobres, empregados e desempregados, homens e mulheres, maioria e minoria. E embora Tubbs tenha inaugurado uma verdadeira liturgia de pioneirismos — o mais jovem político eleito na história da cidade e o primeiro prefeito negro de Stockton —, ele já era um veterano aos 27 anos. De fato, era quase como viesse se preparando para esse trabalho a vida inteira — se não literalmente desde o dia em que nasceu.

Crescendo em Stockton

A mãe de Tubbs, Racole Dixon, era pobre e mal completara 17 anos quando deu à luz. Seu pai, um adolescente infrator e em detenção na época, passou vários anos entrando e saindo do sistema penal até receber, após uma terceira condenação, a sentença de prisão perpétua. Tubbs encontrou o pai em poucas ocasiões e até hoje não sabe quais foram os três crimes que o levaram à Prisão Estadual da Califórnia.

Nos primeiros anos, para sustentar a família, a mãe de Tubbs trabalhava em vários empregos. Foram anos de verdadeira pobreza, de muitas mudanças de endereço, vivendo de vales de alimentação e de vouchers do programa Mulheres, Jovens e Crianças (WIC na sigla em inglês Women, Infants and Children). As coisas só se estabilizaram quando Tubbs tinha 10 ou 11 anos e a mãe pôde comprar uma casa com suas parcas economias. Apesar da pobreza e da vulnerabilidade, Tubbs descreve aqueles anos como felizes. "Havia muitas redes de segurança e as coisas não pareciam tão ruins. Eu tinha uma tia e uma avó formidáveis. Havia programas escolares extracurriculares e programas de assistência como o Head Start e o WIC. Origem não é destino."[1]

Tubbs diz que era rebelde, mas ir à escola nunca foi difícil. Ele era protegido pelo espírito comunitário. Sua infância girava ao redor da igreja, do toque de recolher e da educação. "Meu irmão Drevonte e eu adorávamos", diz Tubbs. "Minha mãe e minha avó nos protegiam da realidade mais dura da vizinhança."[2]

As duas mulheres eram amorosas, mas exigentes. Exigiam que Tubbs tirasse notas altas e ele tirava. "Enfiava o nariz nos livros", ele conta, "mas também jogava basquete e me considerava enturmado. De vez em quando, era expulso da escola por ser desafiador e desrespeitoso. Achava que os professores estavam fazendo de mim um exemplo, para me punir. Fique quieto, não questione — mas eu não sou assim."

Tubbs visitou o pai na prisão apenas uma vez, quando tinha cerca de 12 anos, e não gostou de como os guardas o trataram. "A visita foi educativa para mim. Eu sabia que não queria ser preso." Foi uma "situação estranha", mas Tubbs ficou quase agradecido. "Tudo aquilo moldou quem eu sou e minhas prioridades. Me deu uma noção real da estrutura de oportunidades neste país, do sistema de justiça criminal e da pobreza."[3]

Preparando-se para governar

Tubbs era um estudante de alto rendimento na Franklin High, uma escola estadual em Stockton. Apesar da natureza rebelde, ele fez por onde: economizou para comprar os livros com que se preparou para os exames de admissão na faculdade, coordenou um painel de aconselhamento para jovens e foi presidente do Centro Acadêmico. Em 2008, formou-se com um diploma de excelência internacional e obteve uma bolsa para alunos carentes em Stanford. Nos anos seguintes, graduou-se em Estudos Comparativos e de Etnia e fez mestrado em Política, Liderança e Estudos Organizacionais. Além de estudar para as disciplinas, fez estágio no Google e na Casa Branca de Obama.

COMO UM GOVERNO DEVERIA SER

A universidade poderia ter sido uma porta de saída de Stockton. Ele poderia ter usado seus diplomas e sua experiência para ser advogado, como a mãe desejava, ou trabalhar no Google, ou em qualquer startup no vale do Silício, ganhando muito bem.

Mas o destino iria interferir em todos esses planos.

Um dia, em novembro de 2010, enquanto estava na Casa Branca trabalhando duro como estagiário na Ala Oeste, sua mãe ligou para contar que seu primo, Donnell James II, sete meses mais velho e muito próximo, fora morto a tiros numa festa de Halloween.

Tubbs fala do primo em termos eloquentes. Os pais de James haviam se separado quando ele era criança, mas permaneceram em sua vida. O pai era trabalhador da construção civil e a mãe trabalhava em assistência de saúde. Como Tubbs, o mundo adolescente de James orbitara em volta de igreja, da família e do basquete. Os meninos dormiam uns nas casas dos outros. Como muitos jovens em Stockton, James não era particularmente conectado com a escola. "Ele tinha um pé na escola e outro nas ruas", diz Tubbs. "Não era membro de gangue, mas tinha relações com pessoas das gangues."[4]

Em outubro de 2010, James se viu num beco sem saída. "Estava à toa", diz Tubbs, "mas parecia estar indo bem. Tinha alguns amigos bons, outros ruins. Tinha uma namorada firme." No Halloween daquele ano, James estava em uma festa na casa de alguém quando se envolveu numa discussão e foi baleado. "Quando minha mãe me ligou e contou que ele tinha sido assassinado, eu disse: O quê? Eu estava na Casa Branca na época, a seis horas de casa, tentando ajudar meu país a ser melhor, mas impotente para ajudar enquanto um membro da minha família morria."[5]

O choque fez Tubbs pensar bastante sobre qual seria seu próximo passo. Ele começou a se perguntar que papel poderia desempenhar em questões que afetavam as pessoas de quem mais gostava. Compartilhou seus pensamentos com David Agnew, seu chefe imediato na Casa Branca. Agnew era vice-assistente do presidente e diretor de assuntos intergovernamentais. Nessa função, ele supervisionava a relação do governo Obama com representantes eleitos de estados, municípios, condados e tribos em todo o país. Agnew previu que Tubbs iria se candidatar a um cargo público e disse-lhe isso. Mas Tubbs disse que não estava pronto. "Talvez um dia, talvez em 2024, não antes", disse a Agnew. Mas Agnew manteve sua posição: "Você vai se candidatar em 2012."[6]

Em 2011, de volta a Stockton nas férias de inverno, Tubbs encontrou um ativista comunitário de quem era próximo. O ativista perguntou-lhe o que estava planejando fazer quando se formasse. Quando Tubbs disse que não tinha certeza, o ativista indagou: "Quantas pessoas têm que morrer antes que você se sinta pronto para voltar?".

Na semana seguinte, Tubbs decidiu retornar a Stockton e se candidatar. No início, morava na cidade e ia para Stanford, desistindo de todos os outros planos durante o resto de seu ano de formando. Para evitar o tráfego, ele saía de casa às 4h30 da manhã e voltava até as duas da tarde ou então às oito ou nove da noite. "Queria sentir a energia da comunidade. Mesmo no verão anterior, tinha ido para Stockton em vez de trabalhar no Google. Imagine: deixei o Google para viver em Stockton e trabalhar com cinquenta jovens!"[7]

A experiência de trabalhar em contato direto com sua cidade natal transformou-o profundamente. Agora, em vez de escrever artigos acadêmicos sobre os problemas de Stockton — o sistema educacional deteriorado, os crimes violentos e a falência iminente —, ele decidiu focar no que realmente podia *fazer* para mudar as coisas.

Finalmente, como Agnew previra, Tubbs decidiu concorrer à Câmara de Vereadores em 2012.

"Suas próprias circunstâncias são importantes", diz Tubbs. "Meu pai foi para a prisão com 25 anos, e lá ficou pelo resto da vida. Ainda não sei quais foram suas três condenações. O que aconteceu com meu primo me mudou também."

Oprah, tornando-se vereador e então prefeito

Em abril de 2012, poucos meses antes de concorrer à Câmara, Tubbs teve um encontro importante em Stanford. Oprah Winfrey, a apresentadora de TV, estava visitando a universidade com um grupo de estudantes da African Leadership Academy, uma escola de ensino médio em Johannesburgo, comprometida com o desenvolvimento da próxima geração de líderes africanos. Tubbs foi convidado para o almoço oferecido pelo reitor a Winfrey e aos alunos, em parte porque ele havia trabalhado na África do Sul no inverno anterior. Determinado a não embaraçar Oprah tentando bajulá-la, Tubbs passou todo o tempo com os estudantes africanos, procurando convencê-los a estudar em Stanford. Quando as apresentações formais começaram, Tubbs disse que era de Stockton, mas não disse qualquer coisa sobre concorrer à Câmara Municipal. "Não queria que ela achasse que foi um arranjo, então apenas disse: 'Sou de Stockton.' Mas então o reitor interveio."[8]

Ao ouvir sobre os planos de Tubbs, Ophra ficou imediatamente de orelhas em pé e começou a bombardeá-lo com perguntas: Quem te apoia? Quais são suas ideias? Por que Stockton? E a inescapável: Quanto você arrecadou até agora?

A esta última pergunta, Tubbs respondeu: "Dez mil dólares."

Ophra então disse: "Você sabe que ajudei Obama a se eleger? Para onde envio um cheque?".

Duas semanas depois, havia um cheque da senhora Oprah Winfrey na caixa de correio. Sua contribuição equiparava-se exatamente aos 10 mil dólares que Tubbs dissera ter arrecadado.

Pouco tempo depois da reunião com Ophra, Tubbs anunciou formalmente sua candidatura para o distrito 6 da Câmara de Stockton, contra o titular Dale Fritchen. Venceu a eleição com 61,7% dos votos e assumiu o cargo em janeiro de 2013, aos 22 anos. Tornou-se o membro mais jovem da Câmara Municipal na história de Stockton e uma das mais jovens autoridades eleitas nos Estados Unidos.

Então, em 2 de setembro de 2015, ele anunciou sua candidatura a prefeito nas eleições gerais do ano seguinte, disputando contra o candidato à reeleição, Anthony Silva. Menos de uma semana antes da eleição, Tubbs recebeu o apoio do presidente Barack Obama. Venceu com 70,6% dos votos.

Pouco depois de ser eleito prefeito, seu pai lhe enviou uma carta da prisão para felicitá-lo. Disse que tinha ouvido que ele estava noivo e acrescentou que estava ansioso para ter lindos netos.[9]

Já a mãe de Tubbs, por sua vez, nunca abandonara o sonho de ver o filho, após sua passagem pela Câmara, arranjar um bom emprego e deixar Stockton. Quando ele contou que ia concorrer a prefeito, ela se consolou: "Acho que você só terá direito a dois mandatos, então ainda vai dar tempo!"

Os problemas de Stockton

A crise financeira de 2008 atingiu Stockton com força. Mas seus problemas tinham raízes bem mais antigas. Seguindo as altas do mercado de ações na década de 1990, as autoridades municipais haviam feito uma farra de gastos no início dos anos 2000, aprovando vários projetos grandes de infraestrutura para melhorar o perfil da cidade. Em 2004, por exemplo, eles previram 47 milhões de dólares para a construção de uma arena de esportes e concertos no centro de Stockton. Outros 100 milhões de dólares foram depois gastos revitalizando a orla da cidade. O município ofereceu à classe de bombeiros acordos generosos de previdência e aposentadoria antecipada para funcionários públicos. O setor de construção de casas ficou aquecido, atraindo compradores da região da baía de San Francisco.

Então veio 2008 e a crise imobiliária. Os preços médios das casas caíram do valor máximo de 400 mil dólares em 2006 para 110 mil dólares em 2009.[10] Com a quebra, vieram execuções hipotecárias e queda das receitas oriundas do imposto sobre propriedade. O serviço da dívida disparou de 3 milhões de dólares, em 2002, para 17,2 milhões de dólares em 2008. Stockton, óbvio, não conseguiu pagar esta dívida. Em 2012, tornou-se a maior cidade dos Estados Unidos a pedir falência.

Quando Tubbs se tornou vereador, ele enfrentou justamente esta crise.

Refletindo sobre o que deu errado, ele diz: "Todo o debate político foi conduzido por dois grupos — as construtoras e os funcionários públicos —, que agiram em interesse próprio. Não havia mais ninguém na mesa da tomada de decisões." A ênfase estava na construção de infraestrutura — a marina e o calçadão — sem pensar nas pessoas. "O que precisávamos era de diversidade de vozes. Não conhecia ninguém que tivesse um iate e atracasse na marina."[11]

Como acontece com muitas cidades ao redor do mundo, a ênfase em Stockton havia sido a criação de uma imagem construída em torno da infraestrutura. Afinal, era aí que estava o dinheiro grande. Projetos faraônicos, como estádios esportivos, são notados imediatamente. Investir em pessoas, por outro lado, e em infraestrutura leve, como educação e saúde, fica em segundo plano. É mais difícil mostrar o avanço obtido e os benefícios aparecem anos, até décadas, mais tarde.

Quando Tubbs assumiu o cargo de prefeito, teve uma ideia dos problemas da cidade. Afinal, ele viveu suas segregações em primeira mão. "O governo da cidade", diz ele, "não é o mais bem-equipado para isso e, portanto, não é o único a fazer isso, mas também deve focar em questões como pobreza geracional e rendimento escolar."

"O *status quo*", acrescenta, "era inaceitável. Não fui eleito prefeito para ser popular. Fui eleito para fazer coisas que realmente mudassem a realidade. Para reduzir a distância entre os ricos e os pobres."

Tomados pelo sentimento de urgência, Tubbs e seus colegas da Câmara Municipal começaram inúmeros programas em várias frentes, usando seus contatos e as experiências feitas em outros lugares. Tubbs se valeu da época em Stanford e na Casa Branca. Mobilizou expertise e fontes de dinheiro externas, vindas de fundações e *think tanks* dos EUA. Mas a equipe também desenvolveu projetos a partir do que estava disponível na cidade e, tirando proveito de seu conhecimento direto da vida da comunidade, conseguiu engajá-la, o que foi central para sua abordagem.

Inclusão social: o papel da educação e da justiça

Em muitos casos, as diferenças entre os vários grupos que formam uma sociedade podem aumentar as oportunidades de melhoria e avanço. Na verdade, o desafio para o governo não é tanto garantir igualdade *per se*, mas proporcionar a todos acesso a oportunidades. A igualdade, por outro lado, é um objetivo muito mais complicado para o governo. Nele está sempre embutida a questão "igualdade de quê?" e, com enorme frequência, isso é politicamente explosivo. Inclusão, por outro lado, é o mínimo a que se pode aspirar e é um objetivo

COMO UM GOVERNO DEVERIA SER

bem mais palpável. No cerne desta inclusão encontram-se a educação e a justiça.

"A educação é um ótimo equalizador", diz Tubbs, enfatizando um ponto de vista que está na raiz de sua biografia. Sua ambição como prefeito tem sido proporcionar boa educação para todas as crianças em Stockton. "É o que todo pai quer", diz ele. "Há tanta gente da classe trabalhadora na cidade, imigrantes, para quem os EUA são a terra da oportunidade. A escola é o melhor canal para suas aspirações. Deveria ser como se nossos próprios filhos estivessem indo para essas escolas."[12]

Mas Tubbs e sua administração tiveram que trabalhar duro. Quando ele se tornou prefeito, quatro em cada cinco matriculados nas escolas de Stockton vinham de grupos de alta vulnerabilidade em termos de renda, aptidões linguísticas ou ambiente familiar. E apenas um em cada quatro saíam da escola com o aproveitamento necessário para entrar em uma universidade pública na Califórnia.

Uma das primeiras ações de Tubbs foi lançar a Stockton School Initiative, uma coalizão de estudantes, membros da comunidade e famílias, criada para melhorar as oportunidades educacionais para todos. Outra foi o Stockton Scholars, um programa parecido com o primeiro. Financiado por um doador anônimo, com um orçamento total de 20 milhões de dólares, seu objetivo era tornar a educação universitária acessível aos alunos do Distrito Escolar Unificado de Stockton, muitos deles com dificuldade de pagar suas despesas. Uma terceira iniciativa promoveu estágios de estudantes no governo local, concebida para dar aos alunos a oportunidade de participar da formulação de políticas.

Tubbs contou com a ajuda de sua mulher, Anna Nti-Asare--Tubbs, que ele conheceu em Stanford e com experiência em temas ligados à antropologia, à sociologia e à educação. Quando ele decidiu concorrer a prefeito, Anna se juntou a ele na campanha, indo de porta em porta e alternando do inglês para o espanhol quando necessário. Como o marido, Nti-Asare-Tubbs acredita muito na educação. Para ela, "é a via pela qual podemos ensinar as crianças a repetir o ciclo do qual fazem parte ou ajudar para que mudem sua vida e mudem o mundo".[13]

Tubbs e sua equipe também pressionaram em favor de mudanças na abordagem da criminalidade e da justiça criminal de modo geral. Como no caso da educação, a administração trabalhou em estreita colaboração com as comunidades locais e com parceiros externos para desenvolver e oferecer novas políticas públicas.

Localmente, a cidade se comprometeu com líderes comunitários para obter feedback em questões sociais, como o policiamento. Eventos e indivíduos da comunidade foram muito inspiradores. Por exemplo, o primo de Tubbs, Donnell James II, e um jovem coordenador comunitário baleado em outubro de 2017, Brandon Harrison, serviram de inspiração para as novas políticas de segurança pública da Câmara Municipal.

O parceiro externo da cidade na justiça criminal foi o Advance Peace, um programa antiviolência que oferece bolsas de estudos para jovens afetados pelo crime. Fundada em 2016 por DeVone Boggan, o modelo do Advance Peace foi implementado pela primeira vez em Richmond, Califórnia, onde Boggan foi o diretor-fundador do Escritório de Segurança do Bairro de Richmond, de 2007 a 2016. O objetivo da organização é "interromper a violência armada em bairros urbanos dos EUA, criando oportunidades de transformação para jovens envolvidos em crimes letais com armas de fogo e oferecendo um acompanhamento personalizado e de alto nível".[14] A organização identifica aqueles que são mais propensos a atos de violência armada, mas que a polícia não conseguiu prender. Em seguida, encaminha esses homens a mentores — normalmente criminosos reabilitados, com um histórico parecido —, para um programa intensivo de dezoito meses, desenvolvido para abrir alternativas à vida no crime. Alguns bolsistas do programa podem receber outro auxílio, de até 9 mil dólares, desde que cumpram metas, como a obtenção de um diploma de Educação Geral ou a conclusão de cursos de cuidados familiares.

A abordagem, incluindo o dinheiro implicado, fazia parte da tentativa experimental de combater o crime de um jeito novo. Apenas o tempo e a avaliação cuidadosa irão, é óbvio, provar se funcionou ou não. Mas, como Tubbs aponta, sem tentar, nunca se saberá.

Inclusão econômica: empregos, competências e salários

Talvez o mais atraente dos programas de Tubbs seja o Renda Básica Universal (RBU), que se encontrava em estágio experimental quando este livro foi escrito. Os planos de Stockton eram bastante humildes, ao contrário de outras tentativas semelhantes na Califórnia, mais ambiciosas. A incubadora Y Combinator, por exemplo, financiou um programa maior, com mais de mil pessoas em Oakland, Califórnia. Em Stockton, 130 residentes recebiam 500 dólares por mês pelo período de dezoito meses. O programa tinha como proposta aumentar o número de beneficiários ao longo do tempo.[15]

Chamado Demonstração de Capacitação Econômica de Stockton, ou SEED (sigla em inglês para Stockton Economic Empowerment Demonstration),* foi o primeiro projeto de renda mínima criado por um município. Totalmente financiado por filantropia, o SEED não usou dinheiro de imposto. O principal parceiro foi o Projeto de Segurança Econômica (ESP na sigla em inglês), uma organização comprometida com o avanço do

---

* *Seed*, em português, significa "semente". (*N. do E.*)

debate sobre transferência de renda e renda mínima nos Estados Unidos. O ESP contribuiu com 1 milhão de dólares e esperava, com a iniciativa, instruir o debate e estimular a imaginação do público sobre renda básica universal.[16] Um segundo parceiro foi a Fundação Goldhirsh, que se comprometeu a doar até 250 mil dólares ao SEED, com o objetivo de galvanizar outras parcerias para apoiar ações de renda garantida.

Contando como surgiu a parceria com o ESP, Tubbs diz: "O ESP estava procurando uma cidade para ser piloto de um sistema de renda básica. A organização queria saber qual seria o resultado na vida das pessoas beneficiadas. Assim que soube da proposta, agarrei a oportunidade."[17]

Foram vários os motivos que levaram Tubbs a apoiar o projeto. Por um lado, ele tinha noção do impacto disruptivo das novas tecnologias sobre o emprego. Com a substituição da força de trabalho por robôs e inteligência artificial, será cada vez mais necessário fornecer renda básica para sustentar os que ficarem de fora. Por outro lado, antes de se preocupar com a ameaça da automação, Tubbs acredita que é preciso "olhar para a estrutura econômica do país como é agora". No momento, um em cada dois californianos não pode receber mais do que o auxílio emergencial de 400 dólares. E trabalhar implica encontrar e manter vários empregos de baixa remuneração e sem benefícios. A situação provoca estresse e desgaste de saúde física e mental. Tubbs sabe, pela experiência da mãe, que um adicional de 500 dólares por mês é muito útil para quem tem baixa renda. E sabe que em Stockton há muitas mães que têm dois ou três empregos, mas mesmo assim não recebem salário compatível com seus esforços. Por fim, Tubbs reconhece que a renda básica beneficiaria quem atua em áreas de maior insegurança trabalhista, como a indústria cultural e as microempresas.

A equipe do SEED trabalhou com um designer de projeto para pensar cuidadosamente como escolher os primeiros 130 residentes que receberiam a renda básica, de modo a universalizar os critérios de seleção. "Não queremos alcançar apenas quem já está cadastrado para alguma forma de assistência governamental", diz Tubbs. Assim, a equipe procurou incluir também pessoas que recebiam um pouco mais do que o padrão de renda média familiar, e trabalhou com a comunidade para selecioná-las.

O SEED tem seus detratores. Para algumas vozes da direita, é comunismo travestido: uma extensão de programas governamentais caros, como o Medicare e a previdência social, e mais um pretexto para distribuir o dinheiro dos contribuintes. Os críticos o descreveram como "dinheiro grátis", criando a necessidade de um tweet do prefeito, em fevereiro de 2018, que elencasse os benefícios econômicos previstos graças ao programa. Tubbs também respondeu aos críticos apontando que apenas dinheiro privado — do Projeto de Segurança Econômica e da Fundação Goldhirsh — era usado para financiar o SEED. Afinal, a cidade estava quase falida. "Temos que garantir nosso futuro fiscal", disse ele. "Somos agora a segunda cidade fiscalmente mais disciplinada do estado."

Tudo isso, no entanto, alimenta o temor de quem está ideologicamente à esquerda, no sentido de que o uso de dinheiro privado seja o início da privatização gradual dos serviços do governo. Há também a preocupação de que as empresas apoiadoras, posteriormente, assumam o controle da máquina pública. Em resposta às críticas, Tubbs diz: "Sou um millennial. Esquerda e direita não são tão importantes para mim. O que importa é avançar."

Na verdade, décadas atrás, a ideia de algum tipo de renda básica encontrou apoios em vários pontos do espectro político. Nos anos 1960, tanto Milton Friedman quanto Martin Luther King Jr. defenderam uma renda mínima garantida. Nos anos 1970, Daniel Patrick Moynihan, democrata, e Richard Nixon, republicano, propuseram em conjunto um piso de renda mínima que quase foi aprovado pelo Congresso. E, desde 1982, o estado do Alasca distribui um dividendo anual para cada cidadão.

Tubbs conhece esse histórico. Mas, por enquanto, o SEED continua sendo um estudo financiado pela filantropia. A ideia era testar o conceito, como a iniciativa se encaixaria com outras prioridades e como seria a relação entre o capital privado e os programas estaduais. Segundo Hector Lara, diretor executivo da Reinvent South Stockton Coalition: "Esperamos realmente que, por meio desta implementação, possamos aprender... que ela possa moldar políticas futuras... [e como gerar] ideias futuras sobre de onde esse financiamento pode vir."[18]

Stockton é, em muitos aspectos, um microcosmo dos Estados Unidos: a cidade com um passado desafiador e um futuro incerto. Como em outros lugares nos EUA, ela enfrenta grandes mudanças na economia, como a estagnação salarial e a desigualdade, que tiram dos trabalhadores a capacidade de pagar suas contas. O que funciona em Stockton pode também funcionar em outro lugar.

Na verdade, o interesse pela renda básica universal é cada vez mais disseminado em todo o planeta. Na Europa, por exemplo, a Finlândia começou a testar a RBU em 2017. Mas as raízes da abordagem estão em uma tradição ainda mais antiga do norte da Europa, que remonta a quase um século, e que ficou conhecido como "flexigurança".

Os dinamarqueses e a flexigurança

A questão das redes de segurança e do emprego tem incomodado governos em todo o mundo há mais de um século. Pelo menos desde a Grande Depressão, o Estado de bem-estar social tem sido fundamental para mitigar os caprichos dos ciclos econômicos e os problemas do desemprego em massa. Quando a economia fica estagnada e as empresas não contratam mais, o que os desempregados devem fazer? Quem cuida deles e como? E quando as pessoas estão empregadas, como protegê-las da potencial exploração de seus empregadores?

Ao longo do século XX, mas especialmente desde a Segunda Guerra Mundial, governos do Ocidente industrial responderam a essas questões com leis para proteger os direitos trabalhistas, quando as pessoas estão empregadas, e para fornecer segurança social, quando não estão. Mas tais esforços tiveram que enfrentar um novo conjunto de problemas ao longo do tempo. À medida que direitos e programas de seguridade social se expandiram e a expectativa de vida aumentou — aumentando, assim, o número de pessoas que não podem trabalhar —, a carga fiscal do Estado aumentou também. E como a proteção aos trabalhadores cresceu, dificultando sua demissão (e, portanto, também a contratação), as economias têm, de tempos em tempos, perdido dinamismo e ficado paralisadas. Consequentemente, por exemplo, surgiram economias de incluídos e excluídos, em que os que têm trabalho são protegidos pela lei, mas os desempregados são condenados a uma vida de contratos inseguros, por tempo parcial, empregos mal remunerados ou o estigma do desemprego crônico.

Diante disso, os governos tiveram que lutar, aqui, para garantir o dinamismo da economia, e, ali, para proteger os que sofrem com os altos e baixos dos ciclos na economia. Como proporcionar flexibilidade para empresas e para os que procuram emprego e, ao mesmo tempo, garantir que desempregados se beneficiem de uma rede de segurança?

Para atingir esse equilíbrio, muitos países oscilaram entre os dois extremos, mercado livre *versus* direitos trabalhistas e proteção aos desempregados. Apenas alguns países encontraram um meio-termo pragmático. O melhor exemplo, ao que parece, é o da Dinamarca. Na verdade, o país tem sido tão bem-sucedido que economistas e legisladores até cunharam um termo para descrever seu modelo: flexigurança, para indicar tanto a flexibilidade no mercado de trabalho quanto a segurança aos trabalhadores. A flexigurança estreou na Dinamarca no início de 1990, quando o governo do primeiro-ministro Poul Nyrup Rasmussen introduziu uma série de reformas históricas no mercado de trabalho. A ideia era equilibrar contratação e demissão fáceis (ou seja, flexibilidade para empregadores) com benefícios generosos para os desempregados (ou seja, segurança para trabalhadores). O ímpeto veio da necessidade de quebrar a tendência ao desemprego da época e usar as políticas proativas no mercado de trabalho para reduzir o desemprego estrutural.

Per Kongshøj Madsen, professor emérito de ciências políticas na universidade de Aalborg, passou grande parte da carreira estudando o modelo de flexigurança. Na verdade, Madsen foi um dos primeiros a popularizar o termo. Ele fala de uma viagem, feita em meados da década de 1990, quando pesquisava o fenômeno pela primeira vez, na qual ouviu de um funcionário público dinamarquês que o modelo na verdade tinha três elementos, não dois. No quadro branco do escritório do funcionário, havia um diagrama representando o "triângulo de ouro dinamarquês: 1) da flexibilidade; 2) da segurança e das políticas proativas no mercado de trabalho"; e 3) um rigoroso (re)treinamento e políticas de educação.[19]

O "triângulo dourado" da flexigurança foi logo reconhecido pela Organização para a Cooperação e Desenvolvimento Econômico (OCDE), bem como pela União Europeia (UE), por ser intimamente associado ao forte desempenho da economia dinamarquesa em relação aos seus pares na OCDE e na UE. O modelo atingiu um ponto alto em meados da década de 2000, enquanto o então governo de centro-direita presidia um boom de cinco anos. Em 2007, o desemprego na Dinamarca atingiu 4,5%, a taxa mais baixa dos últimos trinta anos; o crescimento foi mais rápido do que a média da UE, enquanto a inflação foi menor; e o orçamento gerou um superávit de 3,9% do PIB. Entre 2004 e 2007, os dinamarqueses reduziram 1% da folha de pagamento pública e impulsionaram o emprego no setor privado em 3,7%. No setor privado, as políticas do governo resultaram na criação de 34 mil empregos somente em 2006. A contratação e a demissão aconteciam de um dia para o outro, dando às empresas dinamarquesas vantagem competitiva sobre suas competidoras alemãs e suecas. Cerca de 1/5 dos trabalhadores dinamarqueses podiam perder o emprego, mas a maioria logo encontrava um novo. As coisas estavam tão bem que o ministro dinamarquês das finanças, Thor Pedersen, vangloriou-se: "Acabaremos dominando o mundo!"[20]

Mas então veio a crise financeira de 2008, e a flexigurança de repente perdeu o brilho. O mercado de trabalho dinamarquês foi duramente atingido pela recessão. "Se for fácil demitir funcionários", diz Madsen, "os empregadores farão exatamente isso." A Dinamarca experimentou uma queda maior no emprego do que outras economias da UE, e os defensores do modelo dinamarquês dentro da comunidade começaram a desaparecer. Os sindicatos, de qualquer forma, sempre haviam sido um tanto céticos. Consideraram o modelo um cavalo de troia que realmente tratava de flexibilidade em vez de segurança. Com a crise, tornou-se impopular falar em flexibilidade, já que os trabalhadores estavam sendo demitidos. Além disso, a abordagem era cara, e o gasto público, insustentavelmente alto em muitos países europeus.

Mas não teria sido prematuro perder a confiança na flexigurança? As pesquisas de Madsen e as de outros especialistas, mostram que, se no curto prazo o modelo dinamarquês sofreu um baque maior do que o de outros países da UE, no correr do tempo a Dinamarca foi mais rápida para se recuperar. Assim, entre 2007 e 2012, a taxa do desemprego de longo prazo, uma parcela do desemprego total, aumentou de 16,1% para 28%. Por outro lado, no mesmo período, nos demais países da UE, a taxa de desemprego de longo prazo aumentou a partir de um nível mais alto, mas a uma taxa inferior — de 42,6% para 44,3%. Desde 2012, no entanto, a taxa de desemprego de longo prazo na Dinamarca diminuiu de 28% para 22,3%, enquanto continuou a aumentar nos demais países--membros da UE.[21] Assim, apesar do agudo aumento *inicial* da taxa de desemprego, a Dinamarca acabou voltando à mais baixa taxa de desemprego de toda a UE. Notavelmente, as taxas de criação de emprego e mobilidade permaneceram altas, enquanto as de marginalização e desemprego de longo prazo mantiveram-se baixas.

Madsen acredita que a flexigurança contribui para uma economia e um mercado de trabalho mais inclusivos. O modelo assegura baixos níveis de desemprego crônico mesmo durante as crises econômicas, menores níveis de desemprego para indivíduos com necessidades especiais e um mercado de trabalho menos segmentado — quem está dentro/quem está fora — do que em outros países. Há a segurança da renda mínima para quem perde o emprego e uma probabilidade menor de os cidadãos terminarem na pobreza. Por exemplo, uma pesquisa recente da União Europeia descobriu que a parcela de pessoas que não conseguiu pagar as contas nos doze meses anteriores era de 8% na Dinamarca contra quase 50% em países como a Grécia.[22]

Mas a flexigurança tem seus limites. Em primeiro lugar, apesar de ser um modelo muito admirado, não é fácil de copiar. Madsen aponta que, na Dinamarca, ele está enraizado em um século de tradição de cooperação e diálogo entre empregadores e sindicatos. A cooperação e o diálogo não são facilmente replicados da noite para o dia.

Além disso, os benefícios e treinamentos que a abordagem oferece para os desempregados têm um custo: uma carga tributária mais alta para quem recebe mais. A flexigurança, portanto, favorece quem está nas faixas de renda baixa a moderada. Em termos positivos, a carga tributária mais alta é compensada pelo crescimento relativamente alto do país e baixos níveis de desemprego e exclusão social. Como Madsen assinala: "Apesar de pagarmos impostos mais altos, também temos benefícios para educação, saúde, treinamento e suplementação de renda. Consequentemente, há pouquíssima resistência aos impostos na Dinamarca. Nenhum partido realmente ataca o Estado de bem-estar social."[23] Talvez por isso — e apesar do clima —, a Dinamarca figure de forma consistente entre as nações mais felizes do mundo.

De modo geral, porém, a flexigurança é mais bem indicada para economias pequenas, relativamente igualitárias e bem-estabelecidas, como a Dinamarca. Em *Small States in World Markets* [Pequenos Estados nos mercados mundiais], o cientista político Peter Katzenstein explica como, ao longo das últimas poucas décadas, os nórdicos economicamente vulneráveis, ao lado de Holanda, Bélgica, Suíça e Áustria, têm alcançado um padrão de vida mais alto do que o de países muito maiores, como os Estados Unidos. Katzenstein justifica tal fenômeno com base na habilidade de oferecer soluções com rapidez e flexibilidade às oportunidades de mercado e no "corporativismo democrático" nórdico — uma mistura de "consenso ideológico, política centralizada e negociações complexas entre políticos, grupos de interesse e burocratas".[24] Ele sustenta que o corporativismo democrático é uma forma eficaz de dar conta de um mundo em rápida mudança, mais eficaz do que vários países industriais grandes foram capazes de ser.

Madsen concorda. "Estados pequenos como a Dinamarca", diz, "têm uma tradição de cooperação entre governo e grupos sociais para fazer acordos e selar compromissos."[25]

Mesmo em países pequenos como a Dinamarca, porém, há quem acredite que a flexigurança tem seus limites. Erik Christensen, colega de Madsen em Aalborg, argumenta que "o modelo de bem-estar que imaginamos contém alguns traços negativos de dois dos nossos sistemas, o liberalismo e o socialismo".[26] A flexigurança, para Christensen, tem excesso de governo e burocracia (característica negativa do socialismo) e carência de seguridade social (característica negativa do liberalismo). Ele argumenta que é possível, em vez disso, criar um sistema no qual os liberais têm menos governo e burocracia (e consequentemente maior flexibilidade), enquanto os socialistas têm mais seguridade social. O sistema demandaria, contudo, uma abordagem ousada e um novo projeto interpolítico. Exigiria nada menos do que uma renda básica universal (RBU).

A RBU: investimento inteligente ou benefício extravagante?

A Dinamarca foi pioneira na aplicação da flexigurança, mas a Finlândia superou-a com a experiência da RBU (Renda Básica Universal). Em janeiro de 2017, a nação nórdica começou o ano pagando 560 euros por mês para indivíduos de uma amostra aleatória de 2 mil desempregados, de 25 a 58 anos.[27]

Inaugurada por um governo de centro-direita na luta pela austeridade fiscal, o projeto pretendia ajudar tanto o governo quanto seus beneficiários. Estes últimos não teriam obrigação de procurar ou encontrar emprego durante os dois anos da ajuda, e continuariam recebendo auxílio mesmo que encontrassem trabalho. O governo, por sua vez, esperava empurrar para baixo um índice de desemprego resistente de 8% e, ao mesmo tempo, reduzir a burocracia e os gastos com seguridade social.

Em termos de desemprego, a expectativa era de que a renda básica e incondicional incentivasse os beneficiários a aceitar um emprego formal. Principalmente porque, se fosse estipulado um valor que lhes permitisse apenas sobreviver, as pessoas desejariam suplementá-lo com trabalho adicional. E, como em Stockton, havia também a esperança de que, com uma renda assim, seria mais fácil lidar com o admirável mundo novo do trabalho eventual de curto prazo: isto explicitaria a necessidade de os cidadãos se recadastrarem para os benefícios a cada vez que o contrato de trabalho de curto prazo expirasse.

Em termos de burocracia, a esperança era de que a renda básica simplificasse o cada vez mais complexo sistema de seguridade social e, assim, reduzisse gastos. O atual sistema, por exemplo, oferecia mais de quarenta benefícios diferentes, aos quais a habilitação do beneficiário deveria ser verificada, e cujo principal objetivo era lidar com o mercado de trabalho contemporâneo, caracterizado por empregos de meio período, contratos de curto prazo e empreendedores à frente de startups.[28]

De fato, um problema crescente em muitas economias avançadas não é a falta de empregos *per se*, mas, em vez disso, empregos que são inseguros, com baixos salários e temporários. Guy Standing, economista britânico, usa o termo "precarizado" para descrever a classe de pessoas empregadas nessa economia de "bicos". Em seu livro de 2011, *O precarizado: a nova classe perigosa*, Standing argumenta que membros desse grupo — que inclui imigrantes, a classe trabalhadora industrial e o jovem com algum grau de educação — sofrem não apenas de insegurança no emprego, mas também de insegurança sobre a própria identidade e de perda no controle de seu tempo.

Muitos desses problemas, acredita Standing, devem-se à globalização, mas são agravados pelas políticas sociais existentes. Para enfrentá-los, Standing prega reformas radicais que irão consagrar a segurança financeira como um direito. Um aspecto-chave dessas reformas implicaria a introdução de uma renda básica incondicional. Tal medida, argumenta, não apenas aumentaria a segurança no emprego, mas também liberaria energia empreendedora reprimida e guiaria o crescimento econômico. "Em todo país industrializado", escreve, "atualmente concedemos benefícios sujeitos à comprovação de elegibilidade. Significa que o alvo são os pobres... Mas o velho sistema está quebrado, e os salários continuarão a declinar, a insegurança continuará a crescer. Esta é a receita para a instabilidade econômica."[29]

Standing está longe de ser uma voz isolada. A renda básica universal agora tem amplo e crescente apoio em ambos os extremos do espectro político. À esquerda, seus principais defensores, como Bernie Sanders e vários sindicalistas, acreditam que ela pode reduzir a pobreza e a desigualdade. À direita, seus apoiadores, como o Adam Smith Institute e vários bilionários liberais, acreditam que pode proporcionar um sistema de bem-estar mais enxuto e menos burocrático, além de estimular empreendedores dispostos a assumir riscos. E é atraente para pessoas como Bill Gates e Elon Musk, que se preocupam com a possibilidade de a automação eliminar 1/3 dos empregos no Ocidente até 2040.

Mas a RBU também tem seus críticos. Ian Goldin, professor de globalização e desenvolvimento na Universidade de Oxford, identifica pelo menos três grandes desvantagens. Em primeiro lugar, a RBU seria financeiramente irresponsável. Por ser universal, mesmo se a renda básica for estipulada em um patamar modesto, pagar todo mundo seria "insustentável e provocaria déficits astronômicos".[30] Para evitar isso, o governo teria que elevar impostos ou cortar gastos em educação e saúde. Em segundo, a abordagem finalmente conduziria a uma desigualdade *maior*, ao mesmo tempo que *reduziria* a coesão social. Como a renda básica substituiria os benefícios existentes contra o desemprego, os mais merecedores receberiam potencialmente menos apoio financeiro enquanto "bilionários ganhariam um

COMO UM GOVERNO DEVERIA SER

pouco mais".[31] E como as pessoas trabalham não apenas para ter renda, mas também por "significado, status, habilidade, rede e amizade",[32] desvincular renda e trabalho, ao "recompensar as pessoas para ficarem em casa",[33] potencialmente incrementaria a criminalidade, o uso de drogas e provocaria desagregação familiar. Por fim, e talvez seja este seu efeito mais nocivo, a renda básica universal minaria o incentivo ao trabalho. Goldin argumenta que a seguridade social deveria ser pensada para que "indivíduos e famílias participem da sociedade, vençam o desemprego e encontrem trabalho, requalificação, cidades em movimento".[34] Redes de segurança não deveriam conduzir a uma vida de dependência, e a renda básica universal faria exatamente isso.

Goldin teme que a atenção angariada pela RBU esteja distraindo os governos e impedindo-os de buscar soluções mais criativas. Estas soluções em potencial, acredita, precisam incluir uma "jornada de meio período, a semana mais curta e recompensas por trabalho em casa, indústrias criativas e assistência individual".[35] Para reverter a crescente desigualdade e o deslocamento social, "precisamos mudar radicalmente o jeito de pensar a respeito de renda e trabalho". Per Madsen concorda: "Uma renda básica em um patamar razoável seria caro. Precisamos treinar pessoas para se qualificarem para novos empregos. O Estado deve estar presente para quem não pode se sustentar, não para quem pode."[36]

Infelizmente, o mesmo governo finlandês que implementou pela primeira vez na Europa a RBU também decidiu, dois anos depois de sua criação, cancelar o projeto. Em abril de 2018, o governo negou o pedido de mais verba da agência de seguridade social finlandesa para expandir o piloto; todos os pagamentos aos participantes terminaram em janeiro de 2019. Olli Kangas, especialista que fez parte do estudo, diz: "Dois anos é um período muito curto para tirar maiores conclusões de um estudo tão abrangente. Deveríamos ter tido mais tempo e mais dinheiro para obter resultados confiáveis."[37]

Os debates sobre a renda básica universal, se funciona ou não, sugerem a necessidade de mais testes, não menos, e mais dados em vez de mais argumentos preconcebidos. Felizmente, logo teremos um corpo de informações desse tipo, à medida que projetos de renda básica continuem a proliferar mundo afora. Além de Stockton, na Califórnia, iniciativas similares têm sido (ou estão sendo) mantidas nas zonas rurais da Índia e do Quênia, e em cidades como Macau e Hamilton, Glasgow e Barcelona.

A RBU levanta todo tipo de questão sobre sua implementação prática. Quem exatamente recebe o dinheiro e como? E como se acompanha a eficácia desta política? Na Itália, a renda básica universal foi promessa eleitoral fundamental da coalizão entre direita e esquerda que chegou ao poder em 2018. Uma vez ela empossada, implementar esta promessa significou encarar todo tipo de questão prática, para além da política. Diego Piacentini, contratado pelo então primeiro--ministro de centro-esquerda para comandar a transformação digital do governo, em agosto de 2016, logo se viu no centro dos novos desafios. Para Piacentini, contudo, a digitalização do governo "não tem cor política". O objetivo, mesmo com o novo governo, ideologicamente muito diferente, continua a ser desenvolver plataformas digitais que forneçam serviços eficientes e encorajem "a totalidade do governo a usá-las". Enfrentar questões sobre como fazer a RBU funcionar não apenas habilitará o atual governo a cumprir suas promessas, mas também auxiliará futuros governos a prover melhor apoio financeiro aos cidadãos. "O governo dá dinheiro às pessoas de uma forma ou de outra, então vamos fazê-lo de forma eficiente e mensurável", diz Piacentini.[38]

Incluir os excluídos como solução do problema

Hilary Cottam, ativista social e autora, argumenta que chegou a hora de repensar completamente o Estado de bem-estar social. Em seu livro de 2018, *Radical Help: How We Can Remake the Relationships between us and Revolutionise the Welfare State* [Ajuda radical: como refazer as relações entre nós e revolucionar o Estado de bem-estar social], Cottam esboça como o Estado pode se reinventar a partir da ação voluntária e da conexão humana nas comunidades. "Quando as pessoas sentem-se apoiadas por relações fortes, a mudança acontece. E quando a colaboração e a conexão acontecem de modo simples e fácil, as pessoas querem participar."[39] Ela teme que o Estado de bem-estar social atualmente não consiga conectar as pessoas umas às outras, apesar do potencial abundante que essas relações oferecem. A maioria de seus serviços, para jovens e idosos, são "voltados para a administração de riscos e a sobrevivência cotidiana".

Como, então, trazer as comunidades e os voluntários de volta? Como incluir os excluídos na criação e na implementação de suas próprias políticas e planos de assistência? A inspiração, nesse caso, vem de uma direção imprevista: países em desenvolvimento como Bangladesh, que adotou há décadas o desenvolvimento baseado nas comunidades.

Quando foi criado, em 1971, Bangladesh era um dos países mais pobres da Terra. Para dificultar, a nova nação ainda cambaleava após a guerra civil, que levou à sua separação do Paquistão Ocidental, e o ciclone de 1970, que matou mais de 450 mil pessoas. A assistência à saúde e a educação eram ruins. A mortalidade infantil e de adolescentes era alta; a taxa de alfabetização, baixa. O recém-formado governo — empobrecido, desorganizado — era simplesmente incapaz de enfrentar as muitas demandas da jovem nação. Nesse momento, entraram em cena algumas notáveis organizações não governamentais e seus igualmente notáveis fundadores. Ao final de poucos anos, as ONGs aperfeiçoaram o modelo de desenvolvimento guiado pela comunidade, e ele transformou Bangladesh e outros países com o mesmo tipo de problemas.

A mais impressionante dessas organizações era a BRAC (Bangladesh Rural Advanced Committee) e seu fundador, Fazle Hasan Abed. Maior ONG do mundo hoje, a BRAC mostrou como atores não governamentais podem, em trabalho com as comunidades, criar programas sociais inclusivos que beneficiam milhões.

Um dos primeiros problemas atacados pela ONG foi a mortalidade infantil. Nos anos 1970, 1/4 de todas as crianças em Bangladesh morria antes de chegar aos 5 anos. Uma das principais causas de morte era desidratação por diarreia ou disenteria. Vender pacotes industrializados de reidratação oral não era uma opção: ao preço de 8 centavos de dólar, o pacote era muito caro para o bengalês típico. Igualmente, o subsídio aos pacotes em escala nacional estava além do orçamento do governo empobrecido. De qualquer modo, havia o desafio de criar uma cadeia de abastecimento para distribuir os pacotes a mais de 75 mil vilarejos no país. Logo ficou claro para Fazle Hasan Abed que a melhor solução seria selecionar e treinar mulheres locais, que, por sua vez, iriam ensinar as mães das áreas rurais a fazer em casa a própria solução oral de reidratação, usando água fervida, açúcar e sal. Durante uma década de experimentação e aprendizado contínuo, a BRAC aprimorou e estendeu o programa com o objetivo de atingir 12 milhões de lares em praticamente cada vilarejo de Bangladesh. Até 1990, a ONG havia ajudado a salvar milhões de vidas e, no curso desse processo, construído um exército de milhares de voluntárias locais de saúde em todo o país.[40] A BRAC capacitou as voluntárias como parteiras e paramédicas, que tratavam

COMO UM GOVERNO DEVERIA SER

de doenças e providenciavam planejamento familiar em nível de vilarejo. A assistência baseada na comunidade não apenas resultou em melhorias dramáticas dos indicadores de desenvolvimento humano pelo país, mas também deu em troca poder para as mulheres rurais pobres. As voluntárias de saúde, ou *shastho shebikas*, tornaram-se figuras políticas importantes em suas comunidades e, além de ganharem renda extra com as taxas modestas que podiam cobrar, disputaram e venceram eleições locais.

Assim como aconteceu com a saúde, aconteceu com as finanças. Juntamente com outras ONGs, como o Grameen Bank, a BRAC foi pioneira na introdução do modelo de microfinança, que levou crédito barato e poupança a comunidades rurais, particularmente às mulheres. O modelo de microcrédito foi todo estruturado em torno da participação comunitária: aqueles a quem se pretendia beneficiar se engajaram visceralmente na busca por soluções para os seus problemas. No cerne do modelo, há o grupo de autoajuda — uma equipe de dez mulheres que juntam seus parcos recursos para formar um grupo de apoio mútuo. O grupo oferece a seus membros não apenas garantias com as quais eles podem obter financiamentos de instituições de microcrédito, mas também assegura-lhes um mecanismo através do qual podem reembolsar, em conjunto, empréstimos feitos por membros individuais. Os empréstimos são então normalmente empregados na compra de bens rentáveis, como bois ou cabras; os rendimentos ajudam a quitar os financiamentos e também a educar crianças e a melhorar suas casas, oferecendo uma solução de longo prazo para a pobreza e a exclusão.

Hilary Cottam acredita que o bem-estar social promovido pela comunidade pode funcionar no Ocidente. Tome-se o exemplo do National Health Service, no Reino Unido. Como o sistema sofre para lidar com a população cada vez mais idosa, os estatistas acreditam que apenas mais dinheiro poderá fazer frente ao problema. Cottam discorda. "Mais dinheiro", argumenta, "não vai resolver nosso falido sistema de bem-estar social. Precisamos reinventá-lo."[41] O problema com o modelo atual — assim como na Índia antes do Aadhaar, ou no Brasil antes do Bolsa Família — é ele ser fundamentalmente paternalista e privar os beneficiários de seus direitos, em vez de lhes proporcionar autonomia, além de ser financeira e organizacionalmente inviável. O sistema precisa de reorganizações criativas que deem maior protagonismo às comunidades locais. Mais poder deve ser delegado às organizações locais, e os usuários finais precisam estar mais engajados no desenvolvimento e na oferta de serviços públicos. Isso resultará em soluções mais eficazes e pontuais para problemas locais, bem como na maior participação de pessoas hoje distanciadas das comunidades onde vivem.

De fato, o NHS depende há muito tempo de voluntários locais. Uma pesquisa da British Social Attitudes, feita em 2016, estima no país atualmente cerca de 1,7 milhão de voluntários em saúde e assistência.[42] O Departamento de Saúde e Assistência Social calcula um número ainda maior, 3 milhões. Dada a pressão sobre o sistema, o papel dos voluntários continua a se expandir. De acordo com Catherine Johnstone, presidente do Royal Voluntary Service, uma organização criada em 1938, cerca de 5 mil dos 25 mil voluntários da instituição agora prestam ajuda em hospitais. "Veja o caso dos pacientes que precisam de mobilização", diz Johnstone. "Se você está trabalhando em reabilitação de pessoas mais velhas, é muito complicado conseguir que se considerem aptas para alta."[43] Os voluntários ajudam ensinando exercícios na cadeira aos pacientes ou ajudando-os a se levantar da cama para almoçar. Podem também ajudar com transporte de pacientes e com os carrinhos de enfermaria. Do lado de fora dos hospitais, 1/5 do tempo dos profissionais de campo é gasto tratando de questões não médicas relacionadas a trabalho, habitação e relacionamentos. Aqui, também, os voluntários ajudam provendo apoio e aconselhamento.

Os voluntários locais têm papel particularmente importante em tempos de crise. Durante a pandemia de Covid-2019 em 2020, mais de 500 mil pessoas se alistaram para apoiar pessoas vulneráveis incapacitadas de deixar suas casas em razão do lockdown. Pouco depois de o secretário de saúde Matt Hancock apelar a voluntários para fortalecer o NHS, cerca de cinco pessoas por segundo se cadastravam em resposta ao chamado.[44]

Mas as necessidades do sistema de bem-estar social vão muito além de prover saúde, educação ou emprego. Frequentemente, uma rede inteira de questões precisa ser enfrentada de forma holística. O setor de caridade oferece justamente essa abordagem holística. Nos Estados Unidos, por exemplo, em 1979 a Fundação Ford instituiu a Corporação de Apoio a Iniciativas Locais (em inglês Local Initiatives Support Corporation ou Lisc), uma entidade sem fins lucrativos destinada a apoiar o desenvolvimento comunitário em áreas urbanas e rurais. Um pilar fundamental da abordagem da Lisc são os centros de oportunidade financeira (FOCs na sigla em inglês), cujos mentores ajudam "talentos negligenciados a se preparar para empregos de qualidade, com salários dignos, ao mesmo tempo que se tornam resilientes a choques financeiros". Maurice Jones, presidente nacional da Lisc, diz que o objetivo é ajudar os participantes do programa a se tornarem "superavitários" e desenvolverem um plano de vida que seja "inspirador para eles".[45]

Kansas City é uma das muitas áreas urbanas onde a Lisc atua. A cidade está crescendo, mas Sly James, prefeito de 2011 a 2019, ficou desapontado com o fato de o município ter falhado com os afro-americanos, que correspondem a 30% da população. "O impacto das questões raciais", diz James, "deixou bairros divididos e segregados, provocando a perpetuação de situações como pobreza e falta de oportunidade."[46] James acrescenta que o laço entre racismo estrutural e desigualdade, especialmente em educação, "impede a possibilidade dos afro-americanos serem empregados em trabalhos rentáveis que garantam um salário de subsistência ou mesmo decente" e "suprime a esperança" para eles.

É aí que os centros de oportunidade financeira da Lisc ajudam a preencher os vazios deixados pelo Estado. Em Kansas City, a mentoria, o treinamento e a ajuda financeira beneficiaram afro-americanos como Karl, com ficha criminal e recebendo salário-desemprego, depois que um acidente numa obra de construção civil deixou-o sem trabalho. Ou Shellie, que mistura empregos de meio período com benefícios públicos para alimentar os filhos. Os centros de oportunidade financeira da Lisc ajudam cidadãos marginais como esses a se ajudarem não apenas mostrando-lhes como acessar subsídios à sua renda, mas também ensinando-os a administrar melhor as finanças. Como Shellie explica: "Todo mundo cai... Mas uma pessoa, quando cai, precisa de um amortecedor para que possa se levantar outra vez."[47]

Stockton e outros lugares

Em março de 2020, quando a pandemia de Covid-19 começou a se espalhar pelo mundo, o prefeito de Stockton Michael Tubbs e a renda básica universal voltaram ao noticiário. Na verdade, governos de muitos países começaram a pensar em planos de socorro financeiro para os iminentes desempregados. Nos Estados Unidos, por exemplo, o Senado aprovou uma lei que daria às famílias mais pobres, que não tinham renda tributável, 600 dólares mensais, enquanto os americanos de renda média receberiam um único pagamento de 1,2 mil dólares além de 500 dólares por criança.[48] Tubbs, a princípio, considerou "tocante" o foco na assistência direta em dinheiro, embora questionasse alguns detalhes do pacote de auxílio. Enquanto isso, outros democratas propuseram pagamentos maiores e recorrentes em dinheiro, variando de 1 mil dólares a 6 mil dólares por mês.[49]

Os primeiros resultados da experiência de Stockton com a RBU sugeriram que era vantajoso oferecer pagamento direto em dinheiro aos cidadãos. Os pagamentos eram "mais flexíveis do que um programa de governo de modelo único" e permitiam às pessoas "adaptar-se a necessidades variáveis e novas crises". "Todos com quem conversamos", disse Tubbs, "achavam que havia uma maneira diferente de usar os 500 dólares, e todas faziam sentido. Como funcionário do governo, não consigo ser inteligente o bastante para pensar em tudo."[50]

Pelo mundo afora, em lugares como Stockton, as pessoas estão procurando um novo tipo de governo: que promova uma sociedade inclusiva, diversa e reforme e reconstrua as instituições necessárias **para fazer sociedades** assim prosperarem. As tentativas tornaram-se mais prementes com a pandemia de Covid-19 e suas consequências. Para alcançar esses objetivos, os políticos e suas equipes tiveram que experimentar em áreas como: empregos, renda e produtividade, treinamento, capacitação e educação, saúde, afirmação das mulheres e justiça criminal. E uma área-chave para a experimentação foi a RBU.

Apesar de tudo, o debate continua sobre a eficácia da RBU em relação a outras abordagens de reforma da seguridade social. Alguns defendem o imposto de renda negativo (IRN), com o qual, caso a renda do contribuinte caia abaixo de um certo limite, as autoridades tributárias a complementam; mas, se a renda aumenta, o contribuinte passa a pagar imposto, diminuindo sua renda. Outra alternativa é o sistema de Crédito Universal, uma tentativa de reformar antigas abordagens para a seguridade social por meio da combinação de vários benefícios à população economicamente ativa em um único recebimento. Muitos agora argumentam que o futuro reside no Crédito Universal e variantes do IRN. E ainda, em muitas partes do mundo, a RBU permanece em primeiro plano. Nos Estados Unidos, por exemplo, Andrew Yang, aspirante à presidência pelo Partido Democrata em 2020, apresentou uma plataforma de renda básica universal. No Reino Unido, Rebecca Long-Bailey, candidata a líder do Partido Trabalhista em 2020, defendeu a renda básica universal. Na Índia, o Partido do Congresso incluiu uma variante da RBU nas propostas defendidas durante a eleição de 2019.

A pergunta, assim, permanece em aberto: como saber se programas como RBU, IRN e Crédito Universal funcionam? Sob quais circunstâncias e para que tipos de pessoas? Como comparar essas variedades entre si e escolher a melhor? E se alguma dessas abordagens parece boa no papel, é fácil ou difícil implementá-la?

Não sabemos as respostas precisas para essas questões até experimentar, coletar provas e pesar os prós e contras — antes de projetar uma solução com mais chances de funcionar. De fato, como acontece frequentemente com programas governamentais, uma grande ideia no papel pode não funcionar na prática. Implementação é chave, assim como aprender sobre o que funciona. E assim como na seguridade social, o mesmo ocorre em outras áreas da política governamental, como educação e saúde. Daí a necessidade de um Estado experimental, que teste novas ideias e abordagens constantemente, teste com base em dados e então deixe-as de lado ou leve-as adiante em novos patamares. Voltamo-nos para esse assunto a seguir, no capítulo 6.

6

O Estado experimental: deixe que mil flores brotem e escolha a melhor

O país exige experimentação corajosa e persistente. É senso comum escolher um método e testá-lo: Se falhar, admita-o francamente e tente outro. Mas, acima de tudo, tente alguma coisa.

Franklin D. Roosevelt

Pouco depois da meia-noite, no dia 12 de maio de 2010, o Reino Unido tinha o primeiro governo de coalizão desde a Segunda Guerra Mundial. Os democratas liberais, com 57 cadeiras na Câmara dos Comuns, saíram de uma reunião na madrugada para anunciar que haviam encontrado uma forma de trabalhar com os conservadores, os quais, com 307 cadeiras, precisavam de seu apoio para formar um governo. Mais tarde naquele dia, os dois partidos publicaram um acordo de coalizão que apresentava os termos do acerto. David Cameron, líder dos conservadores, seria primeiro-ministro, e Nick Clegg, líder dos democratas liberais, seria seu vice.

Governos de coalizão estão longe de ser estáveis e muitos não esperavam que esse, em particular, fosse durar muito. Para piorar, o Reino Unido ainda sofria as consequências da crise financeira de 2008. Apesar do grande esforço do governo trabalhista sob Gordon Brown, os cofres do Estado permaneciam vazios. Como se quisesse escancarar essa realidade, Liam Byrne, o secretário do Tesouro em final de mandato, havia deixado uma nota para o sucessor que dizia: "Receio que não haja dinheiro!"[1]

Para culminar, as demandas do Estado eram mais severas que nunca. A imigração havia sido um ponto crítico durante a campanha e os conservadores prometeram criar uma força nacional de fronteira para lidar com o problema. Orçamentos mais enxutos significavam que o número de policiais cairia aos milhares em poucos anos, mas as cadeias estavam cheias e a Associação dos Funcionários Prisionais vinha advertindo sobre o sistema prisional lotado e perigoso. A população que envelhecia exercia pressão sobre o sistema de aposentadorias e o National Health Service jamais conhecera tamanha dificuldade. O novo governo precisava achar um jeito de fazer mais e melhor com menos, e rápido.

No grande drama da democracia, os governos recém-empossados frequentemente chegam com ideias novas e mais energia. Com esse não foi diferente. David Cameron se preparava para o poder desde que assumira a liderança dos conservadores, em 2005. Primeiro, ele falou sobre modernizar o partido. Depois, quando a eleição de 2010 se aproximava, voltou a atenção para as grandes ideias que iria aplicar no governo. No primeiro momento de seu mandato como primeiro-ministro, havia muitas ideias competindo por atenção. Havia pressão, por exemplo, por governança mais inteligente e digitalmente habilidosa. Havia ênfase em menos governo e em ajudar as pessoas a ajudar a si mesmas: "Sociedade grande, governo pequeno" era a palavra de ordem. E haveria maior descentralização de poder, de Londres para as regiões e cidades. Os democratas liberais estavam em sintonia com muitas dessas ideias. Como Cameron e Clegg afirmaram no Acordo de Coalizão: "Há o pressuposto de que o governo central somente poderá mudar o comportamento das pessoas por meio de regras e regulamentos. Nosso governo será muito mais vivaz, evitando as camadas de burocracia do passado e encontrando formas inteligentes de encorajar, apoiar e capacitar pessoas a fazer melhores escolhas por si mesmas."[2]

Mas de todas as ideias transformadoras, talvez a única a sobreviver aos cinco anos do mandato da coalizão foi a criação da Equipe de Insights Comportamentais — apelidada de "Unidade do Estímulo" —, a primeira do mundo, um grupo pequeno, mas poderoso, cujo propósito era levar as ferramentas da ciência comportamental para o centro do governo. As políticas públicas não seriam mais feitas como haviam sido desde tempos imemoriais, por mandarins no topo da cadeia alimentar, que faziam suposições todo-poderosas sobre o que motivava as pessoas e que usavam a mão de ferro do poder para manipular as massas. Em vez disso, o Estado reconheceria a complexidade das motivações e do comportamento humanos e, por meio do engajamento com os cidadãos, testaria o que funcionava antes de colocar os planos em prática. As políticas seriam comandadas por dados concretos e não meros apelos à autoridade ou a instituições infundadas. E no âmago da nova abordagem estava o método experimental, agora prestes a ser instalado no coração do governo.

As realidades desordenadas do comportamento humano

Duas pessoas eram cruciais para a nova fase do governo: Steve Hilton e Rohan Silva. Hilton era amigo íntimo de Cameron havia muitos anos: eles foram contemporâneos e faziam política juntos desde os 20 anos. Hilton, um tipo vivaz, antítese do conservador tradicional, era um animal político e um homem acostumado a "ver o todo".

Silva, por outro lado, começara a carreira de funcionário público dedicando-se a conferir maior agilidade ao Tesouro nacional. A burocracia o havia frustrado, no entanto, e então, em 2006, quando havia surgido a oportunidade de trabalhar para George Osborne, um aliado próximo de Cameron, Silva decidira aproveitá-la. Sem demora, pusera-se a organizar grupos de leitura e workshops, a fim de levar ideias novas ao Partido Conservador e ajudá-lo a encontrar o caminho de volta ao poder.

Ao contrário dos políticos de carreira, Silva adorara ser oposição. "Achava estranho", ele disse, "os políticos ficarem deprimidos por serem oposição. Na realidade, para a maioria dos cidadãos, as câmaras municipais são um voto de protesto contra o partido no governo. Assim, enquanto os trabalhistas estavam no poder em Westminster, os conservadores estavam no poder nas prefeituras. Percebi que podíamos implementar políticas nas prefeituras."[3] Para Silva, ser oposição tinha a emoção de ser de uma "startup de garagem".[4] Não havia funcionários públicos para protelar ideias e, nas mãos dos conservadores, as prefeituras eram "laboratórios para conduzir estudos com políticas".[5]

Mas, primeiro, os conservadores precisavam de ideias para testar, ideias que pudessem usar para criticar o governo trabalhista e mostrar por que e como as coisas podiam ser mais bem realizadas. Com isto em mente, Silva começou a convidar pesquisadores e escritores para falar a um grupo de pessoas como ele, todas do partido. Entre os primeiros convidados estava Robert Cialdini, psicólogo que estudara como as normas sociais poderiam ser usadas para motivar comportamentos socialmente úteis, por exemplo, a reciclagem de materiais. Outros vieram em seguida, como Daniel Kahneman, psicólogo israelense e prêmio Nobel, ou Nassim Nicholas Taleb, autor de *O cisne negro*, que advertiu sobre o impacto de eventos imprevisíveis sobre pessoas despreparadas para prevê-los ou reagir a eles. Mas talvez o encontro mais formidável tenha sido com Richard Thaler, acadêmico americano, pioneiro no campo da economia comportamental.

Thaler fizera carreira pregando contra o *mainstream* de sua profissão. A maioria dos economistas estruturava seus conceitos a partir de uma concepção do ser humano interessado em si, seres racionais cujas decisões são tomadas para maximizar o prazer (ou utilidade) e minimizar a dor. Baseando-se no trabalho de psicólogos pioneiros como Amos Tversky e Kahneman, Thaler defendeu uma visão menos rígida sobre o modo de pensar e se comportar do ser humano. Ele mostrou que as pessoas são predispostas a desvios sistemáticos da racionalidade, o que contribui para fenômenos econômicos importantes, tais como bolhas do mercado de ações e propostas excessivamente altas em leilões. Thaler mostrou também que compreender esses desvios possibilitaria elaborar melhores políticas. Por exemplo: os planos de aposentadoria seriam mais eficientes se as pessoas fossem obrigadas a optar por não participar em vez de participar. Em 2009, com Cass Sunstein, seu colega da Universidade de Chicago, ele publicou *O estímulo: como tomar melhores decisões sobre dinheiro, saúde e felicidade*. No livro, os dois argumentavam que a elaboração de políticas governamentais e a regulamentação melhorariam bastante se fossem comportamentalmente embasadas. Uma abordagem psicológica e sensível poderia ser usada para orientar regulamentações e políticas que equilibrassem as duas abordagens até então opostas do governo: a liberal e a assistencialista. Em vez de ser ou muito *laissez-faire* ou mão de ferro, o governo poderia "dar um estímulo" às pessoas, para que fossem mais saudáveis, felizes e ricas. Detalhe importante, as abordagens eram simples e baratas.

Silva, sempre em busca de ideias novas, convidou Thaler para falar ao grupo de leitura em Londres. Na reunião, estavam Steve Hilton, Greg Clark — ministro do governo de oposição, com doutorado em economia comportamental — e Oliver Letwin, pessoa importante da área de desenvolvimento de políticas

COMO UM GOVERNO DEVERIA SER

para o partido. Thaler argumentou que a concepção de comportamento humano dos políticos era com frequência limitada e influenciada por ideologias utópicas em vez de fundamentos empíricos. As pessoas não eram tão simples, previsíveis e racionais como se pensava, e, para melhorar as políticas públicas, era preciso baseá-las na realidade complicada do verdadeiro comportamento humano. A perspectiva casava bem com quem estava em torno da mesa, não apenas porque ajudava a elaborar políticas melhores, mas também porque era uma ferramenta para criticar o governo trabalhista em Westminster.

Pouco depois da reunião com Thaler, Silva escreveu um artigo para George Osborne no jornal *The Guardian*. Intitulado "Estimule, estimule, vença, vença", o artigo explicava por que os conservadores propunham um novo plano comportamental ou o "plano de estímulo".[6] Então, depois de apresentadas as intenções, Silva e seus colegas começaram a implementar algumas dessas ideias em prefeituras governadas pelos conservadores.

Eles começaram no município de Windsor e Maidenhead. A reciclagem de lixo era uma questão importante na prefeitura, mas os vereadores estavam tendo dificuldades para conseguir que a maioria dos habitantes a praticassem. Um estudo recente mostrara que as pessoas reagiam assimetricamente a incentivos *versus* desincentivos, e que recompensas frequentemente funcionavam melhor do que sanções. Mesmo assim, a tendência do governo era preferir sanções a recompensas. Silva procurou então uma empresa americana chamada Recyclebank, que pagava pessoas para reciclar. A abordagem havia funcionado bem nos Estados Unidos. Funcionaria também no Reino Unido, onde as normas e os costumes eram tão diferentes? "Eu gostei da abordagem", diz Silva. "Além disso, estava pensando em Gordon Brown e na política britânica. O governo trabalhista implementara uma política impopular que multava as pessoas por não reciclar. Eu disse, vamos trazer a Recyclebank para

Windsor e Maidenhead e ver se pagar funciona melhor do que multar."[7]

O estudo funcionou. "Tinha a ver com política pública", diz Silva, "mas também com política num sentido maior: marcar pontos contra o governo trabalhista." O estudo também obteve muita atenção da mídia, e isso foi importante. "Quando se está tentando implementar grandes ideias, você tem que obter vitórias no caminho", diz Silva. "As vitórias criam um ciclo positivo de feedback: sucesso com cidadãos, cobertura da mídia e utilidade política trabalhando em sintonia para angariar apoio. Fizemos isso nos três anos seguintes, de 2007 a 2009."[8]

Outro estudo foi consequência da crise financeira. Havia preocupações crescentes sobre os altos níveis de endividamento a que as pessoas no Reino Unido estavam submetidas. O trabalho de Thaler havia identificado momentos "intensos" — momentos em que as pessoas estão com o humor psicologicamente alterado — e como eles afetam o comportamento ao gastar. Assim, Silva e sua equipe começaram a observar a questão dos cartões de lojas. Atraídos por algo que desejavam comprar e informados de que poderiam obter 20% de desconto com um cartão de loja, muitos compravam coisas que não podiam e acabavam com dívidas que não conseguiam quitar. Cartões de lojas eram uma forma extremamente cara de empréstimo, usada quando as pessoas estavam emocionalmente alteradas ou vulneráveis. Então os conservadores instituíram regras para o período de cancelamento de compras. A medida daria a chance ao cidadão de considerar outros tipos de crédito facilitado ou se de fato precisava fazer a compra.

Nos Estados Unidos, a abordagem do "estímulo" recebeu um grande impulso em 2009, quando o coautor de Thaler, Cass Sunstein, professor de Direito na Universidade de Chicago, foi nomeado por Barack Obama para comandar o Escritório de Informações e Assuntos Regulatórios da Casa Branca.

COMO UM GOVERNO DEVERIA SER

A tarefa do escritório era assegurar a concepção de boas regulamentações governamentais e, nesse trabalho, Sunstein imediatamente passou a empregar ideias comportamentais. Várias agências do governo começaram a usar ferramentas comportamentais num amplo espectro de áreas, da alimentação saudável e eficiência energética à reforma das finanças e da saúde. Silva e Hilton, cientes de que isso iria agradar Cameron e Osborne, foram a Washington, em 2009, para se reunir com Sunstein. Depois do jantar, eles trocaram impressões e se sentiram encorajados pelo progresso que Sunstein vinha fazendo. Também observaram que suas ações haviam atraído a ira de políticos à direita, para quem tudo isso era mais uma prova do Estado babá, e Sunstein era a babá-chefe. A situação era irônica para Hilton e Silva: de volta ao Reino Unido, a abordagem do "estímulo" estava sendo criticada pelos trabalhistas e pela esquerda por ser insuficiente!

Pouco depois da visita, o Reino Unido foi às urnas e os conservadores logo se viram no governo com os democratas liberais. Era a hora da verdade para Silva e Hilton e para as grandes ideias que haviam absorvido de pessoas como Cialdini, Sunstein e Thaler. Uma janela se abriu para o "estímulo" entrar no governo. O método ajudou a vencer a eleição. Iria também ajudá-los a vencer *como* governo?

O senhor Thaler vai a Whitehall

No início do verão de 2010, pouco depois de a coalizão tomar posse, Richard Thaler cruzou o Atlântico para encontrar Hilton e Silva e combinar como adotar no governo apropriadamente o método do "estímulo". Eles se reuniram com Oliver Letwin e David Halpern no pequeno pátio da Downing Street 10. Letwin era agora ministro de Estado para políticas públicas, ator central no Gabinete, trabalhando diretamente com o primeiro-ministro. Halpern era diretor do Instituto para o Governo, um *think tank* criado para trabalhar com parlamentares e funcionários públicos na condução de pesquisas sobre administração pública e governo.

A primeira questão era como chamar a nova equipe. O governo tinha feito questão de não criar um monte de novas unidades. Por isso, "unidade" estava descartado e, de qualquer forma, a palavra "equipe" soava melhor. Mas que tipo de equipe seria? "Economia comportamental" era o termo que Thaler, um economista, havia popularizado em sua obra. Mas o termo incomodava influentes psicólogos como Daniel Kahneman, que o consideravam mais uma prova da hegemonia da economia nas universidades e fora delas. "Ideias comportamentais" soava melhor para todos. Assim, concordaram com Equipe de Ideias Comportamentais, embora Silva brincasse que acabaria sendo chamada de Unidade Cutucão de qualquer maneira, e foi o que de fato ocorreu.

Foi ideia de Silva que a equipe fosse estruturada como um *skunk works*:* seria exploratório, leve e rápido, como as start-ups do vale do Silício. Cameron foi claro em relação ao fato de que seu escritório no nº 10 não seria grande. Seu governo apostaria em descentralizar poder, não concentrar. Ele queria que os órgãos tivessem liberdade para cuidar de seus próprios assuntos e não serem controlados por um núcleo castrador. Mais do que isso, o "estímulo" tinha que ser experimental, para ver o que funcionava, e se não funcionasse tinha que mudar. Assim, a equipe iria estabelecer para si um prazo de

---

* Expressão que vem da frase *the skunk works*, que, traduzida literalmente, significa "o gambá trabalha". No sentido aqui empregado, designa o grupo de pessoas que trabalha em um projeto inovador, de forma livre e não convencional, com máxima rapidez e mínimo gerenciamento. Os *skunk works* são um tipo de incubadora, que enfatiza ações práticas e não estudos, relatórios, tratados e similares. (*N. do E.*)

dois anos, ao longo dos quais precisaria provar seu valor ou seria dissolvida.

Havia uma questão final a resolver: quem lideraria o grupo?

"O serviço público", diz Silva, "normalmente decidiria. Mas eles não são geralmente bons em contratar."[9]

De fato, os funcionários de carreira propuseram alguém sem conhecimento de economia comportamental ou de psicologia social para assumir o comando. Eles recomendaram, entretanto, David Halpern — que sabia muito sobre o assunto — para vice.

"Pensei que fosse loucura", diz Silva. "David com certeza era a pessoa mais apropriada para liderar. Mas éramos novos no governo e eu não quis passar por cima dos funcionários de carreira. Sei que precisava de alguma cobertura e foi aí que Steve entrou."

Silva sabia que Steve Hilton era próximo de Cameron. Se Hilton concordasse que Halpern deveria dirigir a equipe, ele faria o primeiro-ministro passar por cima dos funcionários de carreira. Assim, Silva conversou com Hilton, que, por sua vez, conversou com o primeiro-ministro, e Halpern tornou-se a melhor escolha para comandar a nova equipe.

"Foi assim que a Equipe de Ideias Comportamentais nasceu", diz Silva. "Foi fascinante. Poderia facilmente ter ido por outro caminho. Meu papel foi fazer as coisas andarem, trazer as pessoas certas, com o apoio certo para ir em frente. Uma vez acertado, a Unidade do Estímulo estava a caminho."

Rigor para o governo

David Halpern define-se sarcasticamente como um acadêmico em recuperação. Depois da graduação em psicologia experimental e de um doutorado em ciências políticas e sociais, em Cambridge, ele se tornou pesquisador associado em Oxford e, em seguida, professor de ciências políticas e sociais em Cambridge. Já como professor em início de carreira, ele tinha o que os colegas percebiam como um interesse doentio pelo "mundo lá fora". Evidente, inclusive, no curso que ministrava, sobre como a psicologia podia abordar desafios políticos e desenvolver soluções criativas. Mas ensinar e pesquisar substituíam mal a realidade e, em 2001, quando surgiu a oportunidade, Halpern foi trabalhar na Unidade de Estratégia do primeiro-ministro Tony Blair.

Blair havia criado a unidade como fonte de aconselhamento estratégico e análise de políticas relativas às prioridades de seu governo. De acordo com Blair, a unidade iria "observar à frente como as políticas públicas se desenvolveriam" e examinar "os últimos desafios e as novas ideias para enfrentar". Imediatamente, Halpern ficou impressionado com a falta de rigor em relação às abordagens propostas, e com o distanciamento da realidade da vida das pessoas e das forças psicológicas que orientavam seu comportamento. "A unidade iria fazer importantes avaliações", diz Halpern, "mas ninguém tinha acesso a revistas especializadas. E as avaliações não se pautavam em dados concretos. Havia alguns dados internos, mas mesmo esses eram surpreendentemente fracos."[10]

Em 2004, Halpern escreveu um artigo que examinava a ligação entre responsabilidade pessoal e mudança comportamental. Alguém vazou o artigo e a imprensa caiu matando em uma curta passagem sobre incentivos financeiros para desencorajar a alimentação não saudável. As manchetes de todos os jornais referiram-se ao que foi apelidado de "imposto da gordura". "Qualquer coisa ligada ao número 10 atrai interesse político", diz Halpern. "No contexto de um governo de centro--esquerda, a ideia foi estigmatizada como uma política pública intervencionista e prova de um Estado superbabá. Diante disso, o primeiro-ministro sentiu-se compelido a dizer que nunca mais faríamos nada como aquilo de novo."[11]

Temperada pela experiência, a unidade suprimiu a abordagem empírica e comportamental por algum tempo, embora Halpern tenha continuado a procurar jeitos de levá-la para o governo. Assim como muitos políticos, Blair era advogado. "Ele realmente não fez o que chamaríamos de experimentação", diz Halpern. "Mesmo que o governo falasse em políticas baseadas em evidência, era quase inédito pensar em políticas de uma forma experimental."

Em outra ocasião, Halpern conduziria uma avaliação profunda da educação com Paul Johnson, então economista-chefe do Departamento de Educação e atual chefe do influente Instituto para Estudos Fiscais. Não é melhor, perguntaram, olhar sistematicamente para o que mais tarde seria chamado O Que Funciona no governo? "Olhamos para tudo que foi feito em educação, como, por exemplo, se notas escolares são um bom indicador de performance futura. Identificamos intervenções realizadas em vários estágios, avaliamos os efeitos que tiveram, e assim por diante."[12] Assim, Johnson e Halpern procuraram todas as avaliações que o governo tinha apoiado em educação e encontraram algo próximo a setenta pesquisas. Observaram o que as intervenções tinham feito, quão apropriado era o método de avaliação e qual fora o tamanho do impacto. Então aplicaram os critérios necessários a estudos rigorosos e descobriram que, dentre os setenta, apenas dois cumpriam os requisitos.

"Foi verdadeiramente chocante", diz Halpern. "Um deles era um estudo sobre brincar para ser bem-sucedido, uma intervenção em que crianças carentes haviam aprendido matemática com o time de futebol. O estudo tinha um desenho experimental adequado, com grupo de controle e assim por diante. Mas só. Fazer as coisas dessa forma aleatória era normal. É como o governo era e sempre foi: sem rigor."[13]

E, assim, quando Hilton e Silva conspiraram para que ele liderasse a recém-criada Unidade Cutucão, Halpern sabia que tinha chegado a hora. Era a grande oportunidade de colocar a ciência comportamental e o método experimental bem no coração do governo pelos anos seguintes. Não havia outra opção além de agarrá-la.

Distribuindo estímulos

Quando começou a operar, a Unidade do Estímulo consistia numa equipe com Halpern e mais seis pessoas. Os sete fundadores instituíram três objetivos iniciais: atingir retorno de dez vezes o custo da equipe; fazer com que as abordagens comportamentais fossem compreendidas pelo governo inteiro; causar impacto em pelo menos duas áreas-chave das políticas públicas. Todos os tipos de inimigos estavam contra eles: a complexa política de coalizão; o serviço público amplamente não receptivo às novas ideias; e a imprensa, cética e até mesmo hostil.

Pressões orçamentárias tinham forçado a unidade a fazer valer o dinheiro nela investido. "Nossas metas de performance e cláusula de encerramento", diz Halpern, "tinham um detonador interessante. Eram a grande razão pela qual tivemos de usar a abordagem experimental. Se quiséssemos responder à questão: como vocês tiveram impacto dez vezes maior, teríamos que demonstrar como nossa abordagem funcionou, tecendo comparações com um grupo que não se beneficiou dela."[14]

Curiosamente, a maior parte das políticas públicas normalmente não respondia à questão do impacto de forma eloquente, mesmo sendo uma questão importante em muitos parlamentos. "Os políticos falam sobre prestação de contas", diz Halpern, "mas o que isto significa exatamente? Eles podem contar uma versão da história e talvez dizer onde foi parar o dinheiro. Mas normalmente, eles são ruins para responder: funcionou?"

E então, a Unidade injetou rigor em tudo que fazia desde o começo. O fato de muitos da equipe terem formação em psicologia e método experimental ajudou. Para eles, o cerne do método era a clássica experiência randomizada com grupo de controle. Nesse tipo de experiência, a intervenção — ou seja, a nova maneira de fazer algo — é administrada a um grupo aleatoriamente selecionado. O impacto da intervenção é então comparado com resultados de um grupo de controle escolhido de maneira parecida, que não recebeu a intervenção. A randomização assegura que os dois grupos sejam representativos da população em geral, assim como parecidos um com o outro em todos os aspectos, exceto que um recebe o tratamento, e o outro, não. Qualquer diferença nos resultados pode ser atribuída, com confiança, à intervenção em vez de a um monte de outras causas possíveis.

Ao final dos primeiros dois anos de existência, a Equipe de Ideias Comportamentais conduziu dúzias de estudos randomizados com grupos de controle — estudos no sentido rigoroso do termo — em áreas-chave do governo, incluindo a tributária, a educação, a saúde, a energia e o emprego. A capacidade dos estudos de mostrar o que funcionava com clareza e conclusivamente assegurou não apenas a sobrevivência, mas também o sucesso da equipe.

Impostos: nem tão inevitáveis quanto a morte

Um dos primeiros estudos que a Unidade do Estímulo empreendeu foi com a Autoridade Tributária e Fiscal do Reino Unido (HMRC na sigla em inglês). A equipe teve alguma sorte: o incentivo inicial para o estudo veio do próprio HMRC. Nick Down, servidor de carreira do departamento, tinha começado a aplicar abordagens comportamentais para recuperar uma alta soma de dinheiro — 600 milhões de libras esterlinas, exatamente — de um grupo de contribuintes com pagamento em atraso. A partir da noção de que as pessoas são com frequência motivadas por normas sociais ("bons cidadãos pagam impostos em dia"), Down havia enviado milhares de cartas para contribuintes em atraso, dizendo-lhes a verdade: nove a cada dez contribuintes pagam os impostos em dia.[15] O teste apresentara algum sucesso, mas não havia sido feito de forma randômica e com grupo de controle. Sendo assim, não permitia que se dissesse exatamente qual o efeito da abordagem baseada na norma tivera para que as pessoas pagassem seus impostos atrasados.

Trabalhando com Down, a Equipe de Ideias Comportamentais criou um ensaio mais rigoroso que testaria sistematicamente a ideia. Ao mesmo tempo, o grupo aperfeiçoou a intervenção e concebeu variações adicionais, para ter certeza de que poderia quantificar o efeito e dizer exatamente quanto dinheiro estava sendo arrecadado graças a ela.

Mas, então, eles esbarraram em um obstáculo organizacional. O sistema tributário era (e continua sendo) resistente a estranhos. Os poderes instituídos, com razão, preocupam-se em evitar qualquer coisa que interfira no funcionamento normal do governo. Assim, Halpern fez um acordo com o chefe do HMRC, o secretário permanente. "Encontrarei uma pessoa competente", prometeu Halpern, "que você poderá contratar diretamente. Ela vai ajudar a conduzir o estudo, responder a você e estará sempre disponível." A proposta reconfortou o departamento em relação à confidencialidade e ao grupo de controle, permitindo que o trabalho prosseguisse.

A pessoa escolhida para o trabalho — Michael Hallsworth — era um jovem pesquisador da área comportamental. Enviado temporariamente ao departamento tributário, onde fez seu trabalho sob o olhar atento dos funcionários de carreira do departamento. O papel de Hallsworth era não apenas conduzir o estudo, mas também ensinar os demais no departamento a fazê-lo. O projeto incluía lidar com as enormes máquinas que imprimiam as cartas dirigidas aos cidadãos sobre seus impostos; remover as cartas-padrão e substituí-las por novas formulações; repetir o processo milhares de vezes; e, de modo geral, motivar um monte de novos funcionários sobrecarregados do HMRC a acreditar que tudo isso valia a pena.

Finalmente, o HMRC conduziu o teste e foi possível demonstrar que o simples acréscimo de uma linha única e verdadeira no texto das cartas, dizendo que "nove em cada dez contribuintes pagam em dia", resultou em aumento de 4,5% no índice de pagamento. Como milhões de libras de impostos não pagos estavam em jogo, isto representou um aumento considerável de receita para o governo. E mais, o custo da intervenção (reescrever a carta) era praticamente zero.[16]

Encorajada pela missão bem-sucedida, e com um modelo sistemático para seus testes, a equipe conduziu o estudo subsequente, mais ambicioso.

Como em muitos países, os profissionais do serviço público no Reino Unido, por exemplo os médicos, recebem um salário do hospital onde atuam e outra parte de sua renda vem de serviços prestados por fora a particulares. O salário é tributado na fonte, mas os médicos podem decidir se declaram e pagam o imposto sobre sua renda adicional. Por vários motivos, eles frequentemente não declaram.

Trabalhando com o HMRC, a Unidade do Estímulo produziu quatro versões diferentes de cartas a serem enviadas para grupos de médicos aleatoriamente escolhidos.[17] A primeira era uma versão genérica que qualquer um, independentemente da profissão, receberia; a carta simplesmente aconselharia os médicos a declararem a renda extra. A segunda versão fazia referência específica a "médicos civis e militares" (o "grupo de referência" relevante a ser atingido pela norma social) e observava que médicos civis e militares frequentemente tinham renda extra e que precisavam declará-la. A terceira versão fazia menção específica a médicos civis e militares ("sabemos que muitos médicos civis recebem renda extra"), mas também observava que o HMRC considerava a falta de resposta dos médicos civis um "descuido". Prosseguia então dizendo que, se ignorassem a carta, isto seria entendido como escolha consciente da parte deles. A quarta versão era idêntica à terceira, mas continha uma mensagem moral adicional, que apontava para uma pesquisa recente indicando que muitos confiavam no médico para contar a verdade.

"O bonito na arrecadação de impostos", diz Halpern, "é que você senta e espera os resultados chegarem e, a partir disso, compara a eficácia das diferentes cartas." O que eles descobriram surpreendeu até mesmo a equipe: a carta genérica provocou aumento de 4% em resposta; a segunda versão, um aumento de 21% (cinco vezes mais em relação à carta genérica); e a terceira e quarta, o enorme aumento de 35% em resposta (nove vezes mais em relação à carta genérica).[18] Curiosamente, não havia diferença de impacto ao adicionar a mensagem moral: a resposta à quarta versão da carta era a mesma que a terceira. (Médicos civis, aparentemente, são imunes à observação de que as pessoas confiam neles para contar a verdade...)

Tudo isso foi feito sem gastar um único centavo a mais.

No covil do dragão: encontro com os chefes do departamento

A hora H chegou quando o novo diretor da administração pública do Reino Unido, sir Jeremy Heywood, convidou Halpern para apresentar as conclusões da Unidade do Estímulo aos secretários permanentes: os líderes dos vários departamentos da administração.

A reunião crucial ocorreu em Whitehall, no coração do governo britânico. Vinte meses haviam se passado desde a fundação da Equipe de Ideias Comportamentais, e Halpern tinha dúzias de resultados para mostrar.

Halpern começou mostrando aos líderes o resultado dos estudos sobre impostos realizados no HMRC e como a simples frase "a maioria paga impostos em dia" tinha ajudado a aumentar os índices de pagamento e a arrecadar milhões de libras em impostos não pagos ou em atraso.

Ele apresentou, então, o resultado de um estudo concebido para convencer as pessoas a isolarem termicamente seus sótãos para economizar energia. O Departamento de Energia e Mudança Climática (como era chamado) achava que oferecer subsídios maiores teria o efeito desejado, mas a Equipe de Ideias Comportamentais descobriu que a grande questão para a maioria das pessoas era o incômodo de limpar os sótãos em vez do custo do isolamento. Halpern apresentou resultados que mostravam como o envio de panfletos às residências oferecendo descontos extra para o isolamento era menos eficiente do que o envio de panfletos oferecendo serviço de limpeza de sótãos pelo qual as residências tinham que *pagar*. De fato, a abordagem da limpeza do sótão, mesmo que custasse mais às famílias, era três vezes mais eficiente do que a abordagem dos subsídios, que teria custado mais... ao governo.[19]

E havia as multas de trânsito. Halpern mostrou como adicionar a fotografia do dono do carro, captada por uma câmera, deixava as pessoas mais propensas a pagar os valores devidos. E assim como os carros, o mesmo acontecia com os tribunais. Enviar mensagens de texto aos que deviam multas — informando-os de que oficiais de justiça iriam coletá-las em dez dias — duplicou os índices de pagamento, impulsionando a receita e poupando o custo e a vergonha de ter um oficial de justiça batendo na porta de casa.[20]

E assim por diante: mais receita de impostos, mais isolamento térmico de residências, mais multas pagas, e tudo a baixo custo ou sem custo para o governo.

Ao verem esses exemplos, os líderes de departamentos pareceram satisfeitos, embora em muitos casos estivessem apenas vagamente informados desse trabalho que acontecia debaixo dos seus narizes. Suma Chakrabarti, diretor do Ministério da Justiça, foi um dos primeiros a comentar. "David", disse ele, "que interessante. Você mostrou os resultados para o meu ministro?" David não soube dizer com certeza. Ele e sua equipe haviam conduzido o estudo em campo, longe do olhar dos superiores. Era bem provável que o ministro não soubesse de nada, e a Unidade do Estímulo certamente não havia discutido a respeito com Chakrabarti antes.

"Naquele momento", disse Halpern, "meu coração gelou. Tive o medo súbito de que estivéssemos prestes a ser destruídos, por não termos a permissão devida do departamento para conduzir o estudo. Vi tudo indo por água abaixo, à medida que outros colocassem em dúvida a lógica por trás dos estudos."[21]

Em vez disso, Chakrabarti sorriu e pediu que lhe fossem enviados mais detalhes, para que pudesse informar adequadamente seu ministro. Ele achou que o ministro ficaria muito bem impressionado.

As atribulações dos estudos

Há inúmeros aspectos na abordagem experimental que a tornam uma ferramenta poderosa para os governos. Governança e formulação de políticas públicas tendem a ser parte de um sistema monolítico, ameaça frequente a todos sem distinção, e por motivos similares. A abordagem experimental, quando combinada com ideias comportamentais, reconhece que as pessoas são diferentes e dirigidas por um espectro amplo de motivações.

A típica elaboração de políticas públicas parte de pressupostos sobre comportamento humano e em seguida visualiza soluções *a priori*, que tendem a usar instrumentos cegos e rombudos para realizar as mudanças. Um bom exemplo disso foi o plano do Departamento de Energia e Mudança Climática do Reino Unido, que estimulava os cidadãos a fazer o isolamento térmico de suas casas. O departamento simplesmente pressupôs, de forma consistente com a teoria econômica padrão, que sendo "agentes econômicos racionais", os cidadãos gostariam de minimizar custos do isolamento térmico. A fim de estimulá-los, portanto, o departamento cogitou gastar altas somas em subsídios a programas de instalação do serviço. E então, quando muitos ainda não haviam sequer manifestado a intenção de contratar um isolamento, o departamento concedeu subsídios ainda maiores para resolver o problema.[22]

A Unidade do Estímulo, ao contrário, reconheceu haver muitas situações em que não dá para intuir, *a priori*, o que vai ou não funcionar. Assim, quando se tratou de enfrentar a questão do isolamento térmico, a equipe levou um tempo para entender o problema da perspectiva do cidadão. Ficou claro para eles que os cidadãos deixavam de fazer o isolamento dos sótãos de suas casas não pelo custo financeiro, mas em razão do incômodo de precisar limpar pilhas de entulho, a fim de permitir o processo de instalação. Como Halpern afirma: "Ao ajudar as pessoas com a limpeza do sótão — mesmo elas tendo de pagar pelo serviço —, a adesão foi 4,8 vezes maior."[23] O pressuposto do Departamento de Energia e Mudança Climática tinha sido de que era necessário apenas aumentar o subsídio. Mas, na prática, não funcionou; ou melhor, foi contraproducente.

Além disso, a típica formulação de políticas públicas preocupa-se com a eficiência, mas não tem uma maneira evidente de testar os impactos. Mesmo quando pode testá-los, o faz somente depois do fato, quando o prejuízo imprevisto já aconteceu, e em grande escala. A abordagem experimental ajuda a reduzir os riscos na elaboração de políticas públicas, por meio do teste de novas ideias, em pequenas doses, antes de implementar em maior escala as que funcionarem. Medir e avaliar o impacto de novas ideias é algo previsto nos estudos desde o início.

Ironicamente, muitas áreas do governo, como a tributária, são singularmente estruturadas para usar a metodologia experimental. Esses departamentos possuem sistemas de gerenciamento de informação prontos para acompanhar comportamentos e coletar dados de um grande número de pessoas, em nível individual, ao longo do tempo. Eles também dispõem de meios para testar variações; as cartas enviadas aos cidadãos são um exemplo clássico de ferramenta que pode ser usada para testar um amplo espectro de variações a baixo ou nenhum custo.

E, então, surge a questão: se o método é tão poderoso e relativamente tão fácil de implementar pelos governos, por que não é amplamente usado? Por que apenas recentemente países como os Estados Unidos e o Reino Unido começaram a fazer essas experiências?

"É um paradigma totalmente novo", diz Halpern, "um jeito completamente diferente de pensar. Além disso, a mudança é difícil, especialmente em sistemas grandes e monolíticos."[24]

Um exemplo são os impostos, que, no Reino Unido, são responsabilidade de um departamento enorme e altamente conservador, com mais de 100 mil funcionários, que arrecada bilhões em receita. "Se formos até eles", diz Halpern, "e dissermos: queremos apenas fazer esta pequena mudança na sua gigantesca máquina, bem, a resposta será que a tal da pequena mudança é um pedregulho na engrenagem da máquina.

Downing Street pode apoiar agora, mas se a arrecadação de impostos não sair de acordo com o planejado, todo o governo, que depende dessa máquina para funcionar, vai ficar paralisado. E tudo por causa da nossa experiência."[25]

Rohan Silva tem uma interpretação parecida. "No Reino Unido", diz ele, "o serviço público é supostamente independente. Mas os funcionários de carreira são seres humanos e a aversão à perda é uma forte tendência humana."[26]

A agenda comportamental — quando posta em prática pela primeira vez — era desconhecida pela maioria dos funcionários públicos. Com exceção das pessoas no mais alto escalão, como Gus O'Donnell, o secretário do Gabinete, e seu sucessor, Jeremy Heywood, quase todos os outros inicialmente acharam a metodologia trivial ou irrelevante. "Mesmo depois de o primeiro-ministro ter feito discursos a respeito", diz Silva. "Mesmo depois de o serviço público ter recebido ordem para seguir em frente, ninguém se engajou."

Mas não foram apenas os funcionários de carreira que resistiram à mudança. Os políticos tampouco estavam interessados em estudos de pequena escala para saber o que funciona. Como Silva explica:

> Suas carreiras são curtas e eles estão constantemente pensando em como obter grande impacto com a imprensa e com o público. Querem fazer declarações impressionantes e deixar um legado. Não querem aparecer num canto remoto do país e dizer: "Olá, estou aqui para fazer um estudo piloto que cobre três ruas em Wolverhampton e, se der certo, vamos expandi-lo para todo o município."[27]

E ainda existe a aversão ao risco. "Assim que algo dá errado", diz Silva, "a imprensa, os comitês nomeados e o órgão de auditoria estão prontos para moer você de pancada. Eles não querem ver manchetes que dizem: 'Governo gasta milhões em programa que se mostrou ineficaz.'" A confluência de oportunidades no início do governo de coalizão foi uma ocorrência rara, acrescenta Silva: "Cameron e Osborne sentiam que tinham um mandato de cinco anos, então podiam assumir alguns riscos no início. Mas, infelizmente, isto é algo muito raro em política."[28]

Os desafios enfrentados pela Unidade do Estímulo incluíam: convencer políticos, treinar funcionários de carreira recalcitrantes e mudar mentalidades. Assim, nos primeiros dois anos, ela trabalhou bastante fora do radar. A equipe obtinha alguma permissão informal, se possível da cúpula, e então encontrava alguém suficientemente próximo do detalhe operacional e pulava as camadas intermediárias. Como afirma Halpern: "A questão para nós era: como transformar este processo, ainda acidental e localizado, em uma máquina de inovação operando rotineiramente por todo o sistema?"[29]

Em última instância, o desafio que se apresentava era o seguinte: poderia o método, introduzido pioneiramente pela Unidade do Estímulo, funcionar em todo o governo e não apenas em um ou dois departamentos? Poderia ele ser institucionalizado no setor público?

Centros O Que Funciona e o método experimental

Muito antes de Cass Sunstein apresentar a tese do estímulo para a Casa Branca, e de a Equipe de Ideias Comportamentais levar o método experimental para o Reino Unido, havia uma área importante do setor público britânico onde essas abordagens tinham sido institucionalizadas. Era a área de medicina e saúde. Por trás daquela revolução havia um médico escocês: Archie Cochrane, o pai, na era moderna, da medicina baseada em dados.

Durante a Segunda Guerra Mundial, Cochrane, médico do Exército britânico, havia sido capturado e enviado para o campo de prisioneiros de Elsterhorst, na Alemanha. Lá, coube-lhe cuidar dos soldados com tuberculose. Descontente com os tratamentos existentes e, no fim das contas, sem saber qual deles escolher, Cochrane começou alguns estudos com suplementos alimentares e demonstrou que surtiam efeito positivo nos soldados doentes. Depois da guerra, impactado pela experiência e convencido da importância de seus estudos, Cochrane trabalhou sem descanso para fazer dos testes randomizados e controlados, os chamados TRCs, uma parte inseparável do exercício da medicina. Ao longo das décadas de 1950 a 1970, ele e seus colegas conduziram estudos sobre um grande número de práticas médicas, por exemplo, gravidez e partos, e até sobre a eficácia da retirada de amídalas. Frequentemente, os estudos eram recebidos com hostilidade por colegas da profissão. Alguns diziam que eram desnecessários, outros os consideravam antiéticos. Mas Cochrane e seus parceiros persistiram.

Em 1972, Cochrane publicou *Effectiveness and efficiency: random reflections on health services* [Efetividade e eficiência: reflexões randômicas sobre os serviços de saúde].[30] Neste documento, ele criticava a falta de dados, por trás de muitas das práticas de saúde daquele tempo, e advogava o uso dos TRCs, que tornariam a medicina mais efetiva e eficiente. Uma resenha do livro, publicada no *British Medical Journal*, concluiu que "o herói do livro é o teste randomizado e controlado; os vilões são os clínicos da área de assistência de saúde do National Health Service (NHS), que fracassam em aplicar os testes, ou são bem-sucedidos em ignorar os resultados, quando não se adaptam às próprias ideias preconcebidas".[31]

No fim, a insistência de Cochrane na abordagem experimental ajudou a salvar muitas vidas, em muitos países. Em 1993, a Cochrane Collaboration (mais tarde abreviada para

Cochrane) foi criada para "facilitar escolhas baseadas em dados, nos desafios que se apresentam aos profissionais de saúde, pacientes e gestores públicos". E fazendo isso através de uma rede de colaboradores em mais de 120 países. Seis anos depois, o governo do Reino Unido criou o National Institute for Health and Care Excellence (NICE na sigla em inglês), cujo foco é reunir e disseminar dados sobre a efetividade de tratamentos médicos e farmacêuticos no Reino Unido e no NHS. De fato, o Partido Trabalhista havia concorrido às eleições com a plataforma "O que importa é o que funciona". A ideia era substituir o discurso ideologicamente orientado por uma abordagem mais pragmática de elaboração de políticas públicas, libertando-as das pressões diárias do debate partidário.

Mesmo assim, o sucesso do método não se espalhou para outras partes do setor público: áreas inteiras do governo permaneceram imunes. Isto é, até que Halpern e sua equipe trouxeram os estudos e os dados concretos de volta para o centro do governo. Impressionado com o sucesso da Unidade do Estímulo, o governo do Reino Unido, entre 2011 e 2015, fundou vários centros "O Que Funciona", cobrindo várias áreas, entre elas a educação, o bem-estar, a assistência aos idosos e a redução de crimes, com o objetivo de "reunir e organizar dados sobre o que funciona" e "colocar estes dados nas mãos de quem está na linha de frente".[32] Como unidades autônomas, os centros foram a consequência lógica da Equipe de Ideias Comportamentais. Halpern, fundamental em defendê-los, tornou-se conselheiro nacional dos centros O Que Funciona, consolidando os laços entre as duas iniciativas.

Desde então, o mais bem-sucedido dos núcleos O Que Funciona tem sido aquele focado na educação. Em 2010, o Departamento de Educação do Reino Unido enfrentava a situação incomum de ter cerca de 100 milhões de libras esterlinas não gastas ao término do ano financeiro. Em tempo de austeridade, a última coisa que qualquer ministro deseja é dar dinheiro de volta para o Tesouro. E Michael Gove, o ministro da Educação na época, não era diferente. Até porque, como a coalizão no poder enfatizava a governança inteligente, havia pressão adicional para se fazer "algo empírico". Então Gove e o departamento decidiram gastar o dinheiro disponível criando uma organização independente, especialista em políticas públicas feitas a partir de dados concretos, no campo da educação.[33] Batizado de Education Endowment Foundation (algo como Fundação Para a Educação), o novo órgão tinha por objetivo descobrir o que funcionava na área. Para isso, analisaria os dados existentes e financiaria novos estudos. Seu objetivo mais amplo era fazer da educação uma profissão informada e empírica, como a médica havia se tornado.

O Que Funciona na educação?

Kevan Collins começou a vida profissional nos anos 1980, como professor primário em East London. Com o tempo, dirigiu escolas e foi trabalhar no governo, como diretor nacional da Estratégia para Alfabetização Primária. Ele então voltou para East London, como diretor dos Serviços para Crianças em Tower Hamlets, uma das comunidades mais carentes do Reino Unido, antes de ser diretor executivo da prefeitura de Tower Hamlets, entre 2009 e 2011. "Na prefeitura", diz Collins, "fiquei chocado com o grande número de decisões, em uma ampla gama de serviços públicos, que tínhamos de tomar sem realmente dispormos de um quadro claro, de opções bem fundamentadas, diante de nós. As pessoas apresentavam as opções, mas elas eram apenas ideias, e não escolhas baseadas em dados concretos."[34]

No início da carreira, em seu doutorado, Collins tivera contato com um estudo quantitativo sobre bilinguismo e alfabetização. A experiência lhe mostrou o poder dos dados na testagem de hipóteses e na reunião de provas do que funciona e do que não funciona. Sem dados e testagens, a partir da simples teoria, ele se deu conta de que seria difícil afirmar se o bilinguismo, por exemplo, era bom ou mau para os resultados educacionais de um aluno, e se era, portanto, algo que os gestores deveriam encorajar ou não. Assim, quando o governo anunciou um concurso para alocar 125 milhões de libras esterlinas para apoiar esforços que melhorassem os resultados de crianças carentes nas escolas inglesas, ele imediatamente ficou atento. "Tradicionalmente", afirma, "esse dinheiro teria sido dado a pessoas com uma ideia, para desenvolverem uma estratégia e, então, implementá-las. Eu apresentei uma proposta contrária, a de usarmos dados concretos no processo decisório."

Collins se envolveu com o assunto e isso, mais tarde, o ajudaria a se tornar o primeiro CEO da Education Endowment Foundation.

"Nossa teoria era que, na Inglaterra, escolas similares, com crianças similares e recursos similares, obtinham resultados muito díspares. Sabemos que acontece isso porque pessoas diferentes tomam decisões diferentes, mas como então saber o que é efetivo? Como coletar essas informações de modo a que outros possam verificá-las e usá-las?." Collins e sua equipe se propuseram a responder essas perguntas. A ideia era passar do profissionalismo obediente e desinformado para o profissionalismo informado. Até aquele momento, surpreendentemente, esta não era a atitude tradicional na área da educação. "A educação não vinha trabalhando com método e com dados empíricos", diz Collins.

A Fundação para a Educação é uma organização pequena, de 25 pessoas, que atua em três pontos, todos com parceiros. Em primeiro lugar, alimenta um sistema que sintetiza dados sobre o que funciona em educação, em nível mundial, no ensino de crianças de 5 a 16 anos. O sistema cobre trinta ou mais temas-

-chave, incluindo impacto do dever de casa, tutoria individual e envolvimento dos pais. Ele usa uma escala simples para medir o custo de cada atividade, e avalia, com a força dos dados, sua eficácia e seu impacto nos resultados de aprendizagem, com base em uma métrica banal: o número de meses adicionais de progresso que proporciona às crianças. O instrumental é digital e interativo, dando ao professor acesso às conclusões dos mais de treze mil estudos, feitos desde 1980, que sustentam a base de dados. Uma equipe de cientistas sociais, ligados à Universidade de Durham, tem a responsabilidade de assegurar que os estudos sejam rigorosos e cumpram certos critérios, por exemplo, serem baseados em desenhos experimentais, passarem por avaliação por pares e assim por diante. À medida que novos estudos chegam, a base de dados é atualizada: itens são adicionados ou suprimidos. "O processo como um todo é dinâmico e interativo", diz Collins. "E o sistema mostrou-se popular nas escolas. Cerca de 67% dos coordenadores pedagógicos na Inglaterra já o estão usando para tomar decisões."

A Fundação para a Educação é também um fundo: dá dinheiro àqueles com ideias sobre como inovar nas escolas. Qualquer pessoa do setor público ou privado, ao elaborar um jeito novo de beneficiar os estudantes de baixo aproveitamento, pode se inscrever para obter apoio. Se a fundação gostar da ideia, ela cria um painel de avaliadores independentes, que desenham um método de avaliação da nova abordagem. O painel assegura-se de que o desenvolvedor compreenda a dinâmica de avaliação e constrói os parâmetros para testá-la: "para obter este ou aquele dado estatístico corretamente, será preciso tantas escolas, professores e estudantes, e assim por diante". O protocolo e o desenho são divulgados, o projeto é financiado e o desenvolvedor recruta um mínimo de aproximadamente noventa escolas que se disponham a participar. A fundação então escolhe de forma aleatória algumas escolas para a intervenção, enquanto outras são mantidas como grupo de controle, apenas recebendo a intervenção no ano seguinte. Se o estudo de eficácia tiver bons resultados, o desenvolvedor tem a oportunidade de aumentar a escala do projeto e realizar um estudo de efetividade. "Checamos, por exemplo, se o que funciona em Newcastle também funciona na Cornualha", diz Collins. "Precisamos de práticas confiáveis que possam ser usadas em toda parte e então as colocamos para funcionar."

O objetivo final da fundação é encorajar que a profissão de educador seja baseada em fatos. Com esse propósito, a fundação dissemina e mobiliza conhecimento não apenas sobre os resultados dos estudos, mas também sobre o processo. Por exemplo, as escolas do Reino Unido empregam um exército de professores assistentes para ajudar em salas de aula. Estudos concluíram que, em média, professores assistentes não têm grande impacto para a melhora dos resultados educacionais, mas professores e escolas são relutantes em desistir deles. "Falamos para eles", diz Collins, "que se for para ter professores assistentes, então há algumas formas de usá-los melhor." Apoiando-se em lições-chave, baseadas em fatos, a fundação mostra aos professores como usar um programa e os incentiva a relacioná-lo com os dados empíricos. Não há pressão coercitiva sobre os professores para usar os recursos. "Não dizemos o que fazer", diz Collins. "Damos um empurrãozinho para que o adotem e adaptem ao seu próprio contexto, com inteligência. Nosso objetivo é envolver os professores mais ativamente na própria aprendizagem sobre aprendizagem." A ênfase está na persuasão suave, por meio do engajamento contínuo com coordenadores pedagógicos e o uso inteligente do financiamento.

Collins dá um exemplo de como a abordagem da Fundacão Para a Educação acontece na prática. Em 2014, surgiu a proposta de oferecer café da manhã para crianças carentes, como forma de melhorar sua performance na escola. "A proposta soava intuitivamente correta, mas como se poderia saber com certeza? E qual efeito pedagógico se deveria esperar dela?" A fundação iniciou então um estudo randomizado e controlado de larga escala, para ver o que os dados diziam. "Recrutamos 10 mil famílias de todo o país e de um conjunto variado de escolas", relata Collins. "Fizemos um pré-estudo independente do desempenho das crianças nessas escolas em inglês e matemática. Então, um ano depois do início do fornecimento de café da manhã, fizemos um pós-teste sobre os níveis de desempenho dessas crianças."

Nas escolas onde as crianças haviam recebido café da manhã, o resultado era de dois meses a mais de progresso do que nas escolas do grupo de controle, onde esta iniciativa não havia sido implementada. Esta foi a principal descoberta. Mas o estudo do processo revelou algo ainda mais interessante. No primeiro conjunto de escolas, mesmo as crianças que não haviam tomado café da manhã fizeram progresso: o grau de incômodos provocados por crianças mal alimentadas caiu e o comportamento de maneira geral melhorou. O governo gostou tanto da descoberta que criou um fundo de 26 milhões de libras para oferecer café da manhã gratuito em centenas de escolas carentes em todo o país.

O Que Funciona realmente funciona?

A abordagem O Que Funciona — e as políticas públicas baseadas em dados empíricos, de forma geral — também tem seus críticos. Uma objeção comum é que o método, no contexto da educação, pressiona ainda mais os já atormentados e sobrecarregados professores. Mas Collins diz que não há absolutamente nenhuma obrigação de os professores trabalharem com a fundação. "No início", diz Collins, "decidimos não ser parte de um sistema de responsabilização." Quando uma escola se inscreve para fazer um estudo, ela o faz a partir da curiosidade e do desejo de se sair melhor, em vez de a partir da compulsão. "Mais ainda", diz Collins, "a abordagem não tem a ver apenas com novas coisas a fazer, tem a ver também com fornecer ideias sobre o que as escolas e os professores não deveriam estar fazendo, sobre coisas que são perda de tempo."

Tome-se o exemplo de dar nota para os trabalhos das crianças. Há pouca pesquisa sobre isso, mas mesmo assim os professores ainda corrigem muito. "Na educação, havia momentos problemáticos: todo trabalho da criança precisava ser corrigido três vezes! E as escolas estavam fazendo isso, até nós pedirmos que parassem. Não tínhamos evidências de que desse resultado. Dissemos então aos professores: corrijam menos, mas corrijam melhor. Isto diminuiu a sobrecarga geral de trabalho."

Outra crítica aponta que a abordagem baseada em dados pressupõe uma elaboração de políticas públicas boa e racional, quando na verdade ela gira em torno somente de valores e ideologia. Essa perspectiva é fortemente expressa por Paul Cairney, professor de política na Universidade de Stirling, segundo quem "o maior equívoco é quando a evidência vira o eixo na elaboração das políticas públicas", pois a simples ideia de as políticas públicas se basearem em evidências é, em si, um tipo de slogan político.[35] Dadas as pressões de cronograma, Cairney acrescenta, os gestores são forçados a escolher quais evidências usar, e aí entram na história os valores de cada um.

Collins responde dizendo que o método baseado em dados concretos, mais do que isolar as questões de valor, acaba por oferecer uma base mais sólida a partir da qual abordá-las. De fato, com os dados experimentais, fica mais difícil para os professores fugir das grandes questões.

Depois de se verificar o que realmente importa no desempenho escolar — engajamento, domínio da língua, nível socioeconômico —, por que algumas escolas continuam se saindo tão melhor do que outras? Os professores têm obrigação de pensar sobre o que estão fazendo na escola. Óbvio que há um conjunto de grandes questões socioeconômicas. Então, vamos conversar sobre isso.

Veja-se, por exemplo, a incômoda questão de agrupar crianças de acordo com suas habilidades. Os dados demonstram que colocar os melhores alunos em uma sala de aula e os piores em outra assegura que os melhores se sairão melhor do que se estivessem em um grupo com habilidades mistas, enquanto os alunos que não vão bem se sairão pior. "Agora, você está diante de uma questão de valores", diz Collins. "Ninguém pode lhe dizer o que fazer. Você tem que decidir o que quer como escola. Mas a evidência existe para ajudar com essa decisão. Agora, você está informado. Não pode, então, dizer, ah, não sabíamos disso."

E quanto à dificuldade de replicação? A crítica de que a boa política em um país ou região pode não funcionar em outro? Collins admite que é difícil às vezes replicar resultados. Mas isso não significa que não se deva tentar identificar o que é replicável e o que não é. O objetivo é melhorar o desempenho de um grupo de controle ao longo do tempo. "Países diferentes têm sistemas educacionais diferentes. Nos Estados Unidos, as crianças passam mais tempo escrevendo do que na Inglaterra, mas a oralidade é melhor na Inglaterra. Assim, se replicar um programa dos Estados Unidos sobre oralidade na Inglaterra, os resultados não serão os mesmos porque a base aqui já é melhor." Mas, de novo, argumenta Collins, essa é, precisamente, a razão pela qual os professores devem saber como usar a evidência empírica, como adotá-la e adaptá-la a suas circunstâncias. Saber que algo funcionou em centenas de outras escolas é apenas um ponto de partida. "No final", diz ele, "você tem que avaliar o que funciona na sua escola. Você precisa entender a evidência para saber quais recursos colocar em prática e ficar atento à implementação."

Por fim, há a perspectiva de que o mundo está cheio de dados concretos, e eles são tantos, na verdade, que ninguém pode analisá-los com a devida atenção. Cairney, em seu livro *The Politics of Evidence-Based Policymaking* [A política na elaboração das políticas baseadas em evidências], afirma que diante do excesso de dados os gestores frequentemente recorrem a atalhos, baseando-se em um trecho de pesquisa ou no conselho de um consultor, o que vai contra a tentativa de alcançar equilíbrio.[36] O problema, portanto, não é falta de evidência. Ao contrário, é como se escolhe em meio à pletora de descobertas, algumas delas contraditórias entre si.

É um ponto pertinente, concorda Collins. "Por isso, nosso instrumental é tão interessante. Nossa orientação não é baseada apenas em um único estudo." O conhecimento, assinala Collins, é interativo e, portanto, é necessário construir bancos de conhecimento que deem aos professores uma compreensão melhor do que importa.

> Por isso, e para lembrá-los disso, também incluímos no sistema uma coluna "reforço de evidência". Dizemos: seja cético sobre a linha de conduta, pense sobre qual é o custo, assim como qual a força em que a evidência se baseia. Não há dúvida de que não sabemos o suficiente. Mas nada nos impede de, constantemente, tentar descobrir.

Através da Fundação para a Educação, o Reino Unido gasta cerca de 12 milhões de libras por ano em estudos sobre o que funciona na área. Possivelmente, é a maior soma empregada por qualquer país no mundo. Ainda assim, o Reino Unido gasta 3 mil vezes mais — mais de 37 bilhões de libras por ano — em educação como um todo. "Que outro grande setor econômico", pergunta Collins, "investiria uma proporção tão pequena de sua verba em pesquisa, desenvolvimento e aprendizagem? Educação não deveria ser o negócio mais importante em qualquer nação?"

O governo ainda precisa distribuir muitos estímulos

No final de 2013, a Equipe de Ideias Comportamentais estava numa encruzilhada. Tinha obtido muitos sucessos no centro do governo, em vários departamentos. Halpern e sua equipe mais do que sobreviveram à cláusula que previa o término da iniciativa após dois anos. Contudo, agora a equipe estava diante de uma nova coleção de desafios. Apenas sete pessoas não poderiam fazer tudo sozinhas. Até mesmo contratar um novo membro, em tempos de austeridade, requeria aprovação ministerial. Além disso, outros governos começaram a pedir ajuda. Mesmo que esses clientes estivessem dispostos a pagar, assumir tal trabalho era burocraticamente difícil. Ampliar o programa para outros departamentos britânicos, ou ajudar os australianos a aplicar o método, mostrava-se quase impossível. "Estávamos presos ao governo", diz Halpern. "O que havia sido uma vantagem — ter uma ligação direta com o Gabinete — agora era um obstáculo."

E assim, em 2014, com apoio do primeiro-ministro, a Equipe de Ideias Comportamentais foi desconectada do governo. Tornou-se uma "empresa de propósito social", parcialmente estatal, parcialmente da NESTA — *think tank* de políticas públicas — e parcialmente dos próprios funcionários. Halpern explica:

No governo, você é promovido indo para outro emprego. Depois de dezoito meses em um posto, você vai para outro departamento. Ajuda a espalhar as ideias, mas o conhecimento profundo nunca é construído. Queríamos incentivar a adoção mais ampla, mas também dar oportunidades para o nosso pessoal, para que não quisesse ir embora. Aconteceu tudo ao mesmo tempo, instigando a equipe para novos negócios.

Em 2017, Richard Thaler recebeu o Nobel de Economia por suas contribuições para a economia comportamental. Suas descobertas empíricas e ideias teóricas, disse o comunicado oficial da Academia Sueca, haviam sido fundamentais para a criação de um campo novo, em rápida expansão, que provocara "profundo impacto em muitas áreas da pesquisa e da política econômica". Em seu discurso na cerimônia de recebimento do prêmio, Thaler reconheceu o trabalho que Halpern e a Equipe de Ideias Comportamentais haviam feito ao levar o projeto do estímulo para o governo.

Quando 2020 chegou, a equipe tinha mais de duzentas pessoas. Crescera vinte vezes o tamanho original, abrira escritórios em cinco países diferentes e lançara projetos em mais de trinta. Em fevereiro daquele ano, durante os primeiros estágios da pandemia de Covid-19, as recomendações do governo do Reino Unido para os cidadãos baseavam-se fortemente em estímulos, como "lave as mãos, não toque no rosto, não aperte as mãos de outros, fique em casa se não estiver passando bem, isole-se se tiver tosse persistente".[37] Mesmo no final de março, quando o lockdown foi imposto, os estímulos continuaram importantes como forma de assegurar que as pessoas acatassem as orientações, tão difíceis de serem seguidas, de isolamento e distanciamento social.

O Canadá também tinha sua Unidade do Estímulo. Na Austrália, o Gabinete do primeiro-ministro de Nova Gales do Sul, com ajuda da equipe de Halpern, instalou uma unidade de Ideias Comportamentais. Nos Estados Unidos, o Escritório de Políticas da Ciência e da Tecnologia da Casa Branca tem uma Iniciativa de Ciências Sociais e Comportamentais, cuja missão é traduzir "descobertas de pesquisas acadêmicas em melhorias na performance e na eficiência dos programas federais, por meio do uso de métodos rigorosos de avaliação". Em setembro de 2015, o presidente Obama criou formalmente essa iniciativa, para as agências governamentais passarem a usar ideias comportamentais e com elas melhorarem a efetividade e a eficiência do trabalho governamental.

E assim como ocorreu com as ideias comportamentais, aconteceu também com a abordagem e com os centros O Que Funciona. Até 2020, os centros foram responsáveis por financiar bilhões de libras em decisões no Reino Unido, em várias áreas importantes, incluindo educação, saúde, assistência a idosos, bem-estar, redução de criminalidade e crescimento econômico local. E nos Estados Unidos, desde 2016, mais de cem cidades também se comprometeram a usar fatos e dados para melhorar a elaboração de políticas públicas, todas sob o slogan "O que Funciona". O método experimental, aparentemente, instalou-se no governo e no setor público em muitos países mundo afora.

Entretanto, apesar de sabermos da existência dos "estímulos" há mais de uma década, e embora a razão mais ampla de checar o que funciona seja quase óbvia, o fato nu e cru é que há muito mais que pode e deve ser feito. Essas ideias ainda não foram absorvidas como deveriam. Por isso, o método precisa continuar a se espalhar amplamente por todos os governos.

E mais, a abordagem experimental pode ser adotada para além do setor público, na relação globalizada da economia entre os governos. De fato, os estudos assumem papel ainda mais significativo à medida que os Estados se engajam com as novas tecnologias e com empresas inovadoras, tanto nos processos de regulamentação como no estímulo às suas atividades. No capítulo 7, investigamos como os governos poderiam regulamentar melhor as novas tecnologias.

7
O Estado empreendedor: regulando a economia

Mova-se rápido e quebre coisas. Se não estiver quebrando coisas, você não está se movendo rápido o bastante.

Mark Zuckerberg

Zuckerberg criou um leviatã que expulsa o empreendedorismo e restringe a escolha do consumidor. Depende de nosso governo assegurar que não percamos jamais a mágica da mão invisível.

Chris Hughes, cofundador do Facebook

Mais de 2 bilhões de pessoas ao redor do mundo — um terço da população global — vivem e trabalham sem acesso ao serviço bancário formal. Sem os muitos benefícios que os bancos oferecem — crédito barato, formas de poupar e seguro para famílias e negócios —, essas grandes populações são deixadas à mercê de agiotas, que cobram taxas extorsivas de juros, e da imprevisibilidade ao ganhar e gastar no dia a dia. Nenhum acesso ao serviço bancário formal significa nenhum acesso à economia formal. Isto, por sua vez, significa nenhum acesso a uma vida melhor, à maior produtividade e prosperidade. Como diria Milton Friedman: "Os pobres permanecem pobres não por serem preguiçosos, mas por não terem acesso ao capital."[1] Economias sem bancos estão condenadas a um ciclo de pobreza.

Governos de todo o mundo sabem bem disso. Sabem que a inclusão financeira é condição-chave para o crescimento. Isso

COMO UM GOVERNO DEVERIA SER

é particularmente verdadeiro nos países em desenvolvimento, onde vive a ampla maioria dos sem-banco. Com acesso crescente ao crédito, os cidadãos investiriam em suas propriedades e em pequenos negócios, pagariam pela educação e pelo treinamento que precisam para melhorar a produtividade. Com formas de poupar mais seguras, eles fariam as reservas financeiras necessárias para se proteger de choques de renda e de gastos. Com os seguros, absorveriam os riscos que enfrentam como agricultores ou negociantes.

Mas, apesar do seu empenho, governos de muitos países têm tido dificuldade para impulsionar a inclusão financeira. Em parte, devido ao custo de levar o serviço bancário aos pobres, de instalá-lo em lugares remotos: o assim chamado "problema do último quilômetro", que persegue muitos países em desenvolvimento e suas grandes populações rurais. A Índia, por exemplo, tem mais de 600 mil vilarejos. Instalar uma agência em cada vilarejo quebraria a banca, literalmente. Mas os reguladores também têm um papel a cumprir nesse processo, particularmente os bancos centrais, que regulam suas economias e tendem a ser cautelosos ao abordar a inovação financeira.

O Quênia, em 2006, era um caso típico. Apenas 18% dos quenianos naquela época tinham acesso ao sistema bancário formal, enquanto 35% valiam-se de serviços financeiros informais e outros 38% eram totalmente excluídos.[2] O país inteiro tinha apenas 450 agências: menos de duas agências por 100 mil pessoas.[3] Ao contrário do estado precário do sistema bancário, a telefonia móvel prosperava. Mais de 1/3 da população tinha telefone celular e era muito comum enviar mensagem por SMS. Para cada queniano com acesso a uma conta bancária, pelo menos dois tinham acesso a telefone celular.

Com base nesses fatos, a Safaricom, subsidiária queniana da gigante da telecomunicação Vodafone, iniciou, no início de

2006, vários projetos pilotos nas favelas de Nairóbi. A ideia era testar maneiras de empregar o celular para capacitar os pobres da cidade a realizarem transações financeiras eletronicamente. Logo ficou claro que havia muitos usos para o serviço, mas um particularmente útil era enviar dinheiro para amigos e para a família pelo celular, por meio de um recurso similar ao de envio de mensagens de texto. A Safaricom identificou a grande oportunidade de estender o serviço móvel de pagamento para todo o Quênia. Através dos agentes nas lojas dos vilarejos, a empresa poderia habilitar, via celular, depósitos e saques e transferências de dinheiro das cidades para a zona rural. Um serviço assim seria particularmente popular junto aos migrantes urbanos, que frequentemente enviavam dinheiro para suas famílias, usando métodos caros, demorados e inseguros. A proposição-chave e o slogan publicitário do novo serviço seria "Mande Dinheiro para Casa".

Para funcionar, entretanto, eles precisavam da permissão do regulador. Assim, em agosto de 2006, a Safaricom procurou o Banco Central do Quênia com planos para o que chamaram de M-Pesa. *Pesa* é a palavra suaíli para dinheiro: o serviço literalmente significava dinheiro móvel.

Disque M-Pesa para dinheiro

Gerald Nyaoma havia trabalhado para o Banco Central do Quênia por mais de trinta anos. Diretor do departamento de supervisão do banco, Nyaoma cresceu na cidade de Nakuru, na província queniana de Rift Valley, e ingressou no Banco Central em 1988.

Em 2006, quando a Safaricom procurou o Banco Central com a nova ideia, Nyaoma foi um dos primeiros a se envolver. Ele se lembra bem da visita:

COMO UM GOVERNO DEVERIA SER

Foi meu primeiro compromisso como diretor de supervisão bancária. O presidente da Safaricom, Michael Joseph, e seu diretor financeiro pediram uma reunião conosco para discutir uma nova ideia. Na reunião, Joseph e sua equipe, após apresentarem os resultados do teste piloto, realizado em Nairóbi, fizeram uma requisição formal para criar um produto comercial baseado neles.[4]

Mas havia um problema: nem a Safaricom nem a Vodafone tinham licença bancária. Isto significava que a estrutura legal e regulatória do negócio seria uma questão delicada. O instinto inicial de Nyaoma e sua equipe foi recusar o projeto.

"Naquela época", explica Nyaoma, "nossa resposta típica para uma empresa como a Safaricom teria sido: vocês não são um banco comercial. Não estão registrados como parceiros do Banco Central. Não podemos negociar com vocês."

Mas, durante a reunião, algo ecoou em Nyaoma:

O que aconteceu foi que, exatamente uma semana antes da reunião, meu tio, que vive na minha cidade natal de Nakuru, havia me pedido 30 mil shillings por transferência bancária. Eu fui a um banco comercial, que prontamente me cobrou quinhentos shillings pela transação. Mas não foi só isso. Poucos dias depois, meu tio ligou e disse: você me enviou menos dinheiro! Não sabia o que ele queria dizer, até percebermos que ele também havia sido cobrado em quinhentos shillings na outra ponta.

Para Nyaoma, enviar 30 mil shillings havia custado mil shillings.

Com isto em mente, Nyaoma perguntou a Michael Joseph quanto custaria aos clientes para enviar dinheiro para casa através do M-Pesa. Joseph respondeu que o custo seria entre cem e duzentos shillings, uma redução significativa.

208

O ESTADO EMPREENDEDOR: REGULANDO A ECONOMIA

Isso impressionou Nyaoma. No entanto, algo mais o preocupava. Àquela altura, os resultados da pesquisa FinAccess — o primeiro grande estudo de acesso financeiro no Quênia — tinha acabado de ser divulgado.[5] Os resultados tinham sido ruins para o Banco Central e para o governo queniano em geral.

"A pesquisa nos deixou agudamente conscientes do baixo alcance do setor bancário tradicional", diz Nyaoma. Ela revelou que meros 18% dos quenianos tinham acesso a serviços financeiros formais, por meio de bancos regulamentados e sociedades de crédito imobiliário. Outros 35% tinham acesso a serviços informais, como poupanças rotativas e associações de crédito (ROSCAs na sigla em inglês), e poupanças cumulativas e associações de crédito (ASCAs na sigla em inglês). Mas 38% dos quenianos não tinham acesso a serviços financeiros de nenhum tipo — formal ou informal. Em contrapartida, assinalou o relatório, mais de 30% dos quenianos tinham acesso a celulares, cuja adoção crescia muito mais rápido do que os serviços bancários formais.

"Naquela época, havia apenas 2,5 milhões de contas bancárias no país", diz Nyaoma. "A vasta maioria de nossos 30 milhões de cidadãos eram sem-banco. Eu havia crescido no Rift Valley e tinha família lá. Eu sabia que muitas pessoas que saíam de casa para trabalhar em Nairóbi enviariam dinheiro para casa regularmente."

Nyaoma também sabia que pagamentos de baixo valor e transferências internas teriam papel vital na extensão dos serviços financeiros, especialmente para os quenianos da área rural. Transferências, em particular, eram uma grande fonte de fluxo interno de dinheiro. Mas as práticas existentes eram ineficientes e arriscadas. Migrantes urbanos normalmente enviavam dinheiro aos familiares por meio dos amigos que fossem para seu vilarejo natal. Outros enviavam por intermédio de motoristas de transporte público, ou por correio. Nesse contexto, o M-Pesa fazia muito sentido. Realizaria transferências e serviços de pagamento mais eficientes e seguros.

Due diligence: recusar ou se engajar?

A Safaricom estava oferecendo ao Banco Central do Quênia uma solução poderosa para o problema. O crescimento da telefonia móvel, perceberam Nyaoma e sua equipe, deslancharia a inclusão financeira no Quênia. O desafio, entretanto, era equilibrar oportunidade com os riscos representados por uma tecnologia nova e não testada. Mais do que isso, a nova tecnologia seria introduzida por uma entidade não bancária, normalmente fiscalizada pelo setor de telecomunicações.

"Tínhamos duas opções", diz Nyaoma. "Simplesmente lavar as mãos em relação ao problema e encaminhar a Safaricom para os reguladores das telefônicas. Ou requerer que o serviço funcionasse por meio do sistema bancário, podendo, assim, ser corretamente regulado pelo Banco Central."

De fato, quando confrontados com novas tecnologias como o M-Pesa, a resposta típica dos reguladores é assegurar o "sequenciamento apropriado": primeiro, repassar a legislação geral e estabelecer regulamentos específicos, antes de abrir caminho à inovação.[6] Era a abordagem que bancos centrais em países como a Índia adotavam, retardando, no processo, o estabelecimento do serviço bancário móvel. Mas Nyaoma e sua equipe perceberam que tinham a oportunidade de fazer algo diferente. De fato, fazer algo diferente era a necessidade do momento.

"A Safaricom não estava no Quênia havia muito tempo", diz Nyaoma, "mas sua companhia mãe, a Vodafone, era a maior telefônica do país. A companhia era conhecida por sua competência tecnológica. Além disso, era parcialmente controlada pelo governo, o que nos deixava confortáveis."

E, assim, Nyaoma e seus colegas decidiram adotar uma terceira via: um caminho intermediário entre os dois extremos da regulamentação estrita e do *laissez-faire.*

Pouco depois do primeiro encontro com a Safaricom, o Banco Central criou uma equipe para revisar o M-Pesa. Membros da equipe vieram do departamento nacional de sistemas de pagamento, do grupo de serviços legais do banco e do departamento de Nyaoma — o grupo de supervisão do banco. Nyaoma acumulou entre suas tarefas a de liderar a equipe.

Examinando a situação, todos perceberam três questões importantes a serem abordadas: se o M-Pesa era um serviço bancário ou não; quais eram os riscos operacionais para os consumidores; se o produto poderia ser usado por lavadores de dinheiro.[7] Seguiram-se várias semanas de intenso engajamento entre o Banco Central e a Safaricom, conforme o banco aprofundava a compreensão sobre o produto e examinava seu risco potencial.

De todas, a questão mais intrincada era se o M-Pesa constituía um serviço bancário ou não. Neste caso, nada feito. Legalmente, o Banco Central precisaria pedir à Safaricom que obtivesse uma licença bancária — um processo caro e demorado, que desencorajaria a companhia e mataria o produto no primeiro estágio. Um aspecto importante do problema: aceitar depósitos qualificava-se como serviço bancário? Depois de alguma discussão com especialistas legais, internos e externos, a equipe concluiu que, em razão de o M-Pesa não pagar juros aos consumidores, qualquer pagamento por meio do sistema não precisava ser considerado um depósito.

Algumas dessas discussões de mérito envolviam uma grande quantidade de interpretação criativa. Nyaoma dá um exemplo:

Suponha que você vá a um estabelecimento, compre pão e dê o dinheiro ao vendedor antes de pegar o pão: o vendedor está aceitando um depósito? Ele não está apenas dando o pão em troca de pagamento? Da mesma maneira, se você dá dinheiro a um agente do M-Pesa, em troca do "e-dinheiro" que fica no celular, bem, não se trata de aceitar depósito, certo? É apenas outra forma de troca por dinheiro.

Essa linha de raciocínio convenceu a todos na equipe, incluindo os especialistas legais. Mas o conselho legal do banco também tinha que estudar qual a relação entre o serviço e a Lei de Bancos do Quênia. Ele se posicionava no âmbito do Banco Central e enquadrava-se no sistema nacional de pagamentos? Depois de examinar tais questões cuidadosamente, o conselho legal concluiu que havia três razões pelas quais a Safaricom não incorreria em um serviço bancário ao oferecer o M-Pesa: o cliente e a Safaricom não assumiriam nenhum risco de crédito; o dinheiro recebido dos clientes não seria emprestado para nenhum outro negócio ou para gerar juros; e nenhum juro seria pago sobre os depósitos dos consumidores.[8]

Em seguida, havia a questão de quanto a plataforma era segura e os riscos que poderia oferecer aos consumidores. Nos primeiros encontros, membros da equipe de Nyaoma reuniram-se com Michael Joseph e a equipe do M-Pesa para testar o protótipo e entender melhor como funcionaria o serviço de transferência de valores. Em um dos primeiros encontros, a equipe da Safaricom levou celulares habilitados com o M-Pesa e fez uma apresentação para os diretores do Banco Central, incluindo o vice-presidente. Eles examinaram os celulares e viram como o protótipo funcionava.

"Nós, do Banco Central, somos naturalmente avessos ao risco quando se trata de novos produtos", diz Nyaoma. "Imediatamente, pensamos na proteção ao consumidor e na segurança do produto. Mexermos nós mesmos nos celulares nos tranquilizou um pouco."

Os funcionários do Banco Central apareceram então com novas perguntas. Os membros do grupo de supervisão do Banco Central queriam saber: o que acontece com quem entra no sistema? Como a empresa treinará os agentes no atendimento aos consumidores? Como os agentes identificarão cada cliente e como a companhia manterá equilíbrio adequado?

Logo surgiu a proposta de um mecanismo de proteção aos clientes. Uma conta fiduciária seria usada para manter o dinheiro em um banco comercial, e apareceria no celular do usuário. O saldo de e-dinheiro no celular seria equivalente ao dinheiro real no banco. Mas o dinheiro teria que ficar indisponível; a Safaricom não seria autorizada a usá-lo para seus negócios próprios. E assim tornou-se importante saber quem iria administrar a conta. Finalmente, decidiu-se que o M-Pesa seria a encarregada.

Nyaoma e sua equipe contrataram a Consult Hyperion — uma companhia independente especializada em transações eletrônicas — para conduzir uma auditoria detalhada sobre a robustez da plataforma do M-Pesa. Os consultores testaram a criptografia completa da funcionalidade do cartão SIM do M-Pesa, revisaram a segurança de hardware dos servidores da empresa e se certificaram de que todos os processos tinham back-up instantâneo e outros procedimentos de segurança instalados.[9] Sendo o serviço digital, eles asseguraram que todas as transações do M-Pesa podiam ser monitoradas, individual e coletivamente, pela Safaricom e pelo Banco Central.

A Consult Hyperion também foi contratada para examinar a questão final da lavagem de dinheiro. Para isso, os consultores criaram uma equipe especializada nos padrões e leis internacionais relevantes. A equipe acabou concluindo que o sistema do M-Pesa enquadrava-se nos padrões antilavagem

COMO UM GOVERNO DEVERIA SER

de dinheiro estabelecidos pela Vodafone, pela Força-Tarefa de Ação Financeira e pela Legislação Antilavagem de Dinheiro queniana.[10] O teste final concluiu que o Banco Central poderia requisitar — e receber de forma rápida — informações precisas quanto ao processo de auditagem do sistema, incluindo seus procedimentos antilavagem de dinheiro, seu gerenciamento de liquidez e seus registros de compensação e liquidação.

Carta de não objeção

Depois de sete meses auditando o plano de trabalho, Nyaoma e sua equipe estavam satisfeitos com o fato de o projeto M--Pesa ter superado todos os obstáculos legais e de segurança. O presidente em exercício do Banco Central do Quênia emitiu então, em fevereiro de 2007, uma carta de não objeção para a Safaricom, que permitia à empresa lançar o M-Pesa em março de 2007.

O envolvimento do Banco Central com a Safaricom, contudo, não terminou aí. Ao longo dos meses seguintes, Nyaoma e sua equipe continuaram a supervisionar e monitorar o progresso do M-Pesa. Três das principais condições da carta de não objeção eram que a Safaricom continuaria a tomar todas as medidas apropriadas para proteger os consumidores, que se manteria em guarda contra lavagem de dinheiro e que prestaria contas sistematicamente às autoridades regulatórias. Em particular, a carta exigia que a Safaricom, todo mês, preparasse e enviasse registros ao Banco Central do Quênia, permitindo um acompanhamento cuidadoso do volume e do uso do sistema.

"Quando demos à Safaricom a carta de não objeção", diz Nyaoma, "fixamos as condições para proteger os consumidores contra fraude, manter sua privacidade, prevenir lavagem de dinheiro e assim por diante." A fim de limitar o risco aos consumidores, o Banco Central estabeleceu um limite inicial por transação, de 75 mil shillings (quinhentas libras esterlinas). Eles também exigiram que a Safaricom notificasse todas as transações do sistema. A medida ajudou-os a acompanhar de onde as transações vinham, assegurar de que estavam abaixo do limite por transação, monitorar o que os agentes estavam fazendo e ver quando o sistema caía e por quanto tempo.

Foi relativamente fácil para a Safaricom notificar as transações. Como o sistema era essencialmente digital, ele coletava e armazenava automaticamente os dados que seriam processados, num formato possível de ser notificado toda semana.

A equipe de Nyaoma também acompanhou o progresso do produto no mercado por meio de fontes independentes, incluindo pesquisas de comportamento e inclusão financeira. "Estávamos constantemente checando quais problemas poderiam aparecer. Enviávamos então perguntas à Safaricom, que as respondia. Fazíamos perguntas difíceis achando que não haveria resposta. Mas eles sempre retornavam com as respostas."

Perguntas no parlamento

O M-Pesa foi um grande sucesso entre os usuários. Em 2009, uma segunda pesquisa da FinAccess mostrou o aumento dramático de pagamentos por celular no Quênia. A pesquisa estimou que, no intervalo de dois anos, 5,3 milhões de quenianos — quase 25% da população adulta — se tornaram clientes registrados do M-Pesa. Perto da metade saiu da economia informal, perfazendo um aumento de 85% dos que haviam entrado na economia formal desde 2006 (quando a pesquisa FinAccess anterior havia sido feita).[11] O relatório concluiu que o advento das contas de celular era "indubitavelmente um dos mais importantes desdobramentos" do Quênia desde 2006, e que "o M-Pesa respondia pela maior parte do crescimento no acesso aos serviços financeiros formais".

O sucesso, entretanto, encontrou oposição de vários setores. Muitos bancos, incluindo os de propriedade do Estado, queixaram-se de que a Safaricom estava engajada em atividade bancária, sem licença adequada, e que o setor perdera seu marco regulatório. A Zain, a segunda maior companhia de telefonia móvel do Quênia, somou-se aos protestos: a empresa queixou-se de que o Banco Central havia sido parcial em relação à Safaricom, por ela ter o controle do mercado. Os setores fizeram lobby junto a ministros e políticos, apresentando suas reclamações.

No final de 2007, os quenianos foram às urnas para eleger o novo presidente e a nova Assembleia Nacional. As eleições foram marcadas por controvérsias, às quais se seguiram atos violentos. Mas em abril de 2008 o país estava estável outra vez, com novo governo e novos ministros, nomeados para os departamentos de comunicações e finanças. Os ministros não fizeram parte do desenvolvimento do M-Pesa e não se sentiam responsáveis por seu sucesso. Conforme o Parlamento começou a trabalhar, foram levantadas perguntas sobre como o Banco Central havia permitido que "serviços não regulados de transferência de dinheiro" operassem no país.[12]

Em dezembro de 2008, o ministro queniano das Finanças determinou publicamente que o Banco Central realizasse imediatamente uma auditoria de risco. Nyaoma e sua equipe foram obrigados a esclarecer se haviam ou não operado dentro da lei e do interesse coletivo. Dada a própria natureza pública da convocação, eles sabiam que precisavam fazer mais do que apenas responder ao ministro das Finanças.

"Quando demos à Safaricom o sinal verde em 2007", diz Nyaoma, "não sabíamos se iria funcionar." Eram muitas as questões perante os reguladores. O produto seria sustentável?

O sistema permaneceria estável à medida que mais pessoas aderissem? De fato, conforme o produto ganhou popularidade e o número de ingressantes aumentou, a ansiedade do Banco Central só aumentou. "Então, quando tais questões foram levantadas no Parlamento", conta Nyaoma, "e o ministro das Finanças nos chamou, decidimos divulgar os detalhes do processo da auditoria feita antes do lançamento, assim como todo escrutínio sistemático feito depois."

Nyaoma e sua equipe também se basearam na pesquisa independente FinAccess de 2009. Ela mostrava que o M--Pesa atendera a grandes necessidades não cobertas pelo setor queniano de serviços financeiros, e que era popular junto aos consumidores, especialmente os pobres do campo e os migrantes urbanos. Mas a equipe também reconheceu que uma nova lei de serviços de pagamento era necessária, para preencher o vazio regulatório em relação aos serviços de telefonia móvel. Para maximizar o impacto dessa declaração, o Banco Central publicou um anúncio de página inteira no *Daily Nation*, o principal jornal do Quênia.

Finalmente, tais gestos convenceram os céticos, no governo e nos bancos estatais, e o M-Pesa foi autorizado a funcionar sem impedimentos.

Os muitos sucessos do M-Pesa

Em 2020, variantes do M-Pesa haviam decolado em países tão díspares como Tanzânia, Uganda, Afeganistão, Paquistão e Bangladesh. Mas o Quênia permanecia como a capital da inclusão financeira através do celular. Em 2019, o valor total das transações do M-Pesa havia superado 38 bilhões de dólares, mais de 50% do PIB do país.[13] O Quênia tem mais de 100 mil agentes do M-Pesa, atendendo mais de 25 milhões de contas,

COMO UM GOVERNO DEVERIA SER

equivalente a 2/3 da população total. Não menos de 95% dos pequenos negócios agora afirmam que usam regularmente o M-Pesa, inclusive para pagamento de salários. As escolas aceitam mensalidades e os consumidores fazem contribuições para fundos de aposentadoria e pagam seguros por meio de contas do M-Pesa.

De fato, como Nyaoma e sua equipe tinham desejado, o M-Pesa permitiu o aprofundamento da inclusão financeira formal no país. O primeiro passo foram os pagamentos por celular; junto com isso veio o acesso a outros serviços formais, como poupança e seguros. Em janeiro de 2013, por exemplo, a Safaricom estabeleceu parceria com o Banco Comercial da África para lançar o M-Shwari, um produto que deu aos quenianos acesso à micropoupança e ao microcrédito diretamente de seus celulares. Em apenas um ano, o serviço tinha mais de 9 milhões de contas de poupança e havia desembolsado 20 milhões de dólares em empréstimos, a 3 milhões de poupadores.[14] Em 2013, apenas 19% dos usuários do M-Shwari estavam abaixo da linha nacional de pobreza; a faixa subiu para 30% no final de 2014. O serviço continuou a crescer desde então.

Tudo isso foi possível devido à abordagem que Nyaoma e sua equipe adotaram. Em vez de optar por uma abordagem tradicional e avessa ao risco, eles se comprometeram com a inovação e implementaram um processo rigoroso, mas veloz, de auditoria, que permitiu o lançamento. Em seguida, continuaram a monitorar e administrar o serviço. As autoridades do Banco Central estavam especialmente dispostas a experimentar e a adotar o método "testar e aprender", em vez de prejulgar questões e invocar alguma legislação draconiana.

Como Nyaoma afirma: "Olhando para trás, quando a Safaricom chegou a nós com o M-Pesa, podíamos ter dito não, esse produto não interessa. Podíamos ter passado a responsabilidade do assunto adiante: vocês são regulados pela autoridade

O ESTADO EMPREENDEDOR: REGULANDO A ECONOMIA

de telecomunicações, por que não discutem com eles?" A equipe também podia ter dito à Safaricom para voltar com um parceiro bancário. Mas a opção teria tomado tempo e adicionado custos. E os bancos iam querer manter suas margens e, assim, os benefícios de eficiência não teriam chegado aos clientes. Uma abordagem desse tipo teria alongado o processo, elevando custos e amortecido o entusiasmo do inovador. No Egito e na Índia, por exemplo, a abordagem regulatória com mão de ferro provocou atrasos e exigiu acrobacias da jovem indústria de pagamentos móveis.

Ironicamente, ser *muito* permissivo com a regulação poderia ter retardado os esforços de inclusão financeira. Algo parecido ocorreu na Índia, em 2010, quando o país — e o estado de Andhra Pradesh, em particular — enfrentou o crescimento e o colapso das microfinanças.[15] A falta de regulação na indústria de microfinanças acarretou a ausência de agências de avaliação de crédito no setor, bem como o influxo de capital em busca de retornos rápidos. As organizações de microfinanças, por sua vez, em busca de crescimento rápido, passaram a oferecer incentivos turbinados para os agentes de vendas. E os agentes começaram a ofertar empréstimos para consumidores cuja idoneidade de crédito estava longe de ser confiável, os quais frequentemente usavam os empréstimos para comprar bens de consumo como TVs, em vez de bens geradores de renda, como vacas e bodes. Logo os consumidores endividados começaram a assumir empréstimos em uma organização de microfinanças para pagar prestações em outra. A situação era insustentável e os consumidores deixaram de pagar. Quando os agentes de vendas começaram a usar táticas agressivas, até mesmo violência, para pressioná-los a pagar, os políticos intervieram em favor de seus eleitores, chegando a encorajá-los a não pagar as prestações. No fim, o mercado quebrou, os investidores se retiraram e as empresas faliram. Apenas então o Banco Central da Índia interveio, introduzindo uma legislação que exigia limites de empréstimo, verificação de crédito e a entrada de agências de avaliação de crédito no setor. Infelizmente, já era tarde: o dano já estava feito na relação de confiança dos consumidores e investidores, acarretando um retrocesso na indústria que durou vários anos.

O M-Pesa, aparentemente, é um caso extremamente raro em que os reguladores consideraram corretamente o momento e a natureza da intervenção. O que ocorre com mais frequência é a dificuldade de avaliar os prós e contras das novas tecnologias *a priori*, *antes* de sentir os efeitos na sociedade. Consequentemente, o governo pode superestimar os aspectos negativos de uma nova tecnologia e intervir muito cedo, ou subestimá-los e intervir muito tarde. E assim, como veremos, ele costuma regular em excesso e até mesmo banir novas tecnologias, fazendo-as recuar consideravelmente no curso do processo.

Reação e regulação exageradas: psicodelia e grãos transgênicos

Em 1938, o cientista suíço Albert Hofmann, funcionário da Sandoz na Basileia, encontrou uma forma de sintetizar em laboratório a dietilamida do ácido lisérgico (LSD). Depois de um interlúdio de cerca de cinco anos, enquanto ressintetizava o LSD em 1943, Hofmann acidentalmente absorveu uma pequena quantidade da droga e imediatamente sentiu os efeitos. Ele descreveu ter ficado agitado e tonto: "Em casa, deitei e mergulhei num estado de intoxicação não desprovido de prazer [...], caracterizado por uma imaginação extremamente estimulada... Percebi um fluxo ininterrupto de imagens fantásticas, vultos extraordinários, com variedade intensa e caleidoscópica de cores. Depois de cerca de duas horas, esse estado passou."[16]

O ESTADO EMPREENDEDOR: REGULANDO A ECONOMIA

Três dias depois, Hofmann intencionalmente se autoadministrou uma dose de 250 microgramas de LSD e sentiu os efeitos da droga enquanto voltava para casa de bicicleta. Pelo resto de sua vida, Hofmann tomaria pequenas doses de LSD, encarando-as como quase sagradas e tentando constantemente afirmar seus usos benéficos. Para ele, a verdadeira importância do LSD residia "na possibilidade de oferecer ajuda material à meditação, quando voltada para a experiência mística de uma realidade mais profunda, integral". "Aquilo me dava uma alegria interior", disse, "um estado de abertura mental, uma gratidão... e uma sensibilidade interna para os milagres da criação..."[17]

O trabalho de Hofmann com os psicodélicos não parou aí. Quando se tornou diretor do departamento de produtos naturais da Sandoz, prosseguiu com os estudos de substâncias alucinógenas encontradas em cogumelos mexicanos e em outras plantas usadas por povos aborígines. Em 1957, conseguiu isolar a psilocibina, agente ativo de muitos "cogumelos mágicos". Como resultado de seu trabalho, a Sandoz começou a vender psilocibina e LSD nos anos 1960, para uso em pesquisa e em estudos médicos.

Enquanto isso, Timothy Leary, um psicólogo clínico em Harvard, começou a fazer experiências com as novas drogas no Projeto Psilocibina da universidade. Com o colega Richard Alpert, ele começou a tomar as drogas com os participantes da pesquisa. A dupla ficou em apuros quando as autoridades universitárias questionaram a legitimidade e a ética da abordagem, preocupadas com o fato de eles estarem pressionando estudantes a usar psicodélicos nas aulas. Finalmente, em 1963, Leary e Alpert foram demitidos. Com o escândalo nacional que se seguiu, os psicodélicos adquiriram súbita notoriedade junto ao público.

Mas a demissão apenas liberou Leary para ser mais veemente no apoio às drogas. Ele se tornou um defensor eloquente do uso do LSD na psiquiatria e popularizou as frases "ligue-se, sintonize-se e caia fora" e "pense por si mesmo e questione a autoridade".[18] Seu empenho ganhou o apoio de jovens e da contracultura nos Estados Unidos inteiro e pelo mundo afora. Mas o uso de drogas psicodélicas, por um número crescente de jovens, começou a espalhar pânico moral entre os pais e o establishment. Durante os anos 1960 e 1970, Leary foi preso várias vezes e ninguém menos do que o presidente Nixon iria descrevê-lo como "o homem mais perigoso dos Estados Unidos".

A consequência de tudo isso foi que as substâncias psicodélicas foram logo proibidas em todo o mundo. O LSD foi banido e a psilocibina foi listada na categoria mais restritiva pela Lei de Substâncias Controladas dos Estados Unidos de 1970, pela Lei de Mau Uso de Drogas do Reino Unido de 1971, e pela Convenção sobre Substâncias Psicotrópicas das Nações Unidas. A pesquisa séria sobre as propriedades terapêuticas dos psicodélicos foi abruptamente interrompida e não seria retomada por décadas.

Por fim, no entanto, não foi possível ignorar o potencial terapêutico das drogas. Em dezembro de 2007, as autoridades médicas suíças deram permissão ao psicoterapeuta Peter Gasser para usar o LSD em estudos com pacientes de câncer terminal e outras doenças fatais. Completados em 2011, foram os primeiros estudos dos efeitos terapêuticos do LSD em seres humanos em quase quarenta anos.[19]

Então, em abril de 2019, o primeiro centro formal de pesquisa sobre psicodélicos do mundo foi inaugurado no Imperial College de Londres. Dirigido pelo dr. Robin Carhart-Harris, o foco estava no uso de psicodélicos em saúde mental e estudo da consciência.

Na época da inauguração, o centro já havia começado a realizar estudos clínicos sobre o uso da psilocibina no tratamento

O ESTADO EMPREENDEDOR: REGULANDO A ECONOMIA

da depressão. David Nutt, professor de neuropsicofarmacologia e supervisor dos estudos, acredita que a proibição de drogas psicodélicas nos últimos quase setenta anos propagou "mentiras" sobre seus riscos e impediu pesquisas sobre seu potencial médico. Para ele, a decisão de banir as drogas foi "um dos exemplos mais atrozes de censura da ciência e da medicina na história mundial".[20]

Resultados preliminares da pesquisa no Imperial College apoiam o ponto de vista de que, desde os anos 1960, o governo foi incapaz de apreciar os benefícios da psilocibina. Carhart-Harris acredita que a droga oferece tratamento melhor do que os atuais antidepressivos e que é uma terapia poderosa para várias outras doenças mentais, incluindo ansiedade, desordens alimentares, tabagismo e dependência de álcool. Por exemplo, um estudo da Johns Hopkins University, feito em 2016 com mais de cinquenta pacientes com câncer, mostrou que altas doses de psilocibina ajudam os pacientes a aceitar a perspectiva da morte: em 80% dos casos, a droga reduziu significativamente, por seis meses, a depressão do fim da vida e a ansiedade.[21] Um estudo similar na New York University, realizado em 2016, obteve resultados parecidos.[22]

Tudo isso teria animado Albert Hofmann, que morreu em 2008, aos 102 anos. Numa entrevista antes de seu 100º aniversário, ele chamou o LSD de "remédio da alma" e expressou profunda frustração diante de sua proibição global. Para Hofmann, a droga foi usada com muito sucesso no início da psicanálise. Entretanto, nos anos 1960, seu mau uso pela contracultura levou a uma reação exagerada do governo da época e à proibição.

Algo parecido aconteceu com os grãos geneticamente modificados (os transgênicos) na Europa nos anos 1990. Sob pressão de ONGs internacionais, reguladores europeus proibiram os alimentos transgênicos, inspirando, por fim, iniciativas iguais em outros lugares do mundo. Tudo começou em março de 1996, quando funcionários europeus aprovaram a primeira importação dos Estados Unidos de um alimento transgênico: grãos de soja tolerantes a herbicidas. A decisão mobilizou ativistas do Greenpeace, do Friends of the Earth e da Organização Europeia de Consumidores (BEUC). As ONGs não achavam que os benefícios dos alimentos transgênicos justificassem o risco para a saúde humana, mesmo que hipotético, e começaram a alertar os cidadãos para que ficassem longe desses alimentos, por motivos puramente "preventivos".[23] Foram em vão as tentativas das autoridades europeias para tranquilizar os consumidores sobre os grãos de soja. Os ativistas, por sua vez, subiram ainda mais o tom. Tomaram as ruas e organizaram manifestações para bloquear o descarregamento de navios com grãos de soja transgênicos. Os supermercados seguiram na mesma linha, retirando produtos geneticamente modificados das prateleiras para não irritar consumidores e ativistas.

Apesar disso, as inquietações públicas aumentaram. Sob pressão de ativistas e cidadãos, a União Europeia decidiu, em junho de 1997, que todo alimento geneticamente modificado vendido na Europa precisaria ter rótulo de identificação. Mas a medida, em vez de tranquilizar os consumidores, apenas alimentou o pânico crescente em relação aos transgênicos. Em 1998, os temores políticos haviam se tornado tão intensos que os reguladores da União Europeia estabeleceram moratória sobre quaisquer novas aprovações de grãos transgênicos.[24]

Robert Paarlberg, cientista político do Wellesley College, Massachusetts, e especialista em políticas de alimentação, argumentou que a vitória obtida pelas ONGs europeias na época estimulou-as a participar da arena global. Em primeiro lugar, elas ganharam acesso às negociações do Protocolo de Cartagena, um acordo internacional sobre o movimento transfronteiras de organismos geneticamente modificados (OGM).

Uma vez que obtiveram tal acesso, o Greenpeace, o Friends of the Earth International e a Third World Network propuseram que o novo protocolo fosse baseado na Convenção de Basileia sobre o Controle de Movimentos Transfronteiriços de Resíduos Perigosos e seu Depósito, de 1989. Consequentemente, os organismos geneticamente modificados, desenvolvidos a um custo considerável e aprovados por reguladores para uso seguro, estavam subitamente igualados a resíduos perigosos. De acordo com Paarlberg, foi "uma classificação bizarra e inapropriada, mas aceita pelos advogados ambientais da Europa, que dominavam a negociação do protocolo, e vendida para os africanos e para delegados de outros países em desenvolvimento como algo que a ONU fazia a fim de proteger sua rica biodiversidade".[25]

Como resultado, em 2000, a versão final do Protocolo de Cartagena apresentava estranha semelhança com a Convenção de Basileia. Exigia que qualquer pessoa que tentasse exportar grãos geneticamente modificados como sementes vivas precisaria providenciar rótulos de advertência. Se as sementes fossem destinadas ao plantio, em vez de ao processamento ou ao consumo, o exportador teria que, preliminarmente, "assegurar o consentimento informado de uma autoridade de biossegurança oficialmente designada no país importador".[26]

Tudo isso, na prática, levou ao bloqueio mundial dos alimentos transgênicos. Além disso, como argumenta Paarlberg, o bloqueio não refletiu nenhum defeito das sementes ou dos grãos propriamente. Os críticos focaram incansavelmente nos riscos, mas não reconheceram que as academias nacionais de ciência e medicina não tinham encontrado "novos riscos para a saúde humana ou para o ambiente em nenhum dos grãos geneticamente modificados existentes até agora".[27] De fato, essa continua sendo a posição oficial da British Medical Association, da Royal Society em Londres, da Academia Alemã de Ciência e Humanidades e da Academia Francesa de Ciências e

Medicina. Em 2010, a Direção de Pesquisa da União Europeia declarou que: "a biotecnologia e, em particular, os organismos geneticamente modificados não são *per se* mais portadores de riscos do que, por exemplo, tecnologias convencionais de cultivo de plantas".[28]

Ainda assim, muitos governos em todo o mundo não afrouxaram o banimento aos grãos.

Com frequência, os governos exageram na resposta ao pânico moral, ou à oposição das partes num litígio que o Estado sente-se obrigado a mediar em razão da chegada de uma nova tecnologia. Eles exageram na reação e, depois, na regulação, introduzindo medidas draconianas que fazem as novas tecnologias e seus benefícios recuarem, às vezes por décadas.

Mas, igualmente, os governos frequentemente cometem o erro oposto: reagem com debilidade e avançam muito lentamente. Ou, então, os empreendedores "avançam rápido e quebram coisas" sem nenhuma ameaça de contenção. Pegos desprevenidos pela velocidade do progresso, ou amortecidos pela complacência, os governos reagem sem força até que algo finalmente *dá* errado. Nesse momento, são forçados a agir, mas o fazem apenas para regular com exagero, com consequências negativas para muitos. De fato, é o que precisamente parece estar acontecendo com a economia digital.

Reação e regulação fracas: as gigantes digitais

Cada vez mais, as empresas inovadoras avançam com tanta rapidez, e as tecnologias com tanta velocidade, que os reguladores mal conseguem acompanhar. Mark Zuckerberg escreveu em um mês o famoso código do Facebook, enquanto estudava em Harvard, em janeiro de 2004. Poucas semanas depois, mais da metade dos estudantes da universidade tinham se registrado no serviço. Em março de 2004, o Facebook expandira-se para Stanford, Columbia e Yale; em dezembro de 2005, tinha 6 milhões de usuários.[29] A chegada dos smartphones acelerou ainda mais sua adoção. Em outubro de 2011, mais de 360 milhões de pessoas em todo o mundo acessavam o Facebook em seus celulares, perfazendo 33% de todo o tráfego do site.[30] Em 2012, o Facebook ultrapassou a marca de 1 bilhão e, em 2020, tinha mais de 2,5 bilhões de usuários globais ativos, mais do que a população de qualquer país da Terra.[31]

Enquanto isso, em 2009, o WhatsApp foi criado por quatro homens em um quarto, no intervalo de pouco mais de seis meses e com cerca de 250 mil dólares de financiamento.[32] No início de 2011, o WhatsApp estava entre os dez aplicativos mais baixados da App Store da Apple nos Estados Unidos. Em fevereiro de 2013, tinha cerca de 200 milhões de usuários ativos no mundo inteiro. E em dezembro de 2013, esse número era de mais de 400 milhões. Então, em fevereiro de 2014, o Facebook comprou o WhatsApp por aproximadamente 20 bilhões de dólares.

Não há dúvida de que Facebook, WhatsApp e empresas similares moveram-se rapidamente e quebraram muitas coisas. Não há também dúvida de que, no processo, beneficiaram um grande número de pessoas através do aumento da comunicação e de opções para educação e entretenimento. Mas também é verdadeiro que esses incríveis benefícios serviram para cegar reguladores e governos em relação a vários problemas com repercussão sistemática. Devido à velocidade relâmpago com a qual essas empresas decolaram, o governo tem se omitido na compreensão delas e em sua regulação adequada, provocando excessos e abusos em grande escala.

Não há um dia, ao que parece, sem que um novo erro das plataformas digitais venha à tona: a expansão das fake news, invasões de privacidade, a manipulação dos sentimentos do eleitor e das eleições e o desenvolvimento de monopólios abusivos de poder. Tais desdobramentos agora ameaçam a ordem social e a política em muitos países, provocando revolta e violência e a erosão contínua da confiança pública.

Veja o caso da Índia. Em abril de 2019, quando houve eleições gerais, o país tinha respectivamente mais de 300 milhões, 200 milhões e 250 milhões de usuários do Facebook, do WhatsApp e do YouTube. A incapacidade de controlar e regular as plataformas resultou em um tsunâmi de imagens, vídeos e mensagens de texto adulteradas. De fato, um estudo de 2019, realizado pela Microsoft, descobriu que mais de 60% dos indianos se depararam com fake news on-line, o maior índice entre os 22 países pesquisados.[33]

Grande parte de fake news e desinformação foi criada para influenciar escolhas políticas durante as eleições gerais de 2019. Alguns dos piores exemplos incluíram um vídeo falso de Rahul Gandhi, presidente do Partido do Congresso, declarando que uma máquina poderia transformar batatas em ouro, e uma pesquisa adulterada da BBC que previa a vitória do Bharatiya Janata Party.[34]

Embora muitas das histórias fossem ridículas, algumas tiveram impacto decididamente mortal. Por exemplo, seis meses antes da eleição geral de 2014, um vídeo falso que circulou no WhatsApp mobilizou paixões sectárias, provocando mais de sessenta mortes e a expulsão de 50 mil pessoas de suas casas no estado de Uttar Pradesh.[35] Em 2017, um rumor nas mídias sociais sobre sequestradores de crianças provocou mais de trinta mortes, em aproximadamente setenta incidentes de violência de rua.[36] Nos dois exemplos, a escala e a velocidade dos processos subjacentes foram tão grandes que os governos, nos níveis local, estadual e federal, perderam o eixo e ficaram apagando inúmeros incêndios ao mesmo tempo. A única opção foi impor proibições gerais, como o governo fez ao determinar que

O ESTADO EMPREENDEDOR: REGULANDO A ECONOMIA

Google e Apple tirassem do ar o aplicativo de vídeo de proprie-dade chinesa, TikTok, em abril de 2019.

Para complicar, há o fato de que as fake news são frequen-temente disseminadas por legiões de *trolls* on-line, incluindo profissionais de outros países. O *New York Times*, numa pes-quisa sobre como plataformas de mídia social influenciaram as eleições de 2016 nos Estados Unidos, ressalta o papel de agentes russos em disseminar desinformação.[37] De acordo com o jornal, agentes russos da Agência de Pesquisa sobre Internet em Moscou atuaram como *trolls* — indivíduos que redigem postagens de mídias sociais —, com o intuito de colocar em ação um plano on-line específico. Os *trolls* então criaram *bots* — abreviatura de robôs —, que popularizaram tuítes individuais ao retuitá-los automaticamente. O processo inteiro é planejado para reforçar temores de certos grupos e espalhar discórdia, especialmente em torno de tópicos sensíveis, como imigração e violência armada.

O Facebook foi a principal plataforma para os *trolls* russos e os *bots* até as eleições de 2016 nos Estados Unidos. Estima-se que os anúncios na plataforma, criados pelos *trolls* russos, foram exibidos para mais de 125 milhões de americanos antes da eleição.[38] E se o Facebook é ruim, o YouTube provavelmen-te é pior. Zeynep Tufekci, sociólogo e crítico de tecnologia, sustenta que os "algoritmos de busca e sugestão [do YouTube] são mecanismos de desinformação".[39] Como nas outras em-presas de tecnologia, os algoritmos do YouTube são secretos: softwares proprietários aos quais apenas poucos engenheiros têm acesso. Guillaume Chaslot, engenheiro de software que trabalhou por vários meses com uma equipe no sistema de ges-tão do YouTube, acredita que as prioridades determinadas aos algoritmos pela plataforma são perigosamente planejadas. "O algoritmo de sugestão não é otimizado para o que é confiável ou equilibrado ou saudável para a democracia", diz Chaslot.

"O YouTube pode mudar de várias maneiras seus algoritmos para suprimir fake news e melhorar a qualidade e a diversidade dos vídeos que as pessoas veem... Eu tentei mudar o YouTube por dentro, mas não funcionou."[40]

Os políticos estão apenas vagamente cientes dessas questões técnicas e não sabem o que fazer a respeito. Tanto na Índia quanto nos Estados Unidos: os governos ficam paralisados em relação à velocidade da mudança e à falta de compreensão, sem falar na falta de conhecimento para saber o que fazer para mudar. A situação ficou evidente para o mundo quando Mark Zuckerberg foi convocado perante o Senado dos Estados Unidos, em abril de 2018, só dois anos depois que sua empresa tinha sido envolvida no escândalo de compartilhamento de dados da Cambridge Analytica. A ignorância sobre o assunto era clara a partir das perguntas anódinas dos senadores. O senador Orrin Hatch, por exemplo, perguntou: "Se [a versão do Facebook será sempre gratuita], como você sustenta um modelo de negócio em que os usuários não pagam pelo serviço?" Zuckerberg, incrédulo, respondeu impassivelmente: "Senador, nós vendemos anúncios."[41] Em seguida, o senador Brian Schatz perguntou: "Se eu envio e-mail pelo WhatsApp, seus anunciantes são sempre informados?"[42] A pergunta era risível por uma série de razões. Não se envia "e-mail" pelo WhatsApp e o aplicativo é sempre criptografado de ponta a ponta, o que significa que a informação enviada por ele é inacessível a terceiros.

Um perigo adicional da falta de compreensão do Estado em relação às novas tecnologias é a construção do poder monopolista, que leva a um comportamento anticompetitivo. O domínio das gigantes de tecnologia agora ameaça destruir outros negócios, levando à extinção de empregos e à supressão da competição saudável e da inovação. O Google, por exemplo, obteve 4,7 bilhões de dólares em publicidade a partir de conteúdo noticioso em 2018, apenas 400 milhões de dólares menos do que os 5,1 bilhões obtidos por *toda* a indústria de notícias on-line dos Estados Unidos.[43] Além disso, o domínio da mídia — na receita e na distribuição de notícias — chegou a uma velocidade avassaladora. Em 2009, por exemplo, a CNN e o *New York Times* tinham 50 milhões de visitantes únicos nos Estados Unidos em comparação com os 24 milhões do Google News. Em maio de 2018, nos Estados Unidos, o Google tinha aproximadamente 150 milhões de visitantes únicos por mês, quase o dobro da CNN e do *New York Times* somados.[44]

George Soros, o bilionário filantropo, argumenta que o Facebook e o Google são uma ameaça para a sociedade. Em janeiro de 2018, ele disse: "Companhias mineradoras e petrolíferas exploram o ambiente físico; as empresas de mídias sociais exploram o ambiente social… O que é particularmente nocivo, pois as empresas de mídias sociais influenciam como as pessoas pensam e se comportam, sem que elas sequer se deem conta."[45]

Com a mesma perspectiva, Soros tem um aliado improvável em Rupert Murdoch, dono da Fox News e do *Wall Street Journal*. Liberal notório, Murdoch aparentemente venceu seus escrúpulos sobre intervenção governamental ao pregar maior regulação das gigantes on-line. Mesmo o cofundador do Facebook, Chris Hughes, tem afirmado que a empresa deveria ser desmembrada, em razão de seu "poder sem precedentes". "Não culpo Mark [Zuckerberg]", diz Hughes, "por sua busca pela dominação. Mas ele criou um leviatã que suprime o empreendedorismo e restringe a escolha dos consumidores. Depende do nosso governo assegurar que não vamos perder a mágica da mão invisível."[46]

Entretanto, faz algum tempo que o governo não tem sido capaz de muito. Na Europa, apesar da entrada em vigor, em maio de 2018, do severo Regulamento Geral sobre a Proteção de Dados (RGPD), que rege como as empresas processam e lidam com dados, não há fiscalização rigorosa nem multas altas em geral. Os reguladores europeus, carentes de recursos, têm tido dificuldades para definir sua missão e gasto tempo para estruturar investigações que provavelmente terminarão nos tribunais. Enquanto isso, o RGPD talvez de fato tenha fortalecido os gigantes digitais. Há provas de que Google, Amazon e Facebook aumentaram sua fatia de publicidade on-line, enquanto atores menores, dando duro para fazer frente a custos de adequação à legislação, tiveram sua participação reduzida.[47] De fato, empresas menores, cujo futuro era uma grande preocupação dos planejadores da União Europeia, sofreram com os custos relativamente altos de adequação à legislação. Nesse ínterim, as gigantes digitais encontraram novas formas de coletar dados que são permitidas pelo RGPD: o Google armazena informação em sites de terceiros e o Facebook reintroduziu a tecnologia de reconhecimento facial.

"Grandes companhias como o Facebook estão dez passos à frente de todos as demais e cem passos à frente dos reguladores", diz Paul-Olivier Dehaye, especialista em privacidade que ajudou a desvendar o escândalo do Facebook com a Cambridge Analytica. "Há grandes perguntas sobre o que eles estão fazendo."[48]

Quando os reguladores colocam a mão na massa, porém, frequentemente regulam com exagero e introduzem formas draconianas de legislação, incluindo a implementação de proibições. As consequências são negativas não apenas para as empresas envolvidas, mas também para as pessoas que usam seus serviços. Nos Estados Unidos, por exemplo, agências antitruste estão se preparando para quebrar o monopólio das big techs. A Comissão Federal de Comércio está mirando o Facebook e a Amazon, enquanto o Departamento de Justiça está organizando uma investigação sobre o Google e a Apple.[49] Mas se eles de fato atacarem os gigantes, de modo a estimular a competição e a inovação, o processo também será disruptivo na vida dos milhões de pessoas que usam e se beneficiam dos (frequentemente gratuitos) serviços das gigantes digitais. A regulação vai chegar tarde demais e será muito draconiana ao longo do processo.

Um bom exemplo é o da Uber, em Londres. Desde seu lançamento, em 2012, a empresa tornou-se altamente popular junto aos usuários, mas enfrentou conflitos em série com os táxis da cidade e preocupações crescentes sobre como fiscalizar e tratar seus motoristas e gerenciar a segurança dos clientes. Tanto que, quando chegou a época de renovar o contrato, em setembro de 2017, a Secretaria de Transporte de Londres privou-a de sua licença em razão de "segurança pública e questões de segurança". E embora a decisão tenha sido ao final revertida nos tribunais, a proibição, enquanto durou, causou grande tumulto na vida de mais de 30 mil motoristas licenciados da Uber e na dos 3,5 milhões de londrinos que dependem deles.

De fato, a experiência tem se repetido em muitas outras cidades pelo mundo. Como afirma Benjamin Edelman, professor na Harvard Business School: "À medida que os problemas da Uber ficam piores, os reguladores sentem-se encorajados a prosseguir e... percebem que é particularmente urgente que o façam."[50]

O desafio para os reguladores é grave e real. Como diz Sadiq Khan, prefeito de Londres:

> Quero que Londres esteja na linha de frente da inovação e da nova tecnologia e que seja o lugar natural para empresas novas e estimulantes, que ajudem os londrinos ao lhes oferecer serviço melhor e mais barato. Entretanto, todas as empresas em Londres precisam seguir as regras e aderir aos altos padrões que requeremos — particularmente quando se trata da segurança dos consumidores.[51]

Como, então, o governo fará frente às rápidas mudanças e às novas tecnologias? Como aprenderá *com* as empresas inovadoras e usuários, e não *contra* eles? E como empregará esse aprendizado proativo, em tempo real, para formular o nível correto e o tipo correto de regulação?

Uma maneira é se comprometer cedo, como o Banco Central do Quênia fez com o M-Pesa. Nesse caso, contudo, o trabalho foi relativamente facilitado porque se tratava de um único agente — a Safaricom. É mais comum, entretanto, que as novas tecnologias tragam com elas uma imensa gama de atores e interesses.

Veja-se, por exemplo, o caso de veículos conectados e autônomos. O setor em crescimento envolve não apenas empresas automobilísticas grandes e pequenas, mas também companhias de software, de seguros, agentes jurídicos, cidades e estados, universidades e cidadãos em geral. Como o governo vai atrair eficientemente um espectro tão amplo de atores para administrar e regular a nova tecnologia, no início do processo, a fim de entender seu potencial sem ameaçar os cidadãos e a sociedade?

Veículos autônomos: quem está no banco do motorista?

"A indústria automobilística vai mudar mais nos próximos cinco a dez anos do que nos últimos cinquenta."

Mary Barra, CEO da GM

Um estudo de 2017, realizado pela Cambridge Econometrics e a Element Energy, projeta que o mercado global para veículos autônomos valerá 907 bilhões de libras esterlinas em 2035.[52] Equivale à venda anual de aproximadamente 8 milhões de carros, vans, veículos de carga e ônibus — cerca de 1/4 dos 32 milhões de veículos previstos para serem vendidos naquele ano. O mesmo estudo projeta que o mercado global para tecnologias

O ESTADO EMPREENDEDOR: REGULANDO A ECONOMIA

relacionadas — software e sistemas, navegação, inteligência artificial, sensores, câmeras e mapas — valerá então outros 63 bilhões de libras esterlinas. Os números são confirmados pela Allied Market Research, segundo a qual o mercado global para veículos autônomos, em 2019, valia mais de 50 bilhões dólares e, até 2026, crescerá dez vezes, valendo mais de 500 bilhões dólares.[53]

Mas o impacto desses veículos em nossa vida excederá em muito o valor econômico. Os veículos autônomos e conectados vão mudar profundamente a forma como trabalhamos, vivemos e viajamos. Muitos carros novos já são equipados com tecnologias que permitem que sejam conectados e semiautônomos. Por exemplo, tecnologias de GPS permitem que motoristas acompanhem aonde estão indo e sejam acompanhados por outros. Muitos carros e veículos maiores já possuem tecnologias que lhes permitem frear independentemente do motorista, ou ajudar o motorista a estacionar. Espera-se, contudo, que todos os novos veículos sejam totalmente conectados e autônomos até 2030. Uma combinação de computadores, sensores e dados permitirá aos veículos que se comuniquem uns com os outros e com o sistema, que dirijam a si mesmos, realizando várias tarefas em várias situações, durante viagens inteiras.

O impacto sobre como vivemos inclui o bom e o ruim. Do lado bom, significará muitos veículos a menos em nossas ruas, pois estes serão compartilhados por várias residências. Por exemplo, um estudo de 2018 da UBS sugere que o número de carros particulares no mundo inteiro cairá em torno de 50%; de um pico global de 1,2 bilhão, em 2027, para pouco mais de meio bilhão em 2035.[54] A queda será consequência da chegada de cerca de 200 milhões de "táxis robôs" em nossas ruas e estradas. Como resultado, haverá muito menos carros nas vias e, assim, muito menos congestionamentos e poluição. Os espaços urbanos — hoje tomados por estacionamentos —

serão liberados para habitação, pedestres e reformas embelezadoras. Acidentes automobilísticos, grande fonte de mortes, principalmente em razão de erro humano, serão dramaticamente reduzidos. (Somente nos Estados Unidos, cerca de 40 mil pessoas morreram em acidentes de trânsito em 2019.) Os que não puderem dirigir por causa da idade ou por alguma deficiência, terão mobilidade. Sob qualquer ângulo, veículos sem motoristas podem ser onipresentes até 2050, mudando radicalmente como vivemos e trabalhamos.

Mas nada disso irá acontecer por conta própria, por mágica, ou apenas através do funcionamento do mercado. Pelo contrário, para esse quadro se materializar, governos de todo o mundo terão que cumprir papel significativo e proativo. E não vai ser apenas nos pontos positivos que eles terão de estimular. Terão também que encontrar formas de reduzir as consequências negativas. Por exemplo, veículos autônomos provavelmente vão acarretar a demissão de muitas pessoas hoje empregadas como motoristas de táxi, ônibus ou caminhões. Esses empregos terão que ser substituídos por outros mercados de trabalho, mas não sabemos ainda quais serão ou como essa mudança ocorrerá. O governo terá que pensar em formas de incentivar a criação de novos tipos de emprego em torno dos veículos autônomos. E terá que ajudar a retreinar a força de trabalho para as habilidades que o novo mercado necessita. Tudo isso irá exigir engajamento precoce e aprendizagem durante o processo. E uma regulação inteligente será fundamental.

O Centro para Veículos Conectados e Autônomos

Em 2014, o governo do Reino Unido criou um novo centro para estimular o incipiente mercado para veículos autônomos. Batizado de Centro para Veículos Conectados e Autônomos, ele foi encarregado de desenvolver a política necessária e no ritmo exigido, pela tecnologia, cujo avanço é acelerado. A principal meta do centro era maximizar os benefícios econômicos e sociais do novo setor, sem comprometer a segurança, a proteção e a privacidade dos cidadãos.

Como relata Michael Talbot, ex-chefe de estratégia no centro:

> Quando os funcionários de carreira britânicos do alto escalão formaram um grupo para estudar as novas tecnologias, logo perceberam que não havia forma de a regulação manter-se à frente do ritmo da mudança. O melhor que poderíamos esperar era regular o diálogo com a indústria, a fim de monitorar expectativas e fechar essa lacuna. Teríamos que nos engajar cedo e atualizar constantemente nosso conhecimento.[55]

O governo do Reino Unido percebeu que, como regulador, teria que estar ciente do que estava mudando e então agir rapidamente. Não poderia esperar que tecnologias e mercados esperassem meses ou anos enquanto ele decidia como regulá-los. Além disso, teria que chamar especialistas técnicos e regulatórios para entender como se posicionavam. "O que a indústria quer é certeza para o investimento", diz Talbot. "Ela quer que o governo seja claro sobre sua estratégia e não mude as regras com muita frequência."

Uma das decisões que os funcionários públicos do alto escalão tomaram foi posicionar o Reino Unido na vanguarda da inteligência artificial e da revolução de dados. E perceberam que os veículos autônomos seriam uma grande parte da revolução. "Queríamos ser líderes mundiais na forma como pessoas, bens e serviços se movem", diz Talbot.

O tamanho do prêmio era significativo. A expectativa era que o Reino Unido ganhasse, em 2035, uma fatia de 50 bilhões de libras do mercado global para Veículos Conectados e Autônomos (CAVs, na sigla em inglês), além de 5 bilhões adicionais do mercado em tecnologias auxiliares, como navegação, inteligência artificial, sensores, câmeras e mapas. O sucesso poderia significar até 47 mil novos empregos na economia.

Ao mesmo tempo que os objetivos do centro eram ambiciosos, havia também clareza sobre o que o governo não poderia fazer. "Nossa ideia", diz Talbot, "é fazer do Reino Unido o destino de escolha em pesquisa e desenvolvimento para tecnologia de veículos autônomos. Mas sabemos que não vamos liderar em todas as áreas e, então, focamos em nossos pontos fortes. Não temos vastas somas para gastar." Dentre os pontos fortes do Reino Unido, a serem explorados pelo centro, estava o histórico de investimento precoce em pesquisa e desenvolvimento e um bom ambiente regulatório.

Uma característica fundamental do centro era como havia sido criado. Para romper o comportamento de silo do governo e adotar uma visão sistêmica, ele havia sido planejado desde o início como uma iniciativa conjunta do Departamento de Transporte e do Departamento de Negócios, Indústria e Habilidades. A ideia era trabalhar em todo o governo para apoiar o mercado nascente de veículos conectados e automatizados.

Talbot descreve isso como um esforço pioneiro para permitir a elaboração de políticas públicas mais criativas em áreas novas e intersecionais, como os veículos autônomos. "No passado, o governo teria criado o centro dentro de um departamento como o Departamento de Transporte. Teríamos convidado representantes de outros departamentos para as reuniões a fim de convencê-los de nossa ideia. Mas não funcionaria porque cada um estaria se movendo em diferentes direções."

Abordagens regulatórias abertas: Reino Unido *versus* Estados Unidos

Um aspecto fundamental da abordagem do Centro para Veículos Conectados e Autônomos é a mentalidade aberta: o objetivo declarado é criar um ambiente regulatório acolhedor e atraente.

Muito cedo, o centro visualizou um quadro regulatório que tornou fácil para qualquer um testar seus carros sem motorista em condições reais e sem necessitar de licenças especiais ou seguros-garantia. Isso foi exemplificado pelo código de prática, desenvolvido para qualquer um que desejasse testar veículos autônomos em vias do Reino Unido. Criado em 2015, o código tem três regras claras, a que todas as empresas devem obedecer: os veículos de teste devem ser aptos para andar em estradas; o motorista ou operador treinado deve estar disponível, habilitado e disposto a assumir o controle; e o seguro apropriado precisa ser feito.[56] Além disso, embora não seja exigida permissão do dono da via (no caso de vias privadas), as empresas devem discutir o plano com ele e ter todos os dados à mão.

É instrutivo comparar a abordagem britânica com a americana. Dada sua natureza federalista, os Estados Unidos não têm uma política ou agência única e centralizada para supervisionar o setor de veículos autônomos. Apesar disso, os governos, em nível federal e estadual, permanecem empenhados em moldá-lo, em diferentes graus. Assim, no plano federal, o Departamento de Transporte dos Estados Unidos e a Administração Nacional de Segurança de Tráfego Rodoviário (NHTSA, sigla em inglês para National Highway Traffic Safety Administration) estabelecem orientações amplas para veículos autônomos, que são periodicamente atualizadas, enquanto os estados debatem e aprovam leis específicas e relevantes. De fato, em maio de 2018, 22 estados tinham aprovado leis relacionadas à operação de veículos autônomos, dez tinham governadores que decretaram ordens executivas e oito não tinham feito nada disso.[57] Há também diferenças consideráveis nessas leis: alguns governos estaduais são mais proativos do que outros.

Tanta variação num mesmo país poderia inibir o progresso a curto prazo, mas estimulá-lo a longo prazo. Por exemplo, a curto prazo, a existência de regras rodoviárias diferentes nos estados americanos significa que as empresas que desejam realizar testes interestaduais enfrentam obstáculos consideráveis. Assim, para dirigir de costa a costa, as empresas têm que preparar rotas complicadas e cheias de voltas, porque alguns estados não permitem os testes, enquanto outros exigem seguros e licenças especiais. No Reino Unido, por outro lado, em razão do código único de prática, as empresas podem dirigir veículos autônomos em qualquer lugar, de Land's End a John O'Groats.

A longo prazo, porém, as regras diferentes nos estados americanos significam mais experimentação e dados, permitindo talvez que alguns estados aprendam com outros. Por exemplo, os estados diferem em como definir o "operador de veículo". Enquanto o Texas exige uma "pessoa natural" dirigindo o veículo, a Geórgia identifica o operador como a pessoa que faz o sistema autônomo de direção funcionar. A pessoa poderia, então, estar remotamente presente em uma frota de veículos.[58] Essas diferenças provavelmente influenciarão como os diferentes estados vão licenciar motoristas humanos e veículos autônomos no futuro. Ao final, as regras com os melhores resultados poderão ser adotadas por todos os estados.

Estes podem também ajustar as leis ao longo do tempo, por meio da compilação de dados. A Califórnia, por exemplo, exige que as empresas que fazem os testes relatem o número de quilômetros dirigidos, assim como o número de desengajamentos, isto é, o número de vezes que um motorista humano assume o

O ESTADO EMPREENDEDOR: REGULANDO A ECONOMIA

controle do sistema autônomo. Os dados dão aos reguladores visão interna e confiança na tecnologia. Baseados em registros de mais de 1 milhão de quilômetros de direção autônoma, os reguladores da Califórnia sabem que o número de desengajamentos caiu de um pico de dezesseis por 1,6 mil quilômetros rodados, em 2014, para uma média de cinco em 2016.[59] A estabilidade nesse número por mais de um ano permitiu que o Departamento de Transporte da Califórnia flexibilizasse suas regras, que exigiam das empresas um motorista de segurança no banco da frente do veículo testado.

Flexibilizar as regras muito cedo, porém, ou seja, ter um regime regulatório muito frouxo, pode ser contraproducente. Em 19 de março de 2018, no Arizona, um Volvo da Uber, em modo de direção automática, atropelou e matou a ciclista de 49 anos Elaine Herzberg. O governador Doug Ducey imediatamente determinou ao Departamento de Transporte do Arizona "suspender a licença da Uber de testar e operar veículos autônomos nas rodovias públicas do Arizona".[60] Assim como com o LSD, a psilocibina e os alimentos geneticamente modificados, porém, pode se tratar de uma reação exagerada, com intervenção prematura e draconiana. Afinal, carros autoguiados podem matar muita gente e ainda ser muito mais seguros do que motoristas humanos. Vista por outro ângulo, a proibição pode ser uma tentativa temporária de aplacar o pânico do público e evitar que a polêmica fuja de controle sem necessidade. Somente o tempo dirá, mas os desafios do governo para adotar a postura certa são reais. Engajamento precoce pode ajudar: trabalhar com atores diferentes, conforme a tecnologia está avançando, capacita o poder público a dar conta dos desafios regulatórios na vida real.

Nos Estados Unidos, as unidades da federação podem aprender não apenas umas com as outras, mas com governos estrangeiros. Talbot descreve como a abordagem dos reguladores califomianos sofreu uma mudança relevante nos últimos anos. Em 2015, no Simpósio de Veículos Automatizados, realizado anualmente em San Francisco, o Departamento de Transporte da Califórnia divulgou as dez coisas que as empresas teriam que fazer para satisfazer os reguladores. Isso contrastava muito com a política do Centro para Veículos Conectados e Autônomos do Reino Unido, cujo diretor falou sobre como o código de prática de seu país facilitava as coisas para as empresas envolvidas nos testes. "Em comparação com a Califórnia, a abordagem do Reino Unido era menos severa", diz Talbot. "Tínhamos questões de senso comum que teriam que ser cumpridas, mas não havia um peso regulatório grande. A mensagem para a indústria era clara: na Califórnia, eles realmente não confiam em você, mas nós confiamos, desde que você se comporte responsavelmente."

Ao observar o impacto da abordagem sobre a indústria, os reguladores da Califórnia rapidamente mudaram de postura. A Califórnia agora está equiparada ao Reino Unido em relação ao código de prática, senão à frente. Em resposta, o Reino Unido começou a revisar seu próprio código de prática para ver o que mais poderia fazer. De fato, no final de 2018, o Centro para Veículos Conectados e Autônomos permitiu que os desenvolvedores fizessem testes sem um operador humano no carro. Mas as empresas tinham que conquistar este privilégio: tinham que apresentar um pedido formal e atender à maior expectativa na comprovação da segurança.

O governo deve orientar, não remar

Em poucas décadas, o mundo presenciará o advento de muitas novas tecnologias, incluindo inteligência artificial, robótica, impressão 3D, criptomoeda, carro sem motorista, computação quântica, engenharia genética e mais. Essas tecnologias podem

O ESTADO EMPREENDEDOR: REGULANDO A ECONOMIA

transformar a vida dos cidadãos para melhor, mas podem também causar disrupção e sofrimento imprevistos. Além disso, muitas tecnologias são sistêmicas por natureza: o sucesso ou o fracasso vai depender de um número de atores díspares e previamente desconectados, cada um fazendo a sua parte e interagindo de modo até então inimaginável. Quem vai assegurar que bons resultados irão se materializar ao mesmo tempo que os riscos serão mitigados?

Apenas os governos têm o poder, a permissão e os meios para cumprir esse papel. Mas, para fazer isso, precisam acelerar o jogo. Precisam alcançar um equilíbrio entre ser permissivos ou severos. A regulação excessiva, destinada a proteger os consumidores, pode pôr fim a inovações antes que tenham a chance de mostrar a que vieram. Uma legislação abertamente permissiva, por outro lado, pode resultar em um arranque inicial de crescimento que resulte em um malogro final, quando alguns consumidores sofrerem e a resistência crescer.

Para atingir o equilíbrio e regular de forma inteligente, os governos precisarão de princípios explícitos para guiá-lo. Precisarão se engajar cedo e proativamente com todos os atores relevantes, incluindo os que não pertencem ao mesmo setor. E terão de criar as condições para habilitar esses atores a experimentar e testar novas tecnologias a fim de identificar mais cedo quais os benefícios e danos que elas podem trazer. O processo de aprendizagem com outros terá que ser apoiado por dados e evidências empíricas e justificar o estabelecimento de padrões, responsabilidades e proteções. A colaboração e o engajamento logo de início com múltiplos participantes, por sua vez, ajudará os governos a acessarem e estabelecerem os benefícios e riscos relevantes em um ambiente seguro. Estudos e testes com outros irão também assegurar que a indústria faça o trabalho pesado, enquanto os reguladores cumprem o papel influente de conduzir a todos.

O papel do governo de incentivar a inovação e a atividade empreendedora deve começar com regulação inteligente, mas não para aí. O governo deve também incentivar a formação de novas empresas e a inovação. De fato, o papel do Estado não é apenas regular a atividade econômica, mas também *cultivá-la*. Tratamos desse assunto em seguida, no capítulo 8.

8
O Estado empreendedor: estimulando a economia

A sociedade em geral não anseia por um plano quinquenal de cotas centralizadas de entrega de tratores... valorizamos autonomia individual e liberdade de expressão e esperamos que o governo nos ajude a atingir nossos objetivos, não a defini-los.

Ruth Davidson, ex-líder do Partido Conservador Escocês

No campo da atividade industrial, em todo o mundo, os países estão em constante competição uns com os outros. Competem para atrair investimentos; para capturar novas fontes de emprego; para liderar em inovação tecnológica; e para criar empresas que irão dominar certos mercados no futuro. Alguns países, como Singapura, pequenos e ágeis, podem trabalhar por meio de comando e controle. Outros, como os Estados Unidos, grandes e diversos, podem experimentar e aprender; podem equilibrar grandes mercados internos e empresas nacionais gigantes com potencial de liderança a longo prazo. Outros ainda, de tamanho médio como o Reino Unido, necessitam ser flexíveis e equilibrar investimentos e capacidade. Nos três casos, os governos cumprem um papel importante e proativo ao conduzirem a competitividade de suas economias.

Como o Estado pode atrair investimentos em pesquisa, desenvolvimento e manufatura? Como deve incentivar a inovação e melhorar a produtividade? E como deve gerar emprego e garantir uma força de trabalho à altura do processo? As questões estão no âmago do antigo, mas ainda controverso, papel do governo: sua estratégia industrial.

A nova estratégia industrial

Na nova política industrial, como mostram os casos do serviço de pagamentos M-Pesa e dos veículos autônomos, o governo cumpre muitos papéis criando novos mercados e impulsionando a adoção de novos serviços. Como vimos no capítulo 7, o Estado pode facilitar a inovação, identificando tecnologias que oferecem valor a longo prazo para a economia e, em seguida, definindo padrões e formulando regulações de forma ágil, porém rigorosa.

Mas o Estado pode fazer mais. Ele pode oferecer incentivos financeiros para apoiar empresas a fazer parcerias com outras na testagem e na condução da pesquisa e do desenvolvimento. Pode ainda ajudar a preparar a força de trabalho com as necessárias habilidades. E, por fim, pode estimular a adoção de novas tecnologias, ao criar um ambiente comercial que encoraje grandes negócios a realizar parcerias com menores em busca de contratos públicos.

Veja novamente o caso dos veículos autônomos. O papel do governo em conduzir o setor não se limita apenas à definição das regras do jogo, à formulação e à implementação de regulações e leis. Ele também precisa estimular investimento, criar novos empregos e competir com outras economias na corrida da inovação. Fazer tudo isso exige que o Estado convoque empresas de vários setores e incentive colaboração e competição em pesquisa e desenvolvimento, testagem e comercialização. Exige, portanto, uma nova abordagem da política industrial para o século XXI.

O ESTADO EMPREENDEDOR: ESTIMULANDO A ECONOMIA

Considere o papel articulador do Estado. Como ocorre com muitas tecnologias novas e setores emergentes, as questões sobre carros autônomos são sistêmicas. O Centro para Veículos Conectados e Autônomos do Reino Unido começou reunindo muitos atores diferentes, para trabalhar em muitas questões diferentes: seguros, licenciamento e manutenção de veículos, gerenciamento de tráfego, mapeamento, roubo e cibersegurança, investigação de acidentes, conectividade, padrões internacionais, confiabilidade de produtos e responsabilidade de proprietários.

O centro catalisou essas colaborações ao lançar três projetos para carros autônomos, em quatro cidades, no final de 2014. Os três testes, realizados em Greenwich, Bristol, Coventry e Milton Keynes, custaram um total de 32 milhões de libras esterlinas, dos quais pouco mais da metade era financiamento do governo.[1] Assim, o centro usou o financiamento para ganhar equilíbrio e influência sobre a indústria, com o intuito de alcançar a liderança mundial no setor. As primeiras demonstrações em estradas começaram em 2016. Durante os testes, os carros de prova podiam trafegar nessas cidades a qualquer momento, desde que seguissem o código de prática oficial. Três tipos diferentes de veículos estavam participando: veículos de baixa velocidade, carros e veículos para entregas. Cada teste foi um esforço colaborativo em que os parceiros amplificaram a capacidade uns dos outros. Cada teste precisou de um fiador, uma autoridade local, uma universidade, grandes fabricantes de carros, uma mistura de negócios pequenos, médios e grandes, empresas de telefonia móvel e escritórios de advocacia.

Em seguida, há o papel do Estado como coordenador de colaboração e competição entre atores privados. Lado a lado aos testes nas quatro cidades, o Centro para Veículos Conectados e Autônomos coordenou esforços de pesquisa e desenvolvimento interindustrial em tecnologias para veículos autônomos.

COMO UM GOVERNO DEVERIA SER

Novamente, ele fez isso a partir de um modelo de consórcio, com dinheiro do governo complementado com dinheiro da indústria. Tanto que, em 2020, o centro incubou mais de oitenta projetos colaborativos de pesquisa e desenvolvimento no valor de 250 milhões de libras esterlinas, com 170 milhões do governo, e o restante da indústria. O financiamento paritário mostrou que a estratégia industrial do Estado não foi apenas fornecer dinheiro, mas também mostrar compromisso e construção de confiança.

Em 2020, mais de duzentas empresas estavam envolvidas na pesquisa e no ecossistema de testes de veículos autônomos do Reino Unido. Algumas eram empresas amplamente estabelecidas, como Ford, Nissan, Volvo e Jaguar Land Rover. Mas várias eram novas, que não existiriam sem a abordagem colaborativa exigida pelo governo. Uma delas era a Machines with Vision, startup baseada em Edimburgo. Financiada pelo centro em 2015, em um estudo de viabilidade, a empresa desenvolveu a tecnologia de "digitais rodoviárias", que mapeia superfícies de rodagem para permitir o posicionamento preciso e dinâmico do veículo. A empresa, em seguida, aliou-se à Jaguar Land Rover para aprimorar sua tecnologia e, por fim, assinou um acordo com a Deutsche Bahn para aplicá-la a trens. Outro projeto colaborativo foi comandado pela Oxbotica, uma empresa de software de autocontrole que surgiu a partir do Grupo de Robótica Móvel da Universidade de Oxford. A Oxbotica fez parceria com a Caterpillar, gigante da construção, para desenvolver um caminhão autônomo para uso *off-road*, em ambientes extremos, como minas. A expectativa era de que o produto revolucionaria a indústria da construção e da mineração nos próximos anos.

Como Michael Talbot, ex-chefe de estratégia do CVCA, afirma: "Reconhecemos que, a partir do momento que liderássemos em pesquisa e desenvolvimento, a manufatura viria em

O ESTADO EMPREENDEDOR: ESTIMULANDO A ECONOMIA

seguida. Então, focamos em garantir instalações de pesquisa e estimular investimento direto nacional e estrangeiro. Nenhum país, ainda que grande, e nenhum governo sozinho pode fazer tudo bem-feito."

Mas há também armadilhas no modo como o CVCA atrai a indústria e conduz a política industrial. As duzentas empresas que o centro reuniu constituem um grupo grande e autossustentável. Agora que esse "ecossistema" foi criado, a pergunta para o governo é: devemos continuar gastando? "Não podemos criar trinta projetos todo ano", diz Talbot. "Por isso temos especialistas para nos ajudar a garantir que estamos gastando bem e preenchendo os vazios que precisam ser preenchidos." Ao gastar esse dinheiro, diz ele, o Estado deve também se resguardar contra a dependência corporativa de repasses. "Nossa outra questão era financiar *junkies*, empresas que vivem de benefício em benefício. Não podemos criar essa dependência. Finalmente, precisamos incentivar bancos e capital de risco a entrar e investir."

A corrida espacial

Talvez em nenhum lugar a competição entre as nações seja mais visível do que no espaço. Rússia, China, Índia, Estados Unidos, União Europeia e mesmo Israel têm programas espaciais e ambições de colonizar a Lua e Marte. Esses programas não são mantidos meramente por orgulho nacional. No fundo, a corrida espacial é uma oportunidade comercial: trata-se de desenvolvimento tecnológico, emprego, crescimento econômico e acesso a recursos.

Isso é especialmente verdadeiro para países como a China, onde as iniciativas do governo são abertamente mais voltadas para a construção nacional do que simplesmente para o comércio. Como diz Namrata Goswami, pesquisador do Instituto para Estudos de Defesa e Análises da Índia: "Dado o vasto potencial econômico que existe em recursos no espaço sideral, a China já está mobilizando grande parte de seus recursos para investir em pesquisa de energia solar baseada no espaço, de mineração de asteroides e de desenvolvimento de capacidade permanente de presença no espaço."[2]

De várias formas, a corrida espacial lembra a colonização do Oeste americano no século XIX. Esse processo, também, envolveu a apropriação de terras, que por sua vez estimulou o crescimento econômico. Naquele momento, igualmente, o governo estava muito envolvido no processo: ele ofereceu subsídios em dinheiro e o exército americano conduziu expedições de alto risco para assegurar o controle do território e criar a infraestrutura necessária para que os atores privados viessem em seguida. Mas, como afirma a *Economist*, seria "um erro encarar o espaço como um Oeste selvagem romantizado, uma fronteira anárquica onde a humanidade pode lançar seus grilhões e redescobrir seu destino. Para o espaço cumprir sua promessa, é preciso governança".[3]

Poderão os Estados Unidos repetir a mágica no espaço do século XXI? Desta vez, há competição, não da União Soviética ou da Europa, mas da China. Atualmente, os Estados Unidos estão em relativa desvantagem em relação ao novo rival. Num país democrático, iniciativas como a exploração espacial exigem grandes investimentos e considerável adesão do público. Em matéria de financiamento, a Nasa frequentemente perde para outras preocupações mais prementes em Washington. Por outro lado, os líderes comunistas da China têm sido muito bons em relacionar ambições terrestres às metas no espaço. Nos Estados Unidos, o espaço pode parecer fora de moda como projeto nacional, mas na China, a retórica política está cheia de frases exaltando o "espírito do aeroespaço" e o "sonho espacial" como forma de rejuvenescer a nação. Ye Peijian, líder do programa lunar da China, tem até mesmo comparado a exploração espacial às ambições do país a respeito das ilhas do Mar do Sul da China. "O universo é um oceano", ele tem dito, "a Lua são as Ilhas Diaoyu, Marte é a Ilha Huangyan."[4]

Os programas da China são dirigidos pelo Estado e o governo central bombeia grandes somas para o programa espacial. Mas, mesmo neste país controlado pelos comunistas, o Estado trabalha ativamente com o setor privado para atingir metas. Generosos subsídios são canalizados para empresas comerciais espaciais e o Estado está sempre disposto a ajudá-las a atrair clientes internacionais para seus produtos e serviços, conduzindo seu próprio programa espacial global no processo.

É aqui, porém, que os Estados Unidos podem ter a primazia. Liderado por empreendedores como Elon Musk e Jeff Bezos, a indústria espacial privada nos Estados Unidos prospera. Assim, a empresa SpaceX, de Musk, está desenvolvendo foguetes para enviar seres humanos para Marte enquanto a companhia Blue Origin, de Bezos, tem o projeto de construir uma nave lunar projetada para alcançar o polo sul da Lua. Diga-se que essas são apenas duas das muitas empresas que pretendem ajudar a Nasa em suas ambições espaciais.

A Nasa tem consciência disso. Sob o atual administrador, Jim Bridenstine, a agência tornou-se uma guardiã, estabelecendo os limites e fixando as regras para as empresas privadas se desenvolverem. O foguete principal para o Sistema de Lançamento Espacial da Nasa, por exemplo, foi construído pela Boeing, enquanto a Lockheed Martin criou a espaçonave tripulada de exploração Orion. Em 2011, quando o programa de transporte espacial terminou, a agência não tinha mais recursos para alcançar a órbita inferior da Terra. Recorreu então à SpaceX. "Era algo que poderia ser entregue ao setor privado, que invariavelmente pode fazer quase qualquer coisa mais rápido e mais barato do que o governo", diz Dale Ketcham, diretor da Strategic Alliances of Space Florida, a agência de desenvolvimento aeroespacial do Estado.[5]

Em 2014, a Nasa destinou à SpaceX e à Boeing a soma de 6,8 bilhões de dólares para construir naves espaciais concorrentes e colocar astronautas em órbita, a partir dos Estados Unidos. Os americanos estão desenvolvendo dois novos módulos tripulados — um da SpaceX, chamado Dragon, e outro da Boeing, chamado Starliner — ambos em preparativos para testes de voo tripulados. Em março de 2019, a SpaceX usou seu foguete Falcon-9 para lançar a Crew Dragon: uma espaçonave reutilizável capaz de transportar até sete astronautas.

Além de aportar capital e ideias, o setor privado também traz maior eficiência. De acordo com a Nasa, custaria 4 bilhões de dólares à agência para desenvolver os foguetes Falcon; custou um décimo disso à SpaceX.

A agência hoje tem muitos parceiros com a indústria espacial comercial voltada à missão lunar, e ela atua como incubadora de projetos privados. Um exemplo é o programa de Serviços de Carga Comercial Lunar, que divide com nove empresas privadas o custo de desenvolver módulos lunares para levar suprimentos à superfície da Lua. No passado, a Nasa teria atuado como desenvolvedora única de um projeto como esse. Agora, essa abordagem não apenas poupa dinheiro da Nasa, mas reforça sua capacidade de atingir as metas a tempo.

Segundo a perspectiva de Bridenstine, a nova abordagem colaborativa mudará o programa de voos espaciais com seres humanos. "Não estamos comprando, assumindo ou operando o hardware", diz. "Estamos comprando o serviço. Investiremos no hardware, mas esperamos que [as empresas privadas] façam investimentos nesse hardware também."[6] As empresas privadas, por sua vez, estão investindo porque sabem que há um mercado para viagens espaciais que vai além da Nasa: há

O ESTADO EMPREENDEDOR: ESTIMULANDO A ECONOMIA

clientes internacionais, governos estrangeiros e mesmo, finalmente, turistas.

Charles Fishman, autor de *One giant leap: the impossible mission that flew us to the Moon* [Um passo gigantesco: a missão impossível que nos fez ir à Lua], de 2019, argumenta que ao disputar a nova corrida espacial, os Estados Unidos aprenderam muitas lições das missões Apollo.[7] Em primeiro lugar, aprenderam que incentivos são importantes. A corrida à Lua nos anos 1960 foi guiada pelo orgulho nacional. Consequentemente, tudo era conduzido pelo governo, comandado pelo governo e financiado pelo governo. A nova corrida espacial, por outro lado, incentivará empreendedores privados a realizar a maior parte do trabalho pesado e será pautada por um cálculo comercial realista. Empreendedores espaciais como Bezos e Musk não querem operar missões espaciais; querem tornar as viagens espaciais economicamente viáveis. O objetivo deles, diz Fishman, é criar uma "economia do espaço — uma infraestrutura de gravidade zero". A nova economia do espaço será autossustentável. Diferentemente da Apollo, seu crescimento será orgânico: "assim como a economia digital se desenvolveu, e também se reinventou, ao longo dos últimos vinte anos".[8]

Em segundo lugar, o Estado aprendeu que a competição é importante. Mas, diferentemente da primeira corrida espacial, que tinha a ver com a rivalidade entre países, a nova corrida espacial tem mais a ver com a rivalidade entre empresas e empreendedores. De acordo com Fishman: "Já temos a rivalidade de rotina do capitalismo em algumas partes da economia emergente do espaço, entre empresas que competem para produzir os melhores tipos de tecnologia e serviços."[9] A rivalidade existe, por exemplo, na extremidade do espectro, relativa a pequenos satélites; mas também está começando na outra extremidade, entre os novos foguetes pela Blue Origin e SpaceX. Assim como não temos uma só empresa de carros ou de smartphones, "não teremos apenas uma empresa espacial — nem deveríamos".

Finalmente, o Estado aprendeu que, embora suas agências sejam boas em desenvolvimento, são geralmente ruins em operações. A Nasa ajudou a inventar as viagens espaciais, mas a Apollo não conseguiu estabelecer voos regulares de passageiros para a Lua. As companhias privadas, como a SpaceX e a Blue Origin, assumiram os elementos operacionais do espaço com este exato objetivo. De acordo com Fishman, em termos de voo espacial humano, o exemplo da Apollo e a experiência acumulada desde então sugerem que a Nasa "deveria voltar a ser uma agência avançada de pesquisa e desenvolvimento e deixar papéis operacionais para empresas e universidades".[10]

O Estado empreendedor?

Em seu livro de 2013, *O Estado empreendedor*, Mariana Mazzucato ataca a visão ultraliberal de que o papel do governo em orientar a inovação é sair do caminho, regular de forma suave e deixar o setor privado tomar conta de tudo.[11] Em vez disso, ela propõe um Estado estratégico, que molde ativamente mercados e economias. Em sua perspectiva, o Estado não é um mero quebra-galhos para falhas de mercado, fadado apenas a intervir na economia em tempos de crise, ou um investidor passivo em ciência, infraestrutura e educação básicas. É, sim, um ator-chave no processo econômico de destruição criativa: é um empreendedor, tomador de risco e criador de mercados. O Estado, de acordo com Mazzucato, tem papel visionário e estratégico que os ultraliberais designam apenas para empreendedores e para o setor privado. Ela argumenta que a internet e os desdobramentos em nanotecnologia, biotecnologia e energia limpa não ocorreram "porque o setor privado quis algo, mas não encontrou recursos para investir".[12] Em vez disso, esses desdobramentos ocorreram em função da "visão que o governo tinha de uma área que o setor privado ainda não havia concebido".

Há uma parcela de verdade no ponto de vista de Mazzucato. Como mostram os casos do M-Pesa, dos veículos autônomos e da corrida espacial, o Estado pode ser um formador ativo de mercados, especialmente nos estágios iniciais e incertos de sua evolução. Nesses estágios, o governo tem papéis fundamentais a cumprir, como o de convocador, coordenador, defensor e assim por diante. Sem o engajamento ativo e estratégico do Estado desde o início, muitos setores novos, inovações e mercados estariam mortos ou não teriam sido sequer imaginados, menos ainda usufruídos.

Mazzucato, porém, frequentemente apresenta o argumento em termos adversativos. Inovação, para ela, parece ter a ver com Estado *versus* mercado; setor público *versus* setor privado. E, como mostram os três casos acima listados, a realidade é um pouco menos isso-ou-aquilo. Frequentemente, inovação e criação de mercados requerem que o Estado e o mercado trabalhem *juntos*. O Estado tem que ser proativo sem ser dominante ou sufocante, mas o setor privado tem papel crucial também. De fato, é pouco claro se o Estado pode ou deve tentar fazer o trabalho pesado por conta própria. Deve gastar, mas não muito, e apenas depois incentivar que a indústria gaste também. Deve contribuir para equilibrar a energia, a criatividade e a eficiência do setor privado.

Veja, por exemplo, a questão dos custos. Como afirma Michael Talbot, do Centro para Veículos Conectados e Autônomos do Reino Unido: "Sabíamos que não poderíamos liderar em todas as áreas; então, focamos nos pontos fortes. Não tínhamos grandes somas de dinheiro para gastar." O modelo do CVCA, em razão disso, requer financiamento paritário dos parceiros industriais para testes e pesquisa e desenvolvimento. E mesmo depois, ele monitora esses gastos e o que o contribuinte ganha com eles. Como diz Talbot: "Constantemente avaliamos o que nossos investimentos nos trazem. Estamos obtendo um efeito multiplicador em termos de empregos e investimento futuro? Necessitamos de evidência qualitativa e quantitativa disso."

Mas ainda que os governos tivessem orçamentos infinitos, sem limite de gastos, continuaria havendo um limite para o que atingiriam por conta própria. A inovação é tão complexa hoje que tipos diferentes de especialização são necessários para deflagrá-la. O M-Pesa exigiu que especialistas em telefonia móvel, software e segurança, regulação bancária e legislação contra lavagem de dinheiro trabalhassem juntos. Os veículos autônomos envolveram um incrível arranjo de especialistas: fabricantes de carros, companhias de software, seguros, finanças e escritórios de advocacia. Mesmo as agências governamentais maiores e mais competentes teriam dificuldade para reunir todas essas áreas e lidar com as questões vindas à tona, que dirá administrar tudo isso. Por definição, sempre haverá mais especialistas fora do governo do que dentro. Pelo bem da efetividade e da eficiência, é crucial que ele faça parcerias: o governo deve orientar, não remar. (Obviamente, o governo deve reter certa especialização interna. Mas não precisa ser mais do que a exigida para fazer as escolhas corretas e evitar ser enganado por parceiros e conselheiros.)

Além disso, a inovação não tem a ver apenas com desenvolvimento de novas tecnologias; tem a ver com sua comercialização. A comercialização de tecnologia está frequentemente além do âmbito do Estado. O papel do setor privado é crucial. Nos anos 1970, quando estava no auge do poder, a União Soviética gastava 4% do PIB em pesquisa e desenvolvimento, muito mais do que países como o Japão, por exemplo. E ainda assim, sem a ajuda de um setor privado para comercializar os resultados

O ESTADO EMPREENDEDOR: ESTIMULANDO A ECONOMIA

que advinham dos programas de defesa e espacial, a economia soviética estagnou e entrou em colapso sob o peso de suas obrigações. O Japão, por outro lado, com um ecossistema completo de empresas, umas constantemente aprendendo com as outras e com competidores globais, tornou-se uma das economias mais inovadoras e prósperas do planeta. Mesmo que certa agência governamental, como argumenta Mazzucato, como a Agência de Projetos de Pesquisa em Defesa Avançada (Darpa, na sigla em inglês) — o órgão norte-americano responsável pelo desenvolvimento de tecnologias para uso militar — tenha criado o GPS e a internet, foram necessários um Steve Jobs e uma Apple para usá-los e criar o iPhone.

Finalmente, há a questão do risco e de como usar melhor o dinheiro público. O governo e suas agências são obrigadas juridicamente a fazer o melhor uso dos recursos. É importante para o Estado assumir riscos, mas não muitos. Contrariamente ao argumento de Mazzucato, o trabalho de um governo não tem só a ver com gastar e assumir riscos no sentido de fazer apostas financeiras. Frequentemente, tem a ver com *transferir* riscos, especialmente quando as tecnologias passam da testagem para a comercialização. Com igual frequência, tem a ver com usar a regulação para maximizar inovação e, ao mesmo tempo, *reduzir* riscos, para a sociedade e para os cidadãos em primeiro lugar, mas finalmente, para o próprio governo. Como Talbot afirma: "Quando testamos algo de infraestrutura, fazemos questão de não possuir nenhum dos ativos envolvidos. Seria arriscado para o governo. Queremos que a indústria detenha essa parte. Queremos tratar das falhas de mercado e ajudar a indústria a começar e preencher os vazios. Mas é melhor que a indústria detenha e opere tudo no final."

Em 2012, depois de entregar a Cápsula Dragon para a Estação Espacial Internacional, a Nasa brindou a SpaceX com um contrato de 1 bilhão de libras esterlinas pelo abastecimento regular da cápsula. O contrato foi mutuamente benéfico. Se por um lado ajudou a SpaceX a crescer, também ajudou a Nasa ao "impulsionar contratos a preço fixo, habilitando o governo federal a mudar a maneira como faziam os negócios", de acordo com Dale Ketcham, da Space Florida.[13] A Nasa poderia então pagar por marcos de realizações, em vez de pagar por meio de um modelo tradicional, baseado em custos adiantados. Isso ajudou a agência a gastar menos, ao mesmo tempo que levou o setor privado a investir o próprio capital e assumir mais risco.

Os governos têm que ser cuidadosos para não avançar o sinal. Não deveriam se colocar no papel de fazer apostas em concorrentes específicos. É melhor deixar tais jogadas para o setor privado. "Não escolhemos empresas ou produtos específicos", diz Talbot. "Criamos condições para empresas de sucesso emergirem — empresas que serão ou não designadas. Deixamos o trabalho de escolha das áreas vencedoras de tecnologia para elas." Assim, o Centro para Veículos Conectados e Autônomos não favorece tecnologias específicas, como as comunicações dedicadas de curto alcance ou o 5G, porque não sabe qual finalmente será adotada ou virará o padrão. E mesmo quando se trata de setores amplos, como o de veículos autônomos, ele é guiado por especialistas de universidades, consultores e órgãos comerciais, como o Conselho Automotivo, ao responder questões relacionadas ao por que e como fazer de determinada forma.

Inovações orientadas por desafios

As três questões — custos, busca por especialistas e administração de risco — estão ligadas. Juntas, elas sugerem que o governo tem que encontrar o equilíbrio entre os dois extremos — o *laissez-faire* ultraliberal, de um lado, e o controle estatal

O ESTADO EMPREENDEDOR: ESTIMULANDO A ECONOMIA

draconiano, de outro. Mazzucato aponta a Agência de Projetos de Pesquisa em Defesa Avançada como paradigma de inovação conduzida pelo Estado. A agência, afirma, "financiou a formação de departamentos de ciência computacional, oferecendo às empresas startups apoio inicial para pesquisa, contribuiu para pesquisa de semicondutores e supervisionou os primeiros estágios da internet".[14] Além disso, "muitas das tecnologias incorporadas mais tarde ao projeto do computador pessoal foram desenvolvidas por pesquisadores financiados pela Darpa".

Tudo isso é verdade. Mas a palavra-chave aqui é "apoio". Vários especialistas responsáveis pela criação e conversão estavam fora da agência, em universidades e empresas. De fato, a agência norte-americana está crescentemente recorrendo não apenas a grandes empresas e startups, mas também a cientistas-cidadãos e fabricantes. Desde 2004, por exemplo, ela deflagrou várias concorrências globais, oferecendo prêmios em dinheiro para grupos privados que fizessem frente aos imensos desafios que a agência lhes apresenta. Ao desafiar outros a realizarem o trabalho criativo, ela garante melhor uso de seu orçamento. Além disso, as concorrências não são apenas para os especialistas usuais de um dado campo; elas incentivam a participação mais ampla do público em geral. Isso estimula o pensamento fora da caixa, que, em troca, permite à Agência de Projetos de Pesquisa em Defesa Avançada ir atrás de objetivos ambiciosos, sem ter que prever quem ou qual abordagem irá finalmente vencer. Os desafios fazem sentido do ponto de vista econômico também. A agência apenas paga se alguém vencer. Frequentemente, a parcela de tempo e dinheiro gastos com equipes múltiplas é maior que o valor do prêmio. Apesar disso, mesmo os participantes que não recebem dinheiro relatam benefícios intangíveis ao entrarem no processo. Os benefícios incluem o prazer intrínseco de trabalhar com outros na solução de problemas sistêmicos, a elevação de seus próprios perfis, o investimento potencial de outras agências e o acesso a novos clientes. Algumas concorrências também oferecem apoio não monetário aos participantes, como ajuda com "networking, mentoria, testagem ou acesso a apoio jurídico e de mercado".[15]

Assim, o primeiro "Grande Desafio" da agência de defesa avançada, em 2004, foi o prêmio de 1 milhão de dólares, autorizado pelo Congresso, para quem estimulasse o desenvolvimento de veículos autônomos. O objetivo mais amplo era tornar autônomo 1/3 das forças militares terrestres até 2015. O objetivo específico era desenvolver as tecnologias necessárias para os primeiros veículos terrestres completamente autônomos, capazes de completar um trajeto substancial *off-road* em um tempo delimitado. Em 2007, o "Desafio Urbano" da agência estendeu a competição à operação autônoma em ambiente urbano simulado. E, em 2012, o "Desafio Robótico" focou em robôs autônomos de manutenção de emergência.

Desde então, a agência de defesa avançada lançou vários outros desafios, incluindo o "Desafio Chikungunya", para "acelerar o desenvolvimento de métodos de previsão de novas doenças infecciosas"; o "Grande Desafio Cibernético", para "desenvolver sistemas automáticos de defesa que possam descobrir, provar e corrigir falhas de software em tempo real"; e o "Desafio de Colaboração de Espectro", para "demonstrar um protocolo de rádio que use melhor um dado canal de comunicação na presença de outros usuários dinâmicos e sinais de interferência".

A Nasa também trabalha juntamente com parceiros dessa maneira. Em 2018, em um de seus primeiros discursos como administrador, Jim Bridenstine assegurou aos norte-americanos que permanecia nos planos da Nasa a criação de uma colônia de seres humanos em Marte. Como parte deste esforço, a agência realizou uma cúpula de três dias, com mais de cem porta-vozes de empresas tradicionais, startups e público em geral, que apresentaram ideias sobre como poderiam ajudar a Nasa a enviar uma missão tripulada a Marte em 2033. As propostas incluíam planos para vida urbana sustentável no planeta, hábitats extremos de estufa e roupas marcianas auto-limpantes, feitas de polímero de amido pulverizado com uma "colônia de bactérias" para absorver suor.

Assim, longe de fazer tudo sozinhos, o Estado e as agências estatais estão trabalhando muito com parceiros para impulsionar a estratégia industrial e alcançar seus objetivos econômicos, de um jeito mais rápido, melhor e mais barato. É tentador pensar que, ao desenvolver a economia, o maior foco do Estado é, ou deveria ser, as grandes corporações ou as startups de alta tecnologia. Afinal, são essas empresas que gastam as maiores somas em pesquisa e desenvolvimento ou são as maiores progenitoras de tecnologia de ponta. A realidade é que, cada vez mais, o Estado está não apenas colaborando com corporações e startups de alta tecnologia, mas também desenvolvendo empreendimentos sociais comandados por cidadãos. Os empreendimentos sociais frequentemente adotam novas tecnologias e novas formas de organização tipicamente empregadas pelo setor privado, mas aplicando-as na solução de problemas locais sociais, econômicos e ambientais. De fato, ao redor do mundo, assim como as ferramentas para criar novas soluções de hardware e software para problemas sociais tornaram-se onipresentes, rápidas e acessíveis, estão sumindo as barreiras ao acesso de pessoas comuns ao que antigamente apenas grandes empresas ou o governo podiam fazer. Como resultado, os meios para inovar são cada vez mais democratizados e o governo está aprendendo a desenvolver essas tendências.

Fab Lab Barcelona

Tomas Diez cresceu na Venezuela, onde obteve o diploma de graduação em planejamento urbano na Universidade Simón Bolívar, Caracas. Em 2006, ele se mudou para Barcelona para cursar o mestrado no Instituto de Arquitetura Avançada da Catalunha (IAAC, a sigla em inglês para Institute for Advanced Architecture of Catalonia). Pouco depois, enquanto trabalhava como estagiário no instituto, um de seus tutores convidou-o para almoçar com os diretores do IAAC. Ao final do almoço, contaram a ele os planos de estabelecer o que chamaram de laboratório de fabricação digital (Fab Lab) no instituto.

A ideia era mudar o jeito que cidades como Barcelona eram organizadas e governadas no século XXI. Na concepção, estudantes e cidadãos seriam envolvidos mais ativamente na busca por soluções para os problemas de suas comunidades. Mas não iriam apenas teorizar. Em vez disso, ferramentas e dados digitais iriam ajudá-los a projetar e produzir dispositivos que trariam as mudanças. Por trás dessa ideia, havia outra ainda mais impressionante. As cidades no século XXI, acreditavam, poderiam ser centros cada vez mais autossuficientes de produção, empregando cidadãos locais na confecção dos bens que consomem, e globalmente ligadas em rede a outras cidades e aos cidadãos igualmente dotados de mais poder. De acordo com essa visão, a economia do século XXI seria eficiente e com redes igualitárias de pessoas, conectadas por dados e pela tecnologia. O Fab Lab estaria ligado ao programa principal no IAAC, mas seria também parte de uma rede crescente de laboratórios semelhantes pelo mundo.

O que os diretores precisavam naquele momento era de alguém para configurar o Fab Lab e liderar uma equipe para coordená-lo. E achavam que Diez era exatamente a pessoa para o trabalho.

Relembrando aquela reunião, Diez conta: "Sempre fui fanático por tecnologia desde criança. Mas sabia muito pouco sobre Fab Labs ou sobre como eram gerenciados. Tudo que eu tinha para começar era uma pilha de papéis e o livro de um professor do MIT."[16]

O professor era Neil Gershenfeld, um especialista em física aplicada e cientista da computação, pioneiro, entre outras coisas, na área de fabricação pessoal. Em 1998, Gershenfeld desenvolveu um curso no MIT chamado Como Fazer (Quase) Qualquer Coisa. Inicialmente destinado a ensinar alunos de tecnologia sobre máquinas industriais sofisticadas, o curso logo atraiu pessoas sem formação técnica, incluindo artistas, designers e arquitetos. Reconhecendo que o curso exigia um espaço onde os alunos pudessem criar, Gershenfeld e seus colegas haviam montado, em 2001, uma unidade de fabricação digital no MIT. O Fab Lab, como foi chamado, estava equipado com vários materiais, bem como ferramentas controladas por computador, como cortadores a laser e impressoras 3D.[17]

Outros que souberam do Fab Lab logo viram que havia uma grande ideia por trás da concepção mais técnica de ajudar pessoas a "fazer qualquer coisa". Uma dessas pessoas era Melvin King, político afro-americano e líder comunitário, que também fora, desde 1970, professor de estudos urbanos e planejamento no MIT. King passara muitos anos criando programas e construindo instituições para comunidades de baixa renda em Boston. O trabalho o convenceu de que por trás do Fab Lab estava uma ideia com grande potencial social e econômico; ele percebeu como esses espaços poderiam ser usados para capacitar as pessoas para resolver necessidades da comunidade que não tinham sido atendidas de outra forma. Para King, os laboratórios poderiam ser uma forma de fornecer oportunidades para adolescentes desempregados, por exemplo, e pessoas prejudicadas pela segregação racial. Trabalhando com

Gershenfeld, King candidatara-se a uma bolsa da National Science Foundation para a criação do Centro de Tecnologia de South End em Boston: empreendimento colaborativo entre a Tent City Corporation e o MIT. O objetivo do centro era permitir que as pessoas se tornassem produtoras de conhecimento e que compartilhassem ideias e informações. Ele forneceria acesso gratuito ou de baixo custo e treinamento na maioria dos aspectos da tecnologia relacionada a computadores. Toda a equipe, a maioria de voluntários, teria formação em tecnologia da computação e suas aplicações. Um elemento-chave do empreendimento era a presença, em seu centro, de um Fab Lab.

O próprio Gershenfeld logo se tornou defensor da ideia de transformação social através dos Fab Labs, não apenas para a comunidade próxima do MIT, mas também para pessoas desfavorecidas em partes remotas do mundo. Ele começou a viajar — para a Costa Rica, Noruega, Índia — e a configurar Fab Labs nesses lugares. Logo, as pessoas das comunidades começaram a desenvolver soluções fascinantes para seus problemas, confirmando a fé de Gershenfeld na criatividade deles. Em Pabal, na Índia rural, os moradores desenvolveram um dispositivo em seu Fab Lab para testar a qualidade do leite, para que os produtores pudessem conseguir um preço justo. Na Noruega, acima do círculo polar ártico, os pastores construíram rádios para rastrear os animais nas montanhas. No Boston Fab Lab, as crianças fabricavam e vendiam antenas para configurar redes wi-fi nos bairros.

Em Barcelona, em 2007, Diez começou a se preparar para a nova função no IAAC lendo o livro de Gershenfeld, de 2005, *Fab: The Coming Revolution on Your Desktop — from Personal Computers to Personal Fabrication* [Fab: a revolução a caminho — dos computadores pessoais à fabricação pessoal]. Este processo, diz Diez, ajudou-o a enxergar como transformar em realidade a ideia dos diretores do IAAC em sua cidade adotiva.

O ESTADO EMPREENDEDOR: ESTIMULANDO A ECONOMIA

Achei as ideias de Gershenfeld estimulantes. Como urbanista, era a primeira vez que fazia a ligação entre cidade e espaços comunitários, como os Fab Labs. Percebi que precisávamos repensar o modo de usar e transformar recursos nas cidades se quiséssemos mudar como a sociedade funciona. As cidades, afinal, contribuem para a maior parte do consumo mundial.

Agora, o que faltava era transformar a ideia em realidade.

O kit Cidadão Inteligente

Assim que o Fab Lab do IAAC foi criado, Diez e sua equipe começaram a procurar projetos concretos para trabalhar. Um dos mais bem-sucedidos seria o kit Cidadão Inteligente.

Em busca de um assunto local com implicações globais, a equipe deparou-se com o problema da poluição, que afeta todas as cidades do mundo. Normalmente, a poluição é tratada pelas prefeituras. Como Diez explica, as prefeituras trabalham com grandes empresas, como a IBM ou a Cisco, que produzem kits caros e volumosos, ao custo de cerca de 25 mil libras esterlinas, para monitorar a poluição do ar urbano. Alguns desses kits são colocados em locais selecionados da cidade, normalmente perto de parques, para que as prefeituras possam reivindicar o cumprimento dos padrões rigorosos impostos por órgãos reguladores, entre eles a Comissão Europeia. Mas essa abordagem não é apenas cara: também está longe de ser inteligente. Como Diez afirma: "Essas soluções centralizadas são como reduzir o cérebro a quatro ou cinco neurônios conversando uns com os outros. Se estivéssemos falando do corpo humano, você não seria capaz de mover um dedo." E as cidades são potencialmente mais complexas. "Seria necessário muitos sensores baratos por toda a cidade. Uma solução verdadeiramente inteligente

COMO UM GOVERNO DEVERIA SER

seria um sistema descentralizado de detecção de multidões que captura, processa, monitora e responde em tempo real a dados sobre poluição."

Estimulados por essa ideia, Diez e seus colegas começaram a trabalhar em um Projeto Cidadão Inteligente como solução definitiva. Em 2011, trabalhando no Fab Lab do IAAC, eles desenvolveram o protótipo de um dispositivo que permitiria aos cidadãos, em suas respectivas casas, coletar e monitorar dados de poluição. O dispositivo foi baseado em componentes baratos e amplamente disponíveis, como o Arduino (um kit para a construção de dispositivos digitais de código aberto e baseado em microcontroladores) e sensores interativos que podiam registrar dados e controlar objetos. Então, em 2012, a equipe teve outra ideia: e se os dados coletados pudessem ser usados não apenas para o planejamento da cidade, mas também para mobilizar cidadãos? Dessa forma, o kit Cidadão Inteligente também poderia ser uma ferramenta social e política.

Para arrecadar dinheiro para o projeto, a equipe lançou sua primeira campanha de financiamento coletivo, em 2012, e arrecadou cerca de 15 mil libras esterlinas. Uma segunda campanha, a Kickstarter, seguiu-se em 2013, levantando mais 60 mil libras. Em 2014, a equipe montou em Londres uma empresa para apoiar a comercialização do kit. "Mas não seguimos a rota do capital de risco", diz Diez. "Em vez disso, aderimos a um projeto financiado pela União Europeia, pelo qual poderíamos combinar recursos para desenvolver o hardware e a abordagem."

A equipe começou a fazer os kits no Fab Lab em Barcelona e a vendê-los através do site Cidadão Inteligente. Os cidadãos podiam comprar os kits por pouco mais de cem libras e, depois de cadastrá-los no site, instalá-los em suas casas. Uma parte do kit — o sensor — ficaria do lado de fora da janela ou na varanda, onde captaria e coletaria dados sobre qualidade do ar, níveis de som, intensidade de luz, temperatura e umidade.

O ESTADO EMPREENDEDOR: ESTIMULANDO A ECONOMIA

O sensor enviaria os dados por wi-fi a outra parte do kit: um cartão USB conectado ao computador do indivíduo. Os dados então trafegariam via internet para o servidor central, que coletaria informações de todos os usuários dessa mesma forma. O usuário do kit receberia, então, relatórios regulares, com base nos dados coletados e processados, oferecendo uma ideia clara de como a vizinhança estava se saindo nos principais indicadores de ar e poluição sonora, em diferentes horas do dia e em diferentes dias da semana. De posse desses dados, seria possível pressionar a prefeitura para tomar medidas apropriadas quando necessário. Por exemplo, alguém com problemas de alergia ou asma poderia monitorar com mais precisão os níveis de poluição da sua área residencial, correlacioná-los com a própria saúde e usar os dados para lutar por melhoria da qualidade do ar na região.

Consistente com o espírito de serviço público, o projeto foi concebido como um negócio social: era parcialmente de propriedade de quem comprava o kit e assinava o serviço. Cada membro dessa comunidade tornou-se parte da solução integral de compartilhamento de dados. Cada assinante concordou em vender os dados para a prefeitura e dividir a receita numa proporção de 20/80 com os que administravam o serviço. O website, um híbrido entre Facebook, Google Maps e Wikipédia, também ajudou a desenvolver a comunidade on-line. Os membros podiam comentar sobre os dados de sensores individuais e ver o que outros em localidades diferentes estavam relatando. Era uma forma incomum de envolver os cidadãos na administração da cidade e, ao mesmo tempo, introduzir o trabalho criativo e produtivo nas comunidades.

Assim que puseram o kit Cidadão Inteligente para funcionar em Barcelona, Diez e sua equipe continuaram a vender a ideia para outras cidades, tendo as prefeituras como parceiras. Em Amsterdam, por exemplo, o governo municipal comprou cem

COMO UM GOVERNO DEVERIA SER

unidades do kit Cidadão Inteligente e entregou-as aos cidadãos como uma maneira de envolvê-los no planejamento urbano.

Como Gershenfeld diz: "Há uma nova geração que não espera por soluções vindas de cima. As pessoas que começam Fab Labs e os conectam estão realmente... criando uma nova noção de economia. É um paradigma muito diferente: em vez de tratar os desempregados como uma subclasse que precisa de emprego, transferia-se poder às pessoas para que criassem empregos."[18]

Prefeitos e Cidades Fab

Por volta de 2011, o prefeito de Barcelona começou a prestar atenção no Fab Lab do IAAC. Por sorte, alguns dos membros fundadores do IACC haviam se tornado membros do gabinete do prefeito. O grupo propôs expandir a ideia inicial do Fab Lab para o restante da cidade.

Em 2014, o gabinete do prefeito estava trabalhando com Diez e sua equipe para estabelecer uma rede de labs nos dez distritos de Barcelona, um para cada região. A ideia era criar um novo tipo de serviço público. Assim como os órgãos públicos tinham inventado as bibliotecas no século XIX, para democratizar os livros, e as lan houses no século XX, para democratizar a informação digital, os Fab Labs introduziriam a fabricação digital como um novo tipo de ação pública.

Trabalhando com a prefeitura de Barcelona e uma equipe de arquitetos, designers e programadores, Diez agora comandava o trabalho de vários projetos que eram exemplos dessa proposta. Dois deles eram arquitetônicos: a Casa Fab Lab (uma casa feita por computador, customizada e adaptada ao ambiente) e o Hyper Habitat IAAC (um projeto que usava tecnologia de informação para repensar a "habitabilidade do mundo").

O ESTADO EMPREENDEDOR: ESTIMULANDO A ECONOMIA

O gabinete do prefeito também apoiou o lançamento de uma missão mais ampla, a Fab City. A ideia era usar a rede Fab Lab global para identificar locais de produção em cidades ao redor do mundo e, dessa maneira, aproximar a produção do consumo.

Tudo isso culminou na 10ª Conferência Global Fab Lab em julho de 2014, realizada em Barcelona. Na conferência, o prefeito da cidade, Xavier Trias, expôs o plano para a iniciativa Fab City na capital catalã e em outros lugares. Os núcleos urbanos eram os lugares onde a maioria dos recursos do mundo eram consumidos; para seu crescimento ser sustentável, eles *precisavam* ser sustentáveis. Uma maneira de torná-los sustentáveis era empregar cidadãos locais na manufatura daquilo que consumiam. Para transformar o plano em realidade, Trias lançou um desafio às cidades: produzir tudo o que consumiam até 2054, dando-lhes uma janela de quarenta anos. A proposta levou ao lançamento da iniciativa global Fab Lab. A ideia era conduzir a mudança do paradigma industrial de entra-produto-sai-lixo em direção ao modelo sustentado de produção urbana, apoiado em dados. A iniciativa compreenderia uma rede de cidades e seria governada por uma fundação, trabalhando para criar cidadãos localmente produtivos e globalmente conectados.

Sherry Lassiter, presidente e CEO da Fab Foundation, é apoiadora eloquente do plano. "Ele se propõe a levar a ideia de uma cidade com pegada verde e sustentável a um novo patamar. Em vez de importar e exportar bens, por que não importar e exportar dados e manufaturar localmente? Em vez de despachar materiais e produtos por todo o mundo, eles estão tentando fazer tudo localmente. É um objetivo maravilhoso."[19]

Inspirados pelo apoio e compromisso públicos do prefeito Trias, Diez e sua equipe logo começaram a receber declarações de interesse de outras cidades ao redor do mundo. A uma lista inicial de sete logo somaram-se mais seis. O movimento Fab City teve o efeito de uma bola de neve a partir disso. Em 2020, 34 cidades tinham se tornado parte da iniciativa. Algumas delas eram do mundo rico: Detroit, Paris, Sacramento e Oakland. Mas muitas eram do mundo em desenvolvimento, incluindo Thimpu, no Butão, Cidade do México, Belo Horizonte, no Brasil e Ekurhuleni, na África do Sul. Em cada cidade, atores locais e gestores trabalham juntos para transformar o plano Fab City em realidade.

Em 2015, porém, quando tudo estava decolando em toda parte, o movimento pareceu encontrar um obstáculo na cidade natal de Barcelona. Naquele ano, a maldição de todos os programas apoiados na participação pública se anunciou: uma mudança na alta liderança. Em maio, a cidade elegeu uma nova prefeita, cuja pauta e trajetória eram totalmente diferentes. Se Trias integrava o Partido Catalão Europeu Democrático, de centro-direita, a nova prefeita, Ada Colau, era uma ativista política fundadora da plataforma cidadã de esquerda Barcelona en Comú, surgida em 2014. A primeira mulher a ocupar o cargo de prefeita, Colau e sua chegada marcaram uma mudança potencialmente revolucionária.

Diez e sua equipe começaram a se preocupar com a continuidade do projeto. De repente, seus amigos não estavam mais no governo. "Novos governos", diz Diez, "trazem novos líderes. E novos líderes querem buscar ideias novas. Achamos que a nova prefeita mataria o que tínhamos começado."

Seus temores eram infundados, entretanto. A prefeita Colau, identificando a importância das plataformas digitais na vida da comunidade, logo nomeou uma diretora de tecnologia, Francesca Bria, e uma diretora de inovação digital, Anna Majó Crespo. Em Bria e Crespo, Diez e sua equipe encontraram aliadas com ideias semelhantes. "Elas entendiam tecnologia e o que estávamos tentando fazer", diz Diez. "Estabelecemos um relacionamento com elas que era independente de ideologia."

Colau, então, fez uma visita amplamente divulgada ao Fab Lab IACC. Após a visita, a proposta original de montar uma rede Fab Lab em Barcelona ganhou novo impulso. Em 2020, cinco laboratórios estavam em funcionamento, outros dois seguiam em desenvolvimento e havia um plano de dezesseis ao todo no final. Os laboratórios iriam projetar e fabricar produtos usando materiais locais em diferentes campos, incluindo móveis, tecidos e habitação.

"Nosso papel no IAAC", diz Diez, "foi iniciar as coisas. Tínhamos sido bem-sucedidos. Então, por volta de 2015, decidimos entregar tudo à prefeitura para que ela administrasse o projeto integralmente."

Lançar o plano reformulado com a prefeitura significava garantir o futuro não só dos Fab Labs em Barcelona, mas também da rede mais ampla de Fab Cities em outros lugares. De acordo com Diez:

> Agora, entendemos claramente que os Fab Labs precisavam conectar-se com bairros e comunidades. Eram os cavalos de troia, pode-se dizer, que seriam usados para acionar a inovação que ofereceria soluções aos desafios que todas as cidades enfrentam. Por meio deles, as cidades, os cidadãos e as prefeituras poderiam conduzir a inovação em torno, por exemplo, da mudança climática e da inclusão social.

O movimento "faça você mesmo": o mundo inteiro é um workshop

Nos cerca de quinze anos desde sua concepção, os Fab Labs viraram fenômeno global. Em 2020, havia algo em torno de 1.750 deles, em mais de cem países ao redor do mundo, com a expectativa de que o número continuasse a crescer rapidamente em poucos anos.

COMO UM GOVERNO DEVERIA SER

Criar um Fab Lab requer o investimento médio de 100 mil dólares. Os equipamentos custam entre 25 e 65 mil dólares, enquanto materiais e insumos custam outros 15 a 40 mil dólares. Além disso, a abordagem dos Fab Labs incentiva o uso do software de código aberto, popularizando-o. Desse modo, os labs chegam às universidades, mas também em muitos governos locais, mesmo em países em desenvolvimento na Ásia, na África e na América Latina. Como Sherry Lassiter descreve o processo, o primeiro Fab Lab numa comunidade custa ao redor de 125 mil dólares. Subsequentemente, outros podem usar esse lab para criar outros a um custo bem menor. "Estamos chegando perto do ponto em que um Fab Lab se autorreproduz a 1/10 do valor. Se você é capaz de rapidamente reproduzir e criar o protótipo de máquinas manufatureiras, então seus projetos não são limitados pelas ferramentas que estejam indisponíveis. Você tem apenas que manufaturar uma máquina que faz o que você quer que ela faça."[20]

Uma vez levantado o financiamento necessário, qualquer grupo que deseja criar um lab em sua comunidade pode assinar contrato com a Fab Foundation, comprometendo-se a seguir as Linhas Mestras Fab Lab. Nesse sentido, a rede opera uma franquia social, com o potencial de criar crescimento fácil e a um custo efetivo. Como resultado, a fundação ajudou a democratizar o uso de tecnologias digitais, não apenas para testar e desenvolver novas soluções para problemas locais, mas também para comercializá-las de formas sustentáveis. Como afirma Zak Rosen, produtor multimídia americano, pessoas de todo o mundo agora trabalham em Fab Labs para criar "bicicletas, casas, relógios, garfos, rádios, mãos ciborgues" e muito mais, "para uso pessoal e comunitário, e para gerar lucro".[21]

Variedade e diferenciação é importante. Como Lassiter afirma: "Os Fab Labs de todo o mundo compartilham algumas ferramentas e processos, mas cada um é diferente, porque eles respondem às suas comunidades e às suas necessidades e interesses."[22] Alguns labs focam em tecnologia e empreendedorismo, enquanto outros focam em tratar questões da comunidade, entre elas a melhoria da educação, a conservação da água ou orientações sobre reciclagem.

Lassiter acredita que esses núcleos ajudam a promover um mundo mais equitativo e sustentável. "Temos a ver com... impacto", diz, "tanto por meio de oportunidades econômicas como por redes sociais fortes [...] Pense sobre a revolução digital [...] Fizemos uma pequena porcentagem da população realmente rica e deixamos muitos para trás. Muitos no mundo ainda não têm acesso à internet. Para eles, tentar competir digitalmente simplesmente não é factível. Com a revolução na fabricação digital, temos a chance de mudar essa equação se fizermos direito — e agora.[23]

Gershenfeld concorda. Ele acredita que a fabricação pessoal digitalmente habilitada é uma mudança social e tecnológica — é a democratização da "habilidade de manipular matéria, assim como os computadores democratizaram a habilidade de manipular informação".[24] Os fabricantes, segundo ele, vão sair do chão das fábricas direto para os lares, assim como os computadores passaram por uma metamorfose, de algo que ocupava as salas para os laptops, primeiro, e depois para algo que cabe nos bolsos de bilhões de usuários diariamente.

De fato, o movimento Fab Lab, em que pese o sucesso que tem sido, é simplesmente parte de uma transformação muito maior que está acontecendo no mundo. Mais e mais pessoas agora estão capacitadas para fazer, com recursos onipresentes, o que apenas grandes empresas e governos poderiam fazer no passado. Desde a virada do milênio, a expansão das tecnologias e ferramentas digitais, como smartphones, computação em nuvem, impressoras 3D, financiamento coletivo e mídias sociais deu lugar a um fenômeno popular apelidado "movimento 'faça você mesmo'". Uma extensão baseada em tecnologia das culturas faça você mesmo e dos hackers, o movimento "faça você mesmo" vai além de construir software para fazer objetos físicos e novos artefatos eletrônicos. Usando hardware de código aberto, o movimento combina eletrônica, robótica e impressão 3D com madeira, metalurgia, artes e ofícios tradicionais. Com os recursos agora disponíveis na internet, praticamente qualquer um cria aparelhos simples, que são, então, em alguns casos, amplamente adotados por outros. Há um grande foco em aprendizagem e compartilhamento de habilidades práticas. Em sintonia com o espírito de código aberto, produtos criados pelo movimento são feitos por qualquer um com base na documentação amplamente disponível.

Esses fabricantes trabalham em casa ou em garagens, porém cada vez mais têm acesso a espaços "faça você mesmo" formais, dos quais os Fab Labs são um tipo. Trabalhando nesses espaços, indivíduos com mentalidades similares formam comunidades onde dividem ideias, ferramentas e habilidades. Enquanto muitos dos pioneiros do movimento vêm de universidades e têm formação técnica, os espaços "faça você mesmo", à medida que o movimento se espalhou, tornaram-se cada vez mais rotineiros em comunidades de modo geral. Frequentemente, são agora criados, administrados e promovidos por órgãos públicos. Nos Estados Unidos, por exemplo, o governo federal adotou o conceito de espaços "faça você mesmo" totalmente abertos em suas agências. O primeiro deles — o SpaceShop Rapid Prototyping Lab — foi criado no Ames Research Center, em 2015, pela Nasa. Na Europa, os labs são ainda mais conhecidos: há agora três vezes mais espaços "faça você mesmo" na Europa do que na América do Norte.

Fora do Ocidente, a cultura "faça você mesmo" também está em alta, com seus espaços tornando-se impulsionadores-chave de redes empreendedoras em vários países. Em Singapura, o HackerspaceSG foi estabelecido pela equipe que dirige a rede

O ESTADO EMPREENDEDOR: ESTIMULANDO A ECONOMIA

de maior sucesso da cidade. Em Beirute, cidade fraturada por divisões étnicas e religiosas, o Lamba Labs é um espaço "faça você mesmo" onde pessoas de todas as origens colaboram livremente. E em Xangai, o primeiro espaço "faça você mesmo" da China, o Xinchejian, permite inovação e colaboração num país com estrita censura da internet. Até 2030, conforme as cidades começarem a abrigar mais da metade da população mundial, espaços hacker, Fab Labs e espaços "faça você mesmo" serão *hubs* importantes para empreendedores se reunirem, colaborarem entre si e desenvolverem soluções locais para problemas sociais e econômicos.

Lado a lado com a disseminação dos espaços "faça você mesmo", estão as populares Feiras Faça Você Mesmo. Desde 2006, cidades do mundo todo concorreram para sediar esses eventos, que são, em geral, realizados em grandes áreas de exposição por vários dias, atraindo mais de 100 mil participantes, incluindo pais e filhos. Minifeiras Faça Você Mesmo, organizadas por comunidades, são também cada vez mais comuns. E eventos semelhantes, que adotam outras identidades, mas seguem o modelo, surgiram em todo lugar.

O movimento "faça você mesmo" e a explosão simultânea do empreendedorismo mostraram o que pequenos grupos, às vezes de alunos, podem fazer. Por exemplo, assim que a pandemia de Covid-19 começou a se espalhar, no início de 2020, houve uma enorme reação das comunidades "faça você mesmo" do mundo. Equipados com hardwares livres, de código aberto, e trabalhando fora dos espaços "faça você mesmo" e dos Fab Labs, os fabricantes desempenharam papel importante no desenvolvimento de "ventiladores, protetores faciais, máscaras, diagnósticos e outros apetrechos para combater a propagação e o tratamento do coronavírus em vilas e cidades em todo o mundo".[25]

O governo, por seu turno, percebeu que pode se apoiar nessa tendência para resolver problemas sociais, criar emprego, gerar crescimento e desenvolver comunidades criativas no processo. Por exemplo, em reconhecimento à expansão do movimento "faça você mesmo", o presidente Barack Obama foi anfitrião de uma Feira Faça Você Mesmo na Casa Branca, em 18 de junho de 2014. Com a participação de mais de cem empreendedores, engenheiros e estudantes de mais de vinte estados, o evento apresentou uma "girafa robótica de cinco metros, uma 'mini-casa' portátil de 128 metros quadrados; uma impressora 3D de panquecas; um balão meteorológico vermelho gigante; e mais de trinta outras invenções inspiradoras e criativas dos fabricantes".[26]

Os fabricantes que participaram do evento demonstraram projetos construídos com ferramentas e tecnologias de ponta e compartilharam histórias sobre suas motivações. Entre eles, Jane Chen mostrou o "Embrace", seu aquecedor de bebê de baixo custo, que ajudou a salvar a vida de mais de 50 mil bebês prematuros em todo o mundo; e Mark Roth explicou como usou as habilidades desenvolvidas em uma TechShop (um tipo de espaço "faça você mesmo"), em San Francisco, para lançar seu próprio negócio de corte a laser e tirar das ruas pessoas sem-teto como ele.

Depois de ver as exposições, o presidente Obama dirigiu-se ao público e anunciou várias novas medidas que sua administração estava tomando para "permitir que americanos de todas as origens lancem empresas" e "contribuir para o renascimento da indústria manufatureira americana".[27] Declarando o 18 de junho de 2014 como Dia Nacional da Fabricação, Obama exortou os americanos a serem produtores e não apenas consumidores, prometendo capacitar uma nova geração de pioneiros em fabricação e design. "Nossos pais e nossos avós", disse ele, "criaram a maior economia do mundo e a classe média mais forte não comprando coisas, mas construindo coisas — fazendo coisas, mexendo e inventando e construindo; fazendo e vendendo coisas, primeiro em um mercado nacional em crescimento e, então, em um mercado internacional — coisas 'Made in America'."[28]

Explorando a ligação entre a manufatura e o "faça você mesmo", Obama disse que o movimento se tornou um meio de revitalizar cidades esvaziadas pela globalização, através da adoção de uma abordagem nova, de alto valor, ambiental e socialmente sustentável para a indústria. "Seus projetos", disse aos presentes, "são exemplos de uma revolução que está ocorrendo na manufatura americana — uma revolução que vai nos ajudar a criar novos empregos e indústrias nas próximas décadas."[29]

Orientar *versus* remar: o desafio para o governo

Para impulsionar o crescimento econômico, os governos hoje podem trabalhar com grandes empresas e startups de alta tecnologia e também estimular a inovação local desenvolvida por cidadãos e empreendedores sociais. Apesar da oportunidade, porém, os governos enfrentam muitos problemas ao abordar iniciativas destinadas a resolver questões importantes da sociedade. Por exemplo, eles costumam achar difícil ir além de políticas amplas para lidar com a mudança climática. Eles podem formular regulamentos, lançar projetos e realizar coletivas de imprensa para anunciar o que planejam fazer. Mas, em seguida, têm dificuldades para realizar a implementação. Como Diez afirma: "Os governos, inclusive em nível municipal, têm dificuldades com a ação básica que realmente aborda desafios urgentes, como o das alterações climáticas. Ele pode, na melhor das hipóteses, ter um plano. Mas executá-lo é outra questão."

Mesmo quando algumas cidades, como as da rede global Fab City, finalmente conseguem envolver os cidadãos na resolução de problemas através de colaboração, a mudança vem, principalmente, dos próprios cidadãos, de baixo para cima.

"Em cerca de 70% dos casos", diz Diez, "é a comunidade local 'faça você mesmo' que pressiona o governo da cidade para criar os espaços e fomentar a atividade." E se acontece de um governo apoiar as iniciativas, muitas vezes há o problema de continuidade. Foi o que aconteceu com os Fab Labs em Barcelona: quando a prefeita Colau substituiu o prefeito Trias, criou-se uma interrupção e todo o avanço dos anos anteriores quase chegou ao fim.

Além disso, os governos tendem a preferir trabalhar com grandes companhias, de cima para baixo, em vez de com start-ups ou grupos de cidadãos, de baixo para cima. Em parte por questões lógicas de confiança e de relação custo/benefício, em parte pela segurança de trabalhar com entidades conhecidas de reputação estabelecida. Às vezes, é também consequência da visão predominante de que o crescimento econômico pressupõe grandes projetos e investimento e, por isso, grandes empresas. Outras vezes, porém, a preferência é guiada por motivos dúbios. Alguns críticos argumentam que trabalhar com grandes empresas em grandes projetos é indício de corrupção no governo e de esquemas estabelecidos entre ricos e poderosos. Como Diez afirma: "A corrida por cidades inteligentes é geralmente promovida por grandes empresas. E o governo gravita ao redor delas por várias razões. Mesmo se apoiando agora em cidadãos ativistas e fabricantes, o governo tende a não construir cidades inteligentes em torno de recursos e comunidades de código aberto."

Mas, talvez, o maior desafio para o governo seja equilibrar a necessidade de capacitar os outros com a tendência de ter controle. Diez tem ampla experiência nisso e cicatrizes que comprovam seu empenho em fazê-lo. "Sobrevivemos aos governos 1 e 2 em Barcelona", diz ele rindo, "mas, agora, com a iniciativa das Fab Cities, temos que lidar com outros 33!" Ele é claro ao afirmar que conselhos e representantes eleitos têm papel importante a desempenhar no apoio à inovação de base em cidades e países. Mas também deixa claro que, mais frequentemente, a necessidade de controle atrapalha o progresso. "A abordagem comum do governo muitas vezes entra em conflito direto com o trabalho de raiz, que tem tudo a ver com inovação aberta", afirma. Esse conflito de valores, por exemplo, atrapalhou a disseminação de Fab Labs públicos. Em Barcelona, após o apoio inicial do gabinete do prefeito, a equipe do IAAC suou para se encaixar na lógica do setor público e conseguir crescer.

> Fizemos parte da criação dos Fab Labs, mas finalmente tivemos que ceder para o governo municipal. Quando fizemos isso, eles reconfiguraram alguns laboratórios, deixando que fossem dirigidos por não especialistas nomeados a partir de critérios políticos. Os laboratórios, então, tornaram-se parte de uma estrutura massiva de governo. Agora, apenas alguns funcionários públicos realmente entendem o que estamos tentando fazer e por quê.

Mas nem tudo são más notícias. Em algumas cidades, as coisas têm funcionado melhor. Em Yucatán, no México, há uma relação mais fluida entre as autoridades municipais e o ecossistema local, embora o risco de mudança no governo, e portanto na política, permaneça. "Se depender apenas de vontade política", diz Diez, "aconselhamos as cidades a formar um consórcio com as várias partes interessadas e criar uma estrutura com muitos atores, sem dar o controle a um único grupo." Também no Butão e em Paris, a vontade política está alinhada ao espírito dos cidadãos, com a cidade tendo um papel mais solidário. No entanto, em muitos outros casos, "quando a prefeitura vê uma boa ideia, tenta desenvolvê-la por conta própria e termina deixando para trás aqueles que a lançaram em primeiro lugar. Ela se enxerga como única proprietária", diz Diez.

COMO UM GOVERNO DEVERIA SER

E, portanto, há uma luta constante no centro do governo: por um lado, há os benefícios óbvios de envolver empresas e cidadãos na atividade industrial, mas, por outro, há a necessidade de controlar e ser dono de tais programas. Em princípio, o debate do século XX entre ultraliberais e estatistas pareceu que resultaria em uma trégua entre os dois. O Estado permanece como ator importante na regulação e no fomento da economia, normalmente evitando executar e gerenciar as coisas por conta própria: ele conduz, mas não rema. Na prática, entretanto, o instinto de controle permanece e o fato de querer controlar muitas vezes significa que o governo não resiste a remar. O que reintroduz o procedimento da mão pesada da burocracia e o que Diez chama "lógica do setor público".

Tudo isso é ainda mais complicado porque, mesmo quando a intenção do Estado é promover a atividade industrial de atores externos, ainda assim ele mantém a responsabilidade primária de várias funções importantes. Com tais responsabilidades, vem a necessidade de organização e controle. Por exemplo, no caso do M-Pesa, o Estado tem que manter equipes — como a de Gerald Nyaoma no Banco Central do Quênia — que definem as regras do jogo e, então, monitoram e gerenciam como o jogo se desenrola. Ou, como no caso do Centro de Veículos Conectados e Autônomos, os órgãos governamentais têm a responsabilidade primária não apenas de definir as regras e gerenciar o jogo, mas também de gerenciar o processo de financiamento, formando e mantendo colaborações entre diversos atores externos e agências estatais. O mesmo acontece com a corrida espacial: a Nasa, como agência governamental, continua sendo uma organização significativa, mesmo que trabalhe cada vez mais com empresas externas. Ela ainda precisa manter (e melhorar constantemente) a sua capacidade organizacional, de modo a fazer o que somente ela pode fazer, e também gerenciar melhor os parceiros externos.

Não obstante, mesmo as nações mais orientadas para o mercado, em muitos setores, ainda que os atores externos façam a operação difusa da experimentação e da testagem de soluções, cabe frequentemente aos governos adotarem, adaptarem e colocarem as soluções em escala. Quando há bens públicos no meio, isso é particularmente verdadeiro. Foi o caso dos Fab Labs em Barcelona. Embora o estímulo inicial tenha vindo do IACC ou do MIT, mais tarde a prefeitura assumiu o comando dos labs para assegurar que pudessem ser expandidos para o restante da cidade. Similarmente, em outros setores da economia, os governos ainda precisam fazer o trabalho pesado. Por exemplo, em muitos países, os governos ainda são responsáveis pela oferta de serviços públicos, como saúde e educação. Ele precisa não apenas oferecer os serviços, mas melhorar constantemente a maneira de executá-los. De novo: precisa inovar e encontrar maneiras de fazer o que têm que fazer mais rápido, melhor e mais barato. A inovação surge sob muitas formas. Primeiro, os governos precisam inovar na oferta de serviços. Como melhorar a assistência à saúde constantemente, por exemplo, tornando-a mais eficiente e efetiva? Em segundo lugar, precisa inovar em seus processos internos. Como melhorar a forma de se organizar e realizar o próprio trabalho?

Em ambos os casos, mesmo que as ideias originais venham de fora, os departamentos governamentais precisam absorvê-las e replicá-las dentro de casa. A questão, então, como acontece em todas as grandes organizações, é: como o Estado faz todas as coisas que tem que fazer sem atolar na burocracia, que dificulta a inovação? Trata-se de um problema especialmente espinhoso, comum a todas as grandes organizações, porque o governo tem estruturas, processos e culturas que militam constantemente contra a mudança. Sendo assim, como ele desenvolve uma cultura arraigada de inovação? Voltamo-nos para esse assunto a seguir, no capítulo 9.

9

O Estado inovador: tornar o governo responsivo para mudar completamente

Mudança, mudança, toda essa conversa sobre mudança. As coisas já não estão ruins o bastante?

Lord Palmerston

Um Estado sem meios para alguma mudança está sem meios de conservação.

Edmund Burke

Entre 1993 e 2014, a vida cívica de Boston foi dominada por seu 53° prefeito, Thomas Michael Menino. Reeleito quatro vezes, Menino "presidiu uma das renascenças urbanas de maior sucesso na história americana moderna".[1] Olhando retrospectivamente para sua carreira, o *New York Times* lhe deu o crédito de ter transformado a cidade em "próspero centro econômico e cultural e ímã para a inovação". O legado de Menino está inscrito em grande estilo no *skyline* da cidade, em South Boston e no centro, onde armazéns abandonados e a orla, antes decrépita, foram transformados em elegantes quarteirões de escritórios, condomínios e restaurantes.

Muito estranhamente, no início da carreira, Menino foi ridicularizado como "mecânico urbano": alguém muito focado em "pequenos problemas" e nas "porcas e parafusos" da administração municipal.[2] Apesar da excelência dos quadros acadêmicos de Boston, Menino tinha desdém por visionários:

COMO UM GOVERNO DEVERIA SER

desprezava-os por "não botarem nada de pé". Sua abordagem prática para governar mostrou-se da forma mais concreta. Nascido na região de Hyde Park, em Boston, ele nunca se cansava de visitar os bairros da cidade. Como prefeito, era visto andando pelas ruas, conversando com os cidadãos e registrando problemas locais — luzes quebradas, buracos — assim que os via. Depois que a cidade ganhou o primeiro telesserviço para queixas dos cidadãos, Menino tornou-se o usuário mais frequente, ligando diversas vezes por dia com pedidos. Como prefeito, dizem que ele encontrou mais da metade do meio milhão de residentes de Boston.

Ao seu foco em porcas e parafusos, somou-se a desconfiança por novas tecnologias. Mesmo enquanto defendia o distrito da cidade voltado para a alta tecnologia inovadora, Menino adquiriu a reputação de tecnófobo. Certa vez, chegou a proibir o serviço de correio de voz na prefeitura. No entanto, nem mesmo ele conseguiu resistir à necessidade de mudança e ao uso da tecnologia para realizá-la. O que faltava a Menino em know-how técnico, ele compensou cercando-se de jovens das universidades de nível internacional de Boston. Um deles foi Mitchell Weiss, formado pela Harvard Business School, que, ao final, seria chefe de gabinete e redator dos discursos de Menino. Em dezembro de 2005, em um discurso para a Câmara de Comércio de Boston, que Weiss escrevera, Menino anunciou que estava pronto para passar de sua abordagem prática, de governo municipal com a mão na massa, para a era digital. Ele contrataria um diretor de informação (CIO) e criaria uma bolsa a fim de levar para o governo uma geração que ele apelidou de "novos mecânicos urbanos".

Fiel a sua palavra, em 2006, Menino contratou Bill Oates para ser o primeiro diretor de informação da cidade. Oates começou desenvolvendo uma nova linha de teleatendimento 24 horas e um sistema de gerenciamento interno de performance,

O ESTADO INOVADOR

para fazer e processar pedidos de serviços municipais. Nessa tarefa, teve o auxílio de Chris Osgood, outro graduado da Harvard Business School, que trabalhava na prefeitura como assessor político do prefeito. Juntos, os dois e sua equipe lançaram o novo sistema em 2008. Com ele, o tempo necessário para substituir lâmpadas de rua queimadas caiu para menos da metade, enquanto o tempo de coleta de caixotes de lixo reciclável diminuiu em 3/4.

Em 2006, o programa de bolsas de Menino também atraiu Nigel Jacob, outro jovem graduado das universidades locais. Jacob, que tinha começado a carreira como engenheiro de software na IBM e trabalhado em algumas startups, foi então selecionado para o doutorado em Ciências da Computação, na Tufts University. Atraído pela ideia de empregar tecnologia nos serviços públicos, ele começou sua bolsa no departamento municipal de TI. A partir daí, foi questão de tempo até que se unisse a Osgood. Chris Osgood e eu estávamos fazendo coisas complementares. Juntos, começamos a pensar em formas de conectar o governo municipal com a universidade. Estávamos cercados por todas aquelas incríveis instituições. Parecia insano não aproveitar o MIT ou Harvard ou a Universidade de Boston.[3]

Em 2007, o iPhone da Apple foi lançado e Jacob começou a pensar sobre as aplicações cívicas do novo aparelho. Com Osgood, ele começou a trabalhar na construção de um aplicativo que teria a mesma função dos serviços de teleatendimento da cidade. Para construir o aplicativo, consultou o Media Lab do MIT, que, por sua vez, o encaminhou à Connected Bits, uma empresa de software. No final de 2009, Jacob e sua equipe lançaram o Citizens Connect, um aplicativo que permitia aos usuários relatar problemas como buracos, pixações indevidas e lâmpadas quebradas, tudo a partir de fotos georreferenciadas.[4] Ao custo de apenas 25 mil

COMO UM GOVERNO DEVERIA SER

dólares no ano de lançamento, o serviço foi o primeiro do tipo em qualquer lugar. Logo, responderia por 1/5 de todos os pedidos de serviços da cidade, perfazendo mais de 10 mil por ano. O Citizens Connect, por sua vez, levou à criação da Commonwealth Connect, um aplicativo similar que seria mais tarde usado por mais de quarenta municipalidades em Massachusetts.

Animados por esse sucesso, Osgood e Jacob juntaram-se a Mitchell Weiss para pensar em formas mais sistemáticas de levar inovação à prefeitura. Ficou logo claro que precisavam de uma equipe dedicada — uma unidade de inovação —, que pudesse inaugurar um modelo de "governo orientado por pares" e pelo espírito de mudança. Mas, antes, Menino teria que concordar com o plano.

O Gabinete do Prefeito da Nova Mecânica Urbana

Em 2010, quando iniciou seu quinto e último mandato como prefeito, Tom Menino cedeu à pressão de Weiss, Osgood e Jacob ao criar uma unidade de inovação na prefeitura — o Gabinete Municipal da Nova Mecânica Urbana (Monum, a sigla em inglês para Mayor's Office of New Urban Mechanics). Menino colocou Jacob e Osgood à frente, mas não lhes deu um orçamento anual: eles teriam que trabalhar com recursos vindos de vários departamentos da cidade. Para Weiss — àquela altura chefe de gabinete de Menino e inventor do termo "nova mecânica urbana" —, o Monum iria apenas formalizar o que Jacob e Osgood faziam informalmente até aquele momento.

A ideia era simples. O Monum seria um estúdio de criação ou um núcleo dedicado à inovação no interior do governo. Identificaria problemas e desenvolveria soluções para Boston, em um ambiente o mais livre possível de amarras burocráticas.

A equipe assumiria apenas projetos com potencial de escala e com impacto na vida dos cidadãos. Desse modo, evitaria ideias muito dispendiosas ou que consumissem muito tempo. Assim que um projeto fosse escolhido, o Monum pesquisaria sobre ele, desenharia uma solução prototípica, faria testes e avaliações. Se a solução se mostrasse bem-sucedida, a equipe iria entregá-la ao departamento municipal responsável, para que então a desenvolvesse. Do contrário, concluiriam que era ruim e seguiriam em frente.

Desde o início, o foco era desenvolver iniciativas em pequena escala — algumas das quais poderiam usar tecnologia e dados — para engajar os cidadãos no que os fundadores chamaram "urbanismo participativo". "Nosso ponto de partida", diz Jacob, "era a obsessão de Menino por questões de qualidade de vida em Boston. Queríamos otimizar o capital social que ele havia acumulado, após quinze anos no cargo." A ideia de Weiss era que a equipe trabalharia em projetos como o Citizens Connect, que eles haviam desenvolvido entre 2006 e 2010, e criaria um "ecossistema de inovação" juntamente com os cidadãos de Boston. "Estávamos com a mente aberta", diz Jacob. "Não tínhamos uma coisa específica na qual trabalhar. Em vez disso, construiríamos uma série de coisas diferentes."

Mas, como a equipe tinha como objetivo se conectar com a economia da inovação na região de Boston, primeiro ela teria que operar na mesma escala de tempo. "Éramos uma start-up para o governo *no* governo", diz Jacob. "Tínhamos que ser uma equipe atenta às demandas, ágil e pequena." Além disso, o Monum não pretendia ter as ideias. Os cidadãos forneceriam a inspiração para os projetos: eles não seriam mais "recipientes passivos dos serviços do governo", mas "fabricantes ativos de seu próprio ambiente urbano". A proposta fazia sentido por outro motivo: a falta de recursos internos da equipe. "Sempre

COMO UM GOVERNO DEVERIA SER

fomos duros", diz Jacob, "então o engajamento do cidadão é parte fundamental da nossa estratégia desde o começo."

Com o tempo, a equipe passou a refinar a abordagem. O modelo Monum hoje, segundo a descrição de Jacob, consiste em três estágios: explorar, experimentar e avaliar. O primeiro passo é compreender o universo de coisas que a equipe deve fazer: explorar problemas e soluções com grupos comunitários, professores, empreendedores convencionais ou sociais e pessoas em geral, interessadas em melhorar a vida em Boston. Em seguida, há o processo de teste, de tentativa e erro. "Vemo-nos como experimentalistas no governo local. Procuramos coisas para experimentar e testar, nas quais possamos investir tempo e dinheiro daí em diante."

A base para as novas iniciativas sempre é: melhora a vida das pessoas? Para testar o funcionamento de uma nova solução, o método de avaliação é a chave. Devido ao relacionamento com a comunidade de pesquisa, a equipe regularmente envolve grupos acadêmicos nesse processo. Às vezes, no entanto, contrata profissionais pagos para fazer o trabalho. Cada projeto determina que tipo de avaliação é necessária. A equipe tem uma abordagem mista para isso: às vezes, as avaliações são aprofundadas e de longo prazo; outras vezes, são mais imediatas. "No dia a dia, a avaliação leva tempo", explica Kris Carter, cogerente do Monum. "Temos que encontrar um modelo que seja apropriado para nós. Pensamos muito sobre métodos qualitativos, usando designers e avaliação baseada em design, em vez de métricas simplesmente quantitativas e baseadas em resultados."[5]

Depois de "explorar, experimentar e avaliar", vem o ponto crucial, o processo de defesa da solução encontrada perante o departamento governamental da área. Este, por sua vez — seja o de transporte, educação, planejamento ou saúde —, procura expandir a solução. Nesse ponto, o Monum passa a ser um auxiliar do departamento na expansão da solução. Esse auxílio pode se traduzir em treinamento de equipe, redação de solicitações de propostas para fins de comercialização e assim por diante. "Ficamos nas trincheiras, resolvendo problemas para os departamentos", disse Carter. "Nosso negócio é entender qual é o seu negócio. Alguns departamentos se preocupam sobretudo com a reação do público, então temos que tornar isso parte do que estamos fazendo."

Com o tempo, o Citizens Connect tornou-se o modelo de como o Monum poderia engajar os talentos da cidade para se mover rapidamente e desenvolver soluções para Boston. Em 2011, por exemplo, o escritório fez parceria com a Code for America — organização não política criada para promover o uso da tecnologia e do design no setor público —, visando a construir o Discover BPS, um aplicativo que permite aos pais encontrar quais escolas públicas os filhos são aptos a frequentar.[6] O aplicativo foi desenhado para simplificar um processo que antes era demorado e confuso; com ele, tudo o que os pais precisavam fazer era digitar nome, série e endereço para obter todos os dados necessários. Na sequência, vieram outras inovações em educação. Um único cartão passou a servir como identificação escolar, cartão de biblioteca, cartão de membro do centro comunitário e passe de trânsito. O aplicativo "Onde Está Meu Ônibus Escolar" permitia que os pais monitorassem o trajeto da criança; essa solução foi particularmente valiosa quando os motoristas de ônibus entraram em greve. "Poupança Boston" era um programa desenhado para ajudar crianças em escolas estaduais a poupar, ajudando-as a custear seu futuro curso universitário.

Em 2012, o escritório lançou o Street Bump, um aplicativo móvel que monitora os usuários enquanto dirigem, coletando dados sobre localização de buracos nas vias públicas. O protótipo, criado alguns anos antes, fora originalmente testado no próprio carro do prefeito Menino. Como o prefeito tinha a reputação de apontar um número recorde de buracos, seu SUV foi equipado com girômetro, acelerômetro e GPS, para detectar e reportar automaticamente a cada vez que passasse sobre um buraco. Mais tarde, conforme o iPhone se tornou onipresente, a equipe percebeu que os sensores no aparelho poderiam ser usados para permitir a um grande número de carros detectar e reportar buracos, e os dados poderiam ser compartilhados coletivamente. Os motoristas teriam apenas que baixar o aplicativo e colocar o smartphone no painel do veículo; o celular iria, então, coletar os dados sobre os buracos e transmiti-los à prefeitura. A equipe testou a nova ideia com um carro de sua assessoria de imprensa, mirando todos os buracos que encontravam ao dirigir pela área do parque Boston Common. "Estávamos bem doloridos no final do dia", diz Jacob. "No final da semana, o carro estava destruído."

Mas o aplicativo foi, afinal, um sucesso. Recebeu boas avaliações da imprensa e milhares de pessoas o baixaram e usaram. A equipe foi convidada para ir a Downing Street explicar como ele funcionava para um grupo que incluía o primeiro-ministro britânico. De fato, o aplicativo transformou a forma como Boston consertava seus buracos. No passado, os residentes tinham que se preocupar em ligar e notificar buracos, ou a cidade enviava uma equipe para procurá-los. Isto era ineficiente. Como o Citizens Connect (que também permitia aos usuários notificar buracos manualmente), o Street Bump ajudou Boston a aumentar a proporção de buracos consertados no prazo de dois dias, passando de 48%, em fevereiro de 2011, a 92%, em abril de 2014. Dados do Street Bump também mostraram que tampas de esgoto afundadas eram um problema maior do que os buracos e a cidade acabou consertando mais de mil delas.

Tentativa e erro

A equipe do Monum teve seu quinhão de falhas, obviamente. Na verdade, falhar rápido e no início faz parte da abordagem do escritório. Por exemplo, uma versão em texto do Citizens Connect não funcionou como a equipe esperava. Outros projetos tiveram impacto abaixo de notável. Ed Glaeser, professor de economia da Universidade Harvard e especialista em cidades, é cético, por exemplo, sobre o "Adote um Hidrante", um programa que permite às pessoas assumirem a responsabilidade por limpar um hidrante após nevascas. Para Glaeser, o programa requer "um nível de espírito público muito além de meramente enviar uma reclamação".[7] Não admira que os residentes estejam demorando a adotá-lo.

Ao lançar o Monum, o prefeito Menino havia previsto que traria "uma onda de inovação municipal nunca mais vista desde que as cidades levaram água para as casas das pessoas pela primeira vez".[8] A afirmação agora parece exagerada. Alguns dos projetos do Monum tiveram vida curta, outros parecem meros truques tecnológicos. Os críticos podem achar que fazer com que os cidadãos registrem buracos e lixo seja algo sem importância, até mesmo fútil, sobretudo se enquanto as ruas estão degradadas faltar investimento em infraestrutura. Jacob, no entanto, acredita que pequenos passos ajudam a desenvolver confiança entre o público e o governo e a criar uma base para lidar com questões maiores.

Além disso, embora Citizens Connect, Discover BPS e Street Bump envolvam tecnologia, Jacob diz que a equipe se "empenha muito para separar inovação e tecnologia" e garantir que "inovação tenha a ver com processos mais bem desenhados ou layouts físicos concebidos de maneira melhor". Para Kris Carter, um ótimo exemplo disso é o trabalho em habitação, com o qual a equipe está envolvida há algum tempo. Uma questão importante aqui é a densidade habitacional dos bairros: como a prefeitura pode aumentar o número de moradias disponíveis e definir o tamanho mínimo de apartamento com o qual os residentes se sintam confortáveis. Carter diz que esta foi uma conversa difícil de se ter com qualquer comunidade. No passado, a prefeitura teria estabelecido uma série de reuniões com a comunidade e teríamos dito aos residentes: "Queremos fazer apartamentos de 35 metros quadrados em vez de 46 metros quadrados, não é uma grande ideia? Talvez provoque queda nos preços, espera-se, mas não sabemos."

Em 2016, a equipe decidiu seguir um caminho diferente. "Concluímos que, se tivéssemos a reunião, provavelmente apareceriam as mesmas vinte pessoas que sempre aparecem para consultas como aquela. E alguns provavelmente se oporiam ao que estávamos propondo mesmo sem saber o que era." Em vez disso, a primeira coisa que a equipe fez foi demarcar vários metros quadrados no chão de um ginásio e depois convidou os residentes para que experimentassem aquelas dimensões. "As pessoas ficaram no espaço que havíamos marcado e tentaram se imaginar vivendo nele. E, então, perguntamos como se sentiam."

Mas elas ainda tinham dificuldade em imaginar como seria de fato *viver* num espaço igual. "As pessoas não tiveram uma percepção realmente boa do que seria", diz Carter. Então, a equipe deu um passo além e construiu uma casa modelo — uma unidade real com a metragem projetada — e colocou-a em um trailer para percorrer a cidade. "Levamos o trailer para uma dúzia de bairros diferentes, ao longo de três meses, e as pessoas o visitaram como se fosse um showroom. Podiam fingir que estavam vivendo ali, conversando, cozinhando ou dormindo no quarto." Dessa forma, a equipe conseguiu ampliar a conversa sobre o que realmente significava densidade habitacional para os cidadãos. Eles observaram as reações dos residentes e tiveram várias ideias sobre muitas coisas. Por exemplo, perceberam que as exigências dos millennials e as da geração do ninho vazio eram bem distintas umas das outras. Também descobriram que, ao entrarem na casa modelo, os residentes logo percebiam que não era um cortiço, mas sim um espaço administrável e cômodo.

As percepções do processo tiveram influência direta na política implementada na cidade, incluindo mudanças que levaram ao aumento no tamanho mínimo das casas a serem construídas no futuro. "Uma grande pergunta que nos fazíamos", diz Carter, "era: como melhorar a interação com os cidadãos de Boston? Às vezes, temos que usar a tecnologia. E às vezes, temos apenas que construir uma casa modelo."

Dessa forma, a equipe aparentemente evitou o tipo de crítica que muitas vezes destruiu iniciativas de inovação em outras cidades. Por exemplo, o escritório permaneceu enxuto, com apenas dez funcionários de tempo integral em 2020, aproveitando o fluxo regular de bolsistas universitários. O orçamento anual do Monum, diz Jacob, nunca excedeu 2 milhões de dólares, e grande parte desse valor vinha de fontes filantrópicas em vez de fundos públicos. Na maioria das vezes, a cidade tem sido capaz de evitar os caros fiascos que ocorrem quando burocracias governamentais adquirem soluções técnicas de empresas contratadas.

Os desafios da inovação em grandes organizações

Para sobreviver e prosperar, as organizações devem ser capazes de fazer duas coisas muito diferentes: primeiro, continuar fazendo o que estão fazendo agora (especificamente, "o de sempre"); e segundo, mudar e melhorar (outro nome para a "inovação"). No setor privado, as pressões da concorrência são tão intensas que as empresas prestam muita atenção em como se organizar

COMO UM GOVERNO DEVERIA SER

para mudar, gastando muito dinheiro nisso. Grandes empresas costumam ter divisões inteiras que se concentram exclusivamente em inovação: descobrir coisas novas ou melhorar formas de fazer o que já fazem. Muitas gastam bilhões em pesquisa e desenvolvimento. Mas fazer o novo enquanto se faz o de sempre é difícil. Alguns especialistas descrevem a situação como tentar mudar os pneus de um carro de Fórmula 1 durante a corrida. Outros comparam o processo a reabastecer um jato enquanto ele está em pleno ar. O principal órgão de uma empresa não pode se dar ao luxo de descansar ou suspender o de sempre enquanto experimenta o novo.

Contudo, as empresas agora também enfrentam pressões para mudar a maneira de mudar: elas estão inovando o próprio processo de inovação. Durante boa parte do século XX, inovação costumava ser um processo longo, estruturado e caro, dominado por grandes empresas com recursos vultosos. No século XXI, porém, surgiram as "startups leves": empresas ágeis, com equipes pequenas, que usam tecnologia ubíqua de forma inteligente, para tomar a frente dos monstros centenários. Presenciamos isso em setores que vão do mercado editorial à música, do varejo ao turismo e do transporte à educação. Nesse contexto, a questão principal para as grandes organizações — com operações correntes, produtos e clientes significativos — é como, mesmo enquanto funcionam no presente, desenvolver um mecanismo para a mudança que está constantemente se preparando para o futuro. É uma questão com a qual muitas empresas estão se debatendo. E esse é o mesmo desafio que, hoje, preocupa os governos.

As organizações governamentais podem ter o monopólio do que fazem, mas também enfrentam pressões para mudar: fazer coisas novas e se sair melhor no que já fazem. Os governos também enfrentam, normalmente, limites sérios em termos de dinheiro, tempo e pessoal. De fato, pode-se argumentar que sempre foi assim; que os governos sempre sofreram pressão para melhorar. A cidade de Boston, por exemplo, está à frente da mudança desde 1799, quando criou o primeiro departamento de saúde e realizou os primeiros estudos de uma vacina contra a varíola. Novamente, em meados do século XIX, os bostonianos formaram a Associação Americana para a Promoção da Ciência Social, que pressionou pela instituição de bibliotecas públicas gratuitas na cidade e em toda parte. Reconhecidamente, Boston seria a primeira cidade nos Estados Unidos a ter um departamento de polícia e um metrô. Assim, o governo sempre tem que melhorar. O que é diferente hoje é a velocidade da mudança e a terminologia usada para descrevê-la. No século XXI, o clamor por reforma foi substituído pela reivindicação por inovação como forma de reinventar o governo. E há duas abordagens essenciais ligadas à inovação no setor público, ambas frequentemente envolvendo tecnologia digital e uso de dados.

A primeira é o modelo "cidade inteligente". Geralmente centralizado e de cima para baixo, diz respeito a um governo que contrata empresas de tecnologia para conectar cidades a monitores e automatizar o ambiente. Uma pioneira nessa abordagem foi a Coreia do Sul, que, em 2000, fez uma parceria com a Cisco para construir uma cidade inteligente em Songdo, um novo empreendimento imobiliário erguido em aterros do mar Amarelo. Os edifícios e as ruas possuem computadores integrados e há telas de duas faces por toda parte. Os residentes fazem videoconferência com os vizinhos, controlam a iluminação e a calefação por painéis de controle e assistem a aulas remotamente. Informações sobre trânsito e energia são coletadas por sensores ubíquos e usadas para notificar os cidadãos sobre a chegada dos ônibus ou alertar as autoridades sobre a ocorrência de um crime.

Uma segunda abordagem, muito diferente, é o modelo "corte cívico". Tipicamente descentralizado e dirigido pelos cidadãos, diz respeito a um governo que usa novas tecnologias para facilitar a "autoajuda entre os cidadãos" e incentivar a "confiança comunitária em vez de a confiança no Estado".[9]

A abordagem Monum é mais próxima da segunda do que da primeira. "Somos um lab de inovação cívica", diz Jacob, "o que significa que nosso trabalho é realizar estudos que rompam barreiras em relação à forma com que os serviços são ofertados aos residentes." Cada vez mais, esses experimentos não são high-tech. O Monum, inclusive, foi além do que fez a maioria dos governos, ao se integrar ao governo, em vez de ficar de fora, atrelado a grandes corporações ou a grupos de cidadãos. Com isso, ficou claro que Boston pode ir além de apenas encontrar um mecanismo e um engenho para a inovação. Pode finalmente ir ao âmago de alguns dos impedimentos endêmicos à mudança sistemática que todas as organizações, mas especialmente burocracias governamentais, enfrentam. O que o Monum tentou fazer, de fato, foi criar e instalar uma cultura de inovação, pressionando a inércia, a aversão ao risco e a alienação que afligem burocracias governamentais pelo mundo afora.

Uma cultura da inovação

No setor privado, as empresas vislumbraram formas cada vez mais engenhosas de vencer esses impedimentos e inovar, mesmo enquanto fazem o trabalho de sempre. No jargão da teoria organizacional, as empresas aprenderam a ser "ambidestras": prosperar no presente — oferecendo aos clientes produtos e serviços disponíveis —, mesmo enquanto pesquisam novos clientes e tecnologias e testam e oferecem novos produtos e formas de trabalhar. Muitas empresas criaram unidades inteiramente novas — "skunk works" — para emular a agilidade das startups, cada vez mais suas concorrentes. Libertas da burocracia e da inércia da organização-mãe, e das pressões diárias de atender os clientes com produtos disponíveis, as unidades leves se dedicam inteiramente a identificar, testar e levar novas ideias adiante. Mesmo o Google sucumbiu a essa tendência quando, em 2015, a alta direção dividiu a empresa em dois braços: Google (que se concentra no negócio atual de pesquisa e publicidade) e Alphabet (que se concentra em estudos mais arriscados — "moonshots" —, como os carros autopilotados e as aplicações de IA à assistência à saúde). Curiosamente, a cidade de Boston e o Monum chegaram lá cinco anos antes do Google.

Um dos problemas sistemáticos que o Monum tenta resolver é a questão do risco. O governo é tradicionalmente cauteloso, mas novas ideias e novas formas de fazer coisas envolvem perigo. Como Jacob afirma: "A resposta tradicional do governo para lidar com o risco é a burocracia. A burocracia é desenhada para subjugar a mudança e cada nova ideia a um milhão de testes e a desacelerar o processo inteiro." O governo é estruturado para agir de modo cauteloso por boas razões; com o objetivo de prestar contas, é lento e transparente. Mas há consequências. "Significa que normalmente não somos tão ágeis quanto nossos cidadãos querem que sejamos", diz Jacob. E os cidadãos estão cada vez mais impacientes. "Não entendem por que a prefeitura é tão lenta, quando empresas com as quais fazem negócios não são."

Grande parte do trabalho do Monum em relação à mudança é eliminar o risco para que o governo possa se mover rapidamente. A unidade age como uma "concentradora de risco". Quando determinado departamento do governo, como o dos transportes ou o de habitação, deseja explorar uma nova ideia ou abordagem, provavelmente hesitará se for deixado por conta própria. Hesitará em designar pessoas ou orçamentos à nova ideia porque, com razão, se preocupa com o que acontecerá

COMO UM GOVERNO DEVERIA SER

se a nova ideia falhar. E se isso estiver na primeira página dos jornais? O Monum absorve esse risco. A unidade também enfrenta o incômodo de tentar algo novo: fornece o pessoal, o financiamento e o foco. Tentar coisas novas é seu papel exclusivo. "Não dirigimos os transportes ou as escolas, então, se tentarmos algo e não funcionar, as luzes não se apagam. E aprendemos por que funciona ou não", diz Jacob.

Depois, há a questão da confiança. Mesmo quando o Monum conclui que certo experimento passou nos testes, a equipe ainda precisa convencer o departamento governamental da área a assumi-lo e implementá-lo. A questão então é: como ganhar a confiança dos funcionários do governo, muitos dos quais são ensinados a evitar riscos? "Se os departamentos não confiarem em você", diz Jacob, "não vão ouvir nada que você disser. Você tem que criar o contexto cultural para esse tipo de trabalho, que está ligado à construção de tolerância ao risco dentro do governo."

Isso leva à questão dos incentivos. Os departamentos governamentais temem que seu nome esteja ligado a algo que pode falhar. Novamente, o Monum trabalha para diminuir a pressão do fracasso. "Se um novo projeto, ao ser testado por um departamento, não funcionar, tentamos absorver ao máximo as más notícias, para que ele possa empurrar a publicidade negativa para nós. Se funcionar, no entanto, tentamos dar o máximo de crédito possível aos departamentos."[10]

Boas notícias se espalham para outros departamentos, mas também até o gabinete do prefeito. "Precisamos ser inteligentes o suficiente para fazer as coisas com que o prefeito se preocupa", diz Jacob. "Se estivermos fazendo um projeto sobre o qual o prefeito não tenha nada a dizer, isso não é bom. Fornecemos um fluxo constante de notícias para o prefeito divulgar. Os sucessos nos dão margem de manobra para outras coisas que podem não dar certo."

O que acontece, então, quando muda o prefeito? Continuidade é um problema que afeta todas as organizações, incluindo as corporações privadas. Mas os governos são particularmente propensos a esse problema. Os líderes políticos normalmente têm mandatos limitados. Mesmo os lendários cinco mandatos de Tom Menino chegaram ao fim. Quando isso ocorreu, com sua morte em 2014, havia poucas garantias de que o Monum sobreviveria à transição. Mas ter oferecido aos cidadãos de Boston as soluções que eles queriam ajudou a causa do Monum. Entre sua vitória na eleição e a posse no cargo, em 2014, o novo prefeito Marty Walsh realizou uma série de reuniões comunitárias com os residentes de Boston. Nas reuniões, ele perguntou quais programas deveria manter e quais deveria suspender. Em cada uma das reuniões, os moradores disseram que não deveria apenas manter o Monum, mas cogitar expandir o programa. Imediatamente, depois da última reunião com os residentes, Walsh chamou a equipe do Monum e disse, segundo Jacob: "Não sei quem vocês são ou o que vocês fazem, mas muitas pessoas disseram que eu deveria lhes dar campo livre para mostrarem o seu valor, e pretendo fazer exatamente isso."

Outra questão importante é a liderança e o pessoal certo. Tecnologias, como a inteligência artificial e as *blockchains** prometem revolucionar a forma como o governo atende as pessoas e faz melhor com menos. Por exemplo, sir Mark Walport, consultor científico chefe do Reino Unido de 2013 a 2017, argumentou que essas tecnologias têm o "potencial para redefinir a relação entre governo e o cidadão, em termos de compartilhamento de dados, transparência e confiança, dando contribuição importante também para o plano de transformação digital do governo".[11] Mas essas tecnologias, Walport

---

* *Blockchain* é a tecnologia que garante a segurança das transações com criptoativos, pois permite rastrear o envio e o recebimento de informações pela internet. (*N. do E.*)

também avisa, criam desafios, como a necessidade do tipo certo de liderança e de pessoal.

Em termos de liderança, importantes responsáveis pela tomada de decisões no setor público estão geralmente no topo da carreira, a apenas alguns anos da aposentadoria. O tipo de mudança que precisam fazer é enorme e custa tempo e esforço. A tendência é que empurrem com a barriga e deixem o trabalho árduo para a próxima geração.

A capacitação técnica dos funcionários públicos é um impedimento adicional. Muitos não são treinados em assuntos técnicos de engenharia ou design digitais. E como agravante, há uma preferência natural entre os que escolhem trabalhar no governo por evitar o risco e ficar em segurança. Para lidar com essas questões, o Monum ativamente contrata pessoas que estejam confortáveis para trabalhar com as regras que os funcionários de carreira devem seguir, mas que também tenham a veia empreendedora e o desejo de avançar os limites. "Tentamos contratar trapaceiros", diz Jacob. "Queremos pessoas que estejam confortáveis navegando em grandes burocracias, mas continuem sendo criativas."

Kris Carter diz que outras habilidades, referentes à inteligência emocional, também são relevantes, como a habilidade de se comunicar e contar uma história sobre a importância da mudança. "Em Boston, temos uma série de programas em andamento a todo momento. Não apenas comunicamos isso no trabalho, mas também por canais formais e pela imprensa. Precisamos disseminar reportagens para aumentar a moral ou comunicar uma estratégia específica." Para fazer isso, o Monum dispõe de um instrumental de comunicação. Para pressionar por mudança, as pessoas têm que ver mudança. Significa ser capaz de contar histórias. Quando novos membros entram na equipe, trazem novas habilidades com eles em, por exemplo, escrita ou mídias sociais. "Eu mesmo", diz Carter, "tenho experiência com a realização de filmes, e encontrei meios de empregar essa habilidade para atender as necessidades da equipe e da cidade."

O Monum também reconhece a necessidade de identificar "trapaceiros" em *qualquer lugar* do governo. Em razão disso, a equipe procura ativamente inovadores e defensores da inovação — adeptos precoces de novas ideias — em todos os departamentos governamentais de Boston. "Há um pequeno número de inovadores", diz Jacob, "espalhados pelos departamentos que nos ajudam a subverter a burocracia. Afinal: burocracia são apenas pessoas."[12]

Mas o Monum não para aí. O escritório também engaja os próprios cidadãos como defensores e embaixadores de suas soluções. O aplicativo Citizens Connect, por exemplo, depende dos residentes que reportam problemas aos funcionários públicos da cidade: os cidadãos estão no coração do serviço. O programa Boston Saves, que dá às crianças ainda no berçário 50 dólares para começar uma poupança para custear a universidade, foi construído em parceria com membros das famílias que, por sua vez, se tornaram adeptos da ideia. O Monum levou membros da comunidade a serem copilotos e coproprietários do programa desde o início. Fez com que as pessoas falassem sobre o Boston Saves e ajudou a desenvolver uma relação de confiança com as famílias.

Inovação em outros níveis do governo

Desde 2010, outras cidades seguiram o exemplo de Boston e criaram unidades de inovação para impulsionar mudanças dentro do setor governamental. A ideia é levar o espírito empreendedor para ajudar com os problemas públicos e fornecer estrutura para a complicada tarefa de experimentar novas maneiras de fazer as coisas. Em 2012, por exemplo, a Filadélfia inaugurou sua própria versão de um escritório assim. Em 2014, uma colaboração similar, baseada na universidade, foi lançada em Utah Valley. Em geral, nos Estados Unidos, essas iniciativas ganharam ímpeto com dinheiro de filantropia, como o concedido pela Fundação Bloomberg. Na Europa, enquanto isso, a União Europeia injetou dinheiro em iniciativas semelhantes em suas cidades.

Tais iniciativas em nível municipal foram combinadas a, ou mesmo precedidas por, desdobramentos semelhantes em outros níveis de governo. Nos Estados Unidos, o governo Obama introduziu vários desses programas em nível federal, alguns dos quais foram mantidos pelo governo Trump. Mas Jacob diz que esses esforços tendem a se deter no uso de tecnologia digital, embora haja potencial considerável de inovação que vai além da tecnologia, como o Monum mostrou.

Ao norte da fronteira, o Conselho do Tesouro do Canadá — agência federal que analisa e aprova os gastos do governo — criou o Setor de Inovação e Serviços de Políticas Públicas, em 2018. Trata-se de uma unidade especial, concentrada em inovação no interior do governo. Aleeya Velji, analista da equipe, descreve a unidade como uma startup dentro do governo, criada por burocratas veteranos "conscientes de que a mudança precisa acontecer".[13] Para botá-la em prática, os líderes perceberam que precisavam deixar o próprio Conselho do Tesouro — o ponto de origem das políticas públicas na área — e criar uma nova unidade em outro lugar. Eles escolheram a Escola de Serviço Público do Canadá, um ramo do governo federal tradicionalmente encarregado de criar inteligência e competência relevantes.

Sob a supervisão dos vice-ministros das várias pastas de governo, o novo setor tem mais margem de manobra e espaço para orientar mudanças sistemáticas. Também tem subdivisões, incluindo uma academia digital focada em construção de capacidade, uma divisão de pesquisa e um grupo que se concentra em aplicações de inteligência artificial. Na opinião de líderes veteranos, o novo setor é uma forma de infundir inovação, como uma competência central, nos mais altos níveis do governo: para "religar o cérebro da organização" e "criar ferramentas práticas necessárias para mudar".

"No governo", diz Velji, "as pessoas se desenvolveram de forma particular. Entram jovens e tendem a permanecer lá. Precisam ser treinadas como empreendedoras." A esperança é que as novas atitudes e capacidades sejam filtradas para os vários departamentos e comunidades funcionais no interior do governo. "Analistas, responsáveis por concessões, pessoas da divisão de passaportes: cada um desses grupos", diz Velji, "deveria ser capaz de adaptar a nova mentalidade à sua própria situação. Dado que seu trabalho é diferente, suas inovações específicas também tendem a diferir."

Mas os desafios para impulsionar a inovação no governo em nível federal são consideráveis. Velji, que se envolveu em inovação em três níveis diferentes do governo — municipal, provincial e federal —, fala por experiência própria. "Em nível federal", diz ela, "o governo é tão grande e tão distante das pessoas comuns que a mudança originária de forças externas é difícil de desencadear. Diferentemente do nível municipal, ou mesmo do provincial, nele vozes externas são raramente ouvidas e têm dificuldade de influenciar qualquer coisa. Assim, a mudança em nível federal precisa vir de dentro."

Velji assinala que o governo federal costuma ser bom em criar incentivos, por exemplo, usando seus recursos para estimular outros atores à inovação, entre eles os empreendimentos com preocupações sociais. "A maior parte do trabalho do governo federal está relacionada a distribuir dinheiro para comunidades que podem, então, prosseguir e fazer o trabalho de inovação social." Mas, para ele, é difícil realizar coisas que exijam um contato direto com a realidade da população.

COMO UM GOVERNO DEVERIA SER

"À medida que a escala aumenta", diz Velji, "e o dinheiro cresce, também fica exponencialmente mais difícil fazer mudanças, porque seu distanciamento das pessoas aumenta." O governo federal do Canadá emprega cerca de 250 mil pessoas e atende cidadãos de todo o país, distribuindo dinheiro através de diferentes canais, mas geralmente não "vê" essas pessoas. Para transformar uma organização tão grande e lenta é preciso atrair os talentos certos e mudar a mentalidade dos que já trabalham nela: por exemplo, ensinando-os a trabalhar de maneira mais "ágil" ou "leve". Mas o sistema é tão estruturado, diz Velji, tão rígido em seu desenho inicial, que mesmo fazendo sentido ir de uma pirâmide para uma estrutura horizontal e ágil, a mudança é difícil de obter. "Cada departamento ou ministério é como um negócio independente e, assim, conferir escala aos novos serviços ou abordagens em vários departamentos diferentes é complicado."

No setor privado, diz Velji, mesmo os conglomerados grandes e com múltiplas divisões têm um único CEO, que faz o alinhamento e garante que todas elas caminhem na mesma direção. Não existe um alinhamento semelhante no governo federal. "Você trabalha para o vice ou para o ministro", diz Velji. "Os ministros têm interesses concorrentes e cada departamento tem suas prioridades. Assim, os departamentos tendem a ser microcosmos de inovação." Além disso, as estruturas rígidas e hierárquicas dificultam a reforma de muitas atividades federais: processos de comercialização e recursos humanos operam em um sistema no qual diferentes elementos constitutivos não se alinham completamente. E, assim, em nível federal, o governo frequentemente fica paralisado, pois é difícil traduzir políticas em práticas. Como resultado, muitas inovações determinadas pelo alto escalão tratam mais de mudar a organização em si do que de mudar a forma como os serviços públicos são oferecidos.

Nigel Jacob, do Monum, concorda. Segundo ele, as cidades estão mais bem posicionadas do que os governos estadual ou federal para introduzir novos serviços e formas de engajamento com os cidadãos. "O desafio, em nível estadual ou federal, é que esses governos não têm clientes. Nós, em Boston, temos 650 mil residentes, que entram em contato todos os dias sobre o que deveríamos fazer e como." Os cidadãos não acessam serviços do governo federal da mesma maneira. Os principais "clientes" de quem trabalha para o governo central são outros setores governamentais. Não há conexão direta com as pessoas comuns, nem "ciclos curtos de feedback" com os cidadãos. "Nos governos locais", diz Jacob, "entendemos melhor do que o governo federal o valor do que estamos fazendo."

Mudar o DNA do governo é difícil

No Canadá, o Setor de Políticas Públicas e Inovação, no qual Velji trabalha, está testando diferentes abordagens para transformar o governo federal por dentro. Atuando junto ao mundo corporativo, o setor direciona pessoas para cursos de treinamento fora do governo e convida organizações externas para que mostrem aos funcionários públicos o que fazem em termos de inovação. "A Escola de Serviço Público", diz Velji, "traz empreendedores sociais e startups de tecnologia para nos ajudar a aprender. Fazemos um esforço concentrado para ir a organizações que estão desenvolvendo essa criatividade."

Em tudo isso, o papel da liderança é chave. A hierarquia governamental determina o que os funcionários podem ver e pesquisar, e, por isso, é necessário que os líderes ajudem seu pessoal a encontrar o equilíbrio entre seguir as regras e ser criativo. Muitas vezes, percebe Velji, as camadas superior e inferior do governo federal "entendem", mas há um nível intermediário, "escorregadio", que é difícil de moldar. "Sua equipe", diz, "é fundamental: as pessoas que estão ao seu redor e que não sairão do seu lado. E o apoio que você tem do seu chefe." Graças aos líderes e equipes, há uma série de pequenos espaços onde a inovação acontece. "Microatores estão fazendo mudanças", diz Velji, "mas mudar o DNA do sistema é mais difícil."

É aí que reside o verdadeiro desafio para os governos federais. Como é possível mudar uma estrutura grande e rígida que trabalhou de forma hierárquica e cautelosa por tanto tempo? Além disso, como essas estruturas extensas mudam o jogo não só na teoria, mas também na prática? "Vemos uma grande quantidade de modificações no sistema atual", diz Velji, "mas realmente não mudamos a organização financeira ou o modo de alavancar dinheiro e recursos. Os funcionários públicos deveriam se fazer essas perguntas, porque é isso que supostamente têm de fazer. Mas como o mundo está se movendo rápido demais, eles não conseguem acompanhar."

Às vezes, é necessário um choque externo repentino para que o sistema absorva a mudança. Como por exemplo, a ameaça de uma pandemia de Covid-19, com potencial para derrubar os alicerces de uma sociedade e de uma economia, pode ter um efeito galvanizador sobre os governos. Como a *Economist* argumenta, a pandemia, assim como a guerra, forçou "a inovação em uma escala e ritmo que nenhum governo normalmente cogitaria. Em todo o setor público, o que antes era impensável está acontecendo", resultando em uma "revisão de décadas, ou mesmo séculos, de procedimentos e hábitos".[14] Como disse um funcionário do Tesouro do Reino Unido, seu departamento mudou rapidamente, de uma atitude que "procura razões para dizer não, para outra que busca maneiras de fazer as coisas funcionarem".

Enquanto isso, na Grécia, apesar de uma década da crise e endividamento, que enfraqueceu a economia e o sistema de saúde, o governo administrou a pandemia com competência e eficiência. Fez a ciência prevalecer sobre a política e adotou uma abordagem gerencial que o primeiro-ministro, Kyriakos Mitsotakis, descreveu como baseada na "sensibilidade de Estado, coordenação, determinação e rapidez".[15] De forma palpável, a pandemia serviu como um catalisador para a inovação. Ao mesmo tempo que o país fez lockdown, o governo promoveu reformas digitais para proteger a saúde dos cidadãos e modernizar o Estado. "Quando a pandemia estourou, a necessidade de simplificar os processos mentais do governo se tornaram fundamentais", diz Kyriakos Pierrakakis, ministro da governança digital. "Uma das primeiras coisas que fizemos para desincentivar as pessoas de saírem de casa foi permitir que recebessem as receitas médicas por telefone. Isso, isoladamente, poupou 250 mil cidadãos de irem ao médico no espaço de vinte dias."[16] Além disso, documentos oficiais, que para serem obtidos costumavam exigir presença em escritórios do governo e corpo a corpo com a burocracia labiríntica, foram disponibilizados on-line, poupando os gregos de milhares de horas perdidas e deslocamentos diários. "Ao mudar a natureza da interação dos cidadãos com o Estado", diz Pierrakakis, "a esperança é que, em última análise, a confiança do público nas instituições seja reconquistada."

Tanto na Grécia quanto no Reino Unido, contudo, a questão permanece: a mudança é meramente temporária ou sistêmica, e vai durar depois que a crise tiver passado? Como o governo incorpora profundamente a cultura de inovação em suas instituições e formas de trabalhar, e será possível fazer isso mesmo quando os recursos são escassos?

O caso de Bangladesh

Alguns países tentaram ultrapassar o Ocidente na condução de uma cultura de inovação em todos os níveis de governo. Um exemplo é Bangladesh, que, em 2007, lançou o Programa de Acesso à Informação (a2i na sigla em inglês), com apoio do Programa das Nações Unidas para o Desenvolvimento (UNDP, na sigla em inglês). Implementado no gabinete do primeiro-ministro, o objetivo era construir uma nação digital que levasse serviços à porta do cidadão. A prestação de serviços públicos seria descentralizada, proporcionando acesso amplo e de melhor qualidade, mais ágil e transparente. O programa tinha quatro maneiras de atingir seus objetivos. Em primeiro lugar, disponibilizaria serviços públicos nos celulares e na internet, para reduzir o custo, a distância que os cidadãos tinham que percorrer e, ao mesmo tempo, reduzir a corrupção que encontravam ao longo do caminho. Em segundo lugar, desenvolveria habilidades e capacidades nos provedores dos serviços, treinando os funcionários públicos. Em terceiro lugar, promoveria a inovação por meio dos Centros de Inovação de Serviços, que identificariam, apoiariam e projetariam soluções inovadoras, mais próximas dos cidadãos. Por fim, criaria uma cultura e um ambiente de apoio à prestação de serviços na máquina pública.

Anir Chowdhury, que dirige o programa, participa da iniciativa desde quase o início. Nativo de Bangladesh, Chowdhury passou aproximadamente duas décadas nos Estados Unidos, antes de voltar no início de 2000. "Lá", diz, "eu me concentrei na indústria de tecnologia da informação e da comunicação, criando duas empresas de tecnologia do zero, na região metropolitana de Boston. Então, por conta de um conjunto de coincidências felizes, fiz a transição de volta para Bangladesh."[17]

Entre 1998 e 2002, Chowdhury foi voluntário nos Estados Unidos na Tech Bangla, uma ONG concebida para envolver expatriados de Bangladesh na criação de um ecossistema tecnológico em sua terra natal. A ideia foi inspirada na cidade de Bangalore, transformada em centro de tecnologia na década de 1990, por indianos "não residentes". Chowdhury rapidamente entendeu que se levasse o objetivo a sério, teria que deixar sua vida confortável em Boston e passar mais tempo em Bangladesh. Isso o levou a procurar oportunidades que favorecessem a mudança. Em 2002, devido a considerações familiares, decidiu concentrar-se em educação e afastar-se da tecnologia. Com sua mãe, professora universitária, fundou uma ONG voltada ao desenvolvimento de conteúdo educacional para escolas secundárias em Bangladesh. Enquanto trabalhava na ONG, teve outro *insight*: no ritmo em que estava progredindo por conta própria, levaria anos até conseguir atingir a escala necessária e causar um real impacto no setor de educação em Bangladesh. Até mesmo uma parceria com a BRAC, a maior ONG do país (ver páginas 161-162), apesar de, na melhor das hipóteses, acelerar seu crescimento, em última análise seria insuficiente para provocar mudança significativa. Estava cada vez mais claro que seria necessário trabalhar com o governo. "Sem o apoio do Estado", diz Chowdhury, "especialmente em um país como Bangladesh, o impacto não é realmente possível". Logo depois, Chowdhury inscreveu-se no programa do UNDP para realizar workshops com o objetivo de mudar a mentalidade e a abordagem dos altos funcioários públicos em Bangladesh.

Acesso à informação

Em 2006, quando o programa a2i começou, acreditava-se, no governo, que a digitalização traria benefícios potenciais para os cidadãos. Daí o programa ter se iniciado como um clássico projeto de e-governança. O apoio e o financiamento do UNDP atuaram de catalisadores iniciais para a unidade de digitalização, ficando decidido que a equipe seria integrada ao gabinete do primeiro-ministro.

"Em 2007", diz Chowdhury, "houve uma série de mesas-redondas. Os membros da equipe fizeram muitas apresentações. Mas era um ponto de vista bem de cima para baixo."

A equipe desenvolveu documentos estratégicos para vários setores: saúde, educação, agricultura, administração civil e governo local. Acreditava-se que eram estes os setores-chave, passíveis de serem transformados pela tecnologia. Grande parte do trabalho preliminar era escanear o que já estava sendo feito em Bangladesh naquela época, relatar o conteúdo da papelada e usar o conhecimento produzido para imaginar o futuro. "Percebemos logo", diz Chowdhury, "que tínhamos apenas um punhado de documentos. Não tínhamos planos de ação e pouca ou nenhuma adesão para além do gabinete do ministro."

Uma omissão gritante em todos os planos iniciais era o cidadão. Isso mudou em abril de 2008, quando o primeiro-ministro em exercício da época fez a pergunta crucial à equipe do a2i: o que vocês estão fazendo pelo cidadão? Nenhum dos planos até então descrevia, do ponto de vista do cidadão, como a mudança o afetaria. Os planos para a agricultura, por exemplo, deixavam de prestar contas ao agricultor. Na educação, os planos não se detinham no processo pelo qual passavam os alunos, ao entrarem na escola ou no ensino superior: quais eram as habilidades necessárias para conseguir um emprego ou planejar a vida? Da mesma forma, na saúde, não estava claro como os pacientes percebiam o atendimento do sistema de saúde. "Todos os planos", diz Chowdhury, "estavam centrados na oferta, do ponto de vista do governo."

O ESTADO INOVADOR

Para consertar este problema de origem, a equipe fez uma série de workshops com os burocratas nos cargos mais altos do governo. Na primeira rodada, uma pequena equipe do a2i reuniu-se com quatro a cinco líderes, por aproximadamente uma hora, e orientou-os a identificar uma proposta de mudança (*"quick win"*, algo como oportunidades rápidas de melhoria) que a digitalização poderia obter em seus departamentos do ponto de vista dos cidadãos. As conversas levaram, por sua vez, a workshops maiores, com os 53 secretários que, na prática, chefiavam os ministérios. Os secretários tinham, ao longo de suas carreiras, mudado de departamento e adquirido, assim, ampla experiência de como o governo funcionava. Mas já fazia algum tempo que não trabalhavam em campo, tendo contato direto com os cidadãos. Por isso, os workshops também contaram com a participação de funcionários públicos em início de carreira, que ainda trabalhavam em campo e em níveis mais baixos do governo. A contribuição dos funcionários novatos ajudou os mais velhos a se lembrar de como era o governo do ponto de vista dos cidadãos. Funcionários públicos veteranos e principiantes trabalharam juntos, em uma atmosfera de compartilhamento, para criticar as ideias que surgiram na rodada anterior. "A ênfase nesses workshops", diz Chowdhury, "era a crítica honesta e construtiva. Havia um alto nível de camaradagem. Os participantes se sentiram seguros para serem sinceros nas opiniões e no feedback." O foco principal era resolver os problemas dos cidadãos, em vez de problemas do governo. No final do processo, cada secretário tinha uma única proposta aprimorada a ser considerada em seu respectivo ministério, sendo, portanto, 53 *quick wins* em todo o governo. A etapa seguinte foi levar as propostas adiante e executá-las. Trabalhando com os ministérios envolvidos, a equipe da a2i, por fim, supervisionou o lançamento de vinte ideias. Algumas das outras ideias não obtiveram aprovação, mas, no processo, as principais lições foram aprendidas, a mais significativa delas foi a importância da colaboração entre diferentes níveis de governo.

Bangladesh Digital

No final de 2008, logo após vencer as eleições gerais, a Liga Awami, um dos dois principais partidos do país, lançou o Bangladesh Digital: um item emblemático descrito em seu programa de governo. O Bangladesh Digital proporcionou apoio político para mudanças nos níveis mais altos. Logo depois que o novo governo foi formado, Chowdhury fez uma apresentação para Sheikh Hasina, a primeira-ministra, sobre como a equipe a2i implementaria o Bangladesh Digital. Na apresentação, ele detalhou a proposta do programa e sua realização. Explicou como seria desenvolvido a partir das 53 *quick wins* já identificadas em todo o governo, bem como de outras duzentas identificadas em uma fase subsequente.

Este plano preparou o terreno para os próximos anos da equipe a2i. Em 2009-2010, ela trabalhou em duas coisas. Primeiro, embora o foco estivesse na entrega de serviços digitais, a dura realidade era que a internet ainda não estava amplamente disponível em Bangladesh. Naquela época, a penetração da internet no país era de apenas 1%. Mesmo que o acesso pudesse ser fornecido, contudo, havia a questão de quem prestaria os serviços aos cidadãos numa plataforma digital. Para resolver o problema, a equipe tomou a decisão radical de envolver empreendedores locais e privados na venda de serviços públicos, a partir de centros de serviços digitais aos cidadãos, mediante o pagamento de uma taxa. No início, a ideia sofreu resistência da burocracia. Mas teve o apoio da primeira-ministra e de seu filho, que tinha experiência no setor privado e acreditava que a junção do incentivo do setor privado com o espírito do serviço público tinha potencial para funcionar. Finalmente, o serviço público embarcou na ideia.

Em 2010, a equipe a2i implementou sua abordagem em todo o país. O Banco Mundial destinou 50 milhões de dólares para o projeto, com apoio do gabinete da primeira-ministra e do governo. O dinheiro foi gasto na criação de mais de quatrocentos centros de serviços digitais em cidades e aldeias de todo o país. Eles funcionariam num sistema de balcão único, oferecendo serviços de todas as áreas do governo. Parcerias público-privadas (PPP) já haviam sido realizadas previamente em nível macro, nacional, geralmente em grandes projetos de infraestrutura. A equipe a2i pretendia estender a abordagem para o nível micro, dos vilarejos.

Os empreendedores, na maioria dos casos, eram pessoas comuns das áreas rurais. Os "empregos" não tinham salários. Os envolvidos, em vez disso, tiravam suas rendas das taxas cobradas e administravam os centros como microempresas: faziam a própria divulgação, o marketing e a contabilidade. Tiveram permissão para oferecer serviços governamentais — como certidões de nascimento e óbito, registros de propriedade e resultados de exames — e podiam alugar uma sala em escritórios do governo local. Era todo o apoio que o Estado lhes daria.

"Foi uma parceria público-privada para alcançar a integração final dos serviços do governo por meio da digitalização", diz Chowdhury. A criação dos centros transformou os cidadãos privados em agentes de mudança e também em beneficiários, proporcionando-lhes emprego e uma rede de segurança social ao longo do processo. Também reduziu a distância entre a sociedade e o cidadão. Significativamente, enquanto programas desse tipo são, às vezes, receita para corrupção, este aumentou na verdade a transparência e reduziu a corrupção, com preços de mercado regulados pela concorrência e o histórico das transações registrado eletronicamente. E se os cidadãos reclamassem de irregularidades, os fornecedores terceirizados perdiam a licença para operar.

De modo geral, o programa melhorou a prestação de serviços aos cidadãos e aumentou a credibilidade do governo. Como sinal de seu sucesso, em 2020 havia mais de 5 mil desses centros em todo o país, oferecendo mais de 150 serviços — setenta públicos e oitenta particulares — para 5 a 6 milhões de cidadãos por mês e empregando mais de 25 mil empreendedores locais.

Construir uma estrutura de inovação para o governo

Em 2010, para apoiar aqueles na ponta dos serviços digitais, a equipe a2i precisava construir os sistemas de retaguarda. Naquela época, a digitalização ainda era algo estranho e assustador para a maioria dos funcionários públicos. Tinha potencial para desafiar os próprios fundamentos do controle e do poder que eles haviam detido por décadas. De uma só vez, seria capaz de drenar o poder que sempre apreciaram.

A tarefa diante da equipe a2i, portanto, passou a ser a criação de uma estrutura que amenizasse os temores da burocracia e motivasse as agências governamentais relevantes e seus líderes. Ao criarem essa estrutura, o vocabulário que usaram foi crucial. Chowdhury e sua equipe já tinham aprendido como era importante adaptar a terminologia para se ajustar às necessidades do governo. Por exemplo, eles notaram que os funcionários públicos não gostavam do termo "reengenharia do processo de negócios", que então virou "simplificação do processo de serviço". "E-governança" foi renomeado como "serviço em domicílio". E "corrupção" e "transparência" reencarnaram como "tempo, custo e visitas" (TCV), seguindo a perspectiva dos cidadãos.

Outra fonte de inspiração para a estrutura veio em 2013, quando Chowdhury leu *Drive*, de Dan Pink. No livro, Pink argumentava que a motivação humana, especialmente nas organizações, era impulsionada por três coisas: propósito, autonomia e domínio.[18] Impressionado com o argumento, Chowdhury começou a pensar em como adaptar essas ideias ao governo. Primeiro, pensou sobre o que constituiria um propósito no governo. Por meio de conversas com a equipe e vários funcionários públicos, Chowdhury chegou à conclusão de que o propósito do governo tinha que ser algo relacionado a uma crença compartilhada: algo tão simples e atraente que os funcionários públicos conseguiriam explicar de um jeito rápido e fácil, uns aos outros e aos cidadãos. Com o tempo, a equipe a2i estabeleceu como propósito geral do governo a redução do TCV para os cidadãos, à medida que acessavam os serviços governamentais. O termo logo se tornou um lema para os funcionários públicos em toda a burocracia. O secretário de gabinete começou a avaliar os progressos do governo, em cada departamento, com base na redução de TCV para os serviços oferecidos, prática que continua até hoje. Os cidadãos estavam no coração de tudo. Quando alguém solicitava uma certidão de nascimento ou uma aposentadoria, a questão para o departamento envolvido passou a ser: quanto tempo esse cidadão tem que esperar, quanto ele vai gastar e quantos deslocamentos precisa fazer para obter o serviço? O propósito claro, compartilhado e baseado no interesse dos cidadãos não só gerou grande apoio político, mas também motivou a burocracia a fazer seu trabalho melhor. Além disso, ele era adequado para medir, rastrear e reconhecer o progresso e ajudava na concessão de prêmios para os departamentos e as equipes que se saíssem particularmente bem.

Em segundo lugar, veio a autonomia. Chowdhury e sua equipe perceberam que os funcionários públicos teriam condições de

COMO UM GOVERNO DEVERIA SER

realizar muito mais se recebessem algum espaço para experimentar. "Se permitíssemos que nosso pessoal experimentasse coisas que não tinha feito antes — coisas que talvez até julgasse irregulares —, soluções interessantes poderiam fazer a diferença. A exigência, claro, era que mantivessem o propósito geral em mente."

Com o tempo, Chowdhury e a equipe a2i encontraram em todo o governo pessoas particularmente sensíveis a essa autonomia. "Várias delas aceitaram o desafio e se mostraram realmente empreendedoras. Nós os chamamos de 'govpreendedores'. Eles estavam dispostos a correr riscos, não em busca de lucro, é claro, mas porque estavam focados em minimizar o TCV."

A equipe a2i concedeu aos funcionários públicos, vinda diretamente da primeira-ministra e da secretaria de governo, uma licença para experimentar e errar. Se falhassem, não sofreriam represálias. Se fossem bem-sucedidos, a equipe a2i submeteria suas intervenções a um processo de controle de qualidade e as ampliaria. "Deixados por conta própria, esses empreendedores dificilmente seriam capazes de ir além de sua esfera de influência. A maioria talvez só fosse capaz de operar dentro de seu *upazila*, ou de seu distrito." Mas Bangladesh tem 64 distritos, ou *zilas*, e quase quinhentos subdistritos, ou *upazilas*. Normalmente, os administradores têm influência apenas sobre suas *upazilas*. Mesmo os 64 administradores distritais só conseguem fazer mudanças dentro de seus próprios distritos. "Permitir que experimentassem dentro de sua esfera", diz Chowdhury, "e, em seguida, pegar suas ideias testadas e ampliá-las nacionalmente, com a ajuda do ministério central pertinente — agricultura ou educação —, resultou em muitas coisas interessantes acontecendo no governo inteiro."

A peça final da estrutura da equipe a2i foi o que Dan Pink chamou de "domínio". Ao perceber que a palavra não significava muito para os funcionários públicos, a equipe a2i rebatizou-a de "capacidade". Com o tempo, a equipe iria trabalhar para desenvolver muitas capacidades em todo o governo, adotando duas abordagens: treinamento e plataformas.

Treinamento

O programa de treinamento da equipe a2i de maior sucesso até hoje foi o que melhorava a capacidade dos funcionários de redesenhar os serviços públicos, tornando-os mais compreensíveis para os cidadãos. Para criar o programa, a equipe a2i baseou-se em materiais desenvolvidos pela NESTA, o *think tank* de políticas públicas do Reino Unido, e pela Escola de Design da Universidade de Stanford. A equipe a2i simplificou e personalizou os materiais para se adequarem ao contexto, depois traduziu tudo para o bengali.

O treinamento sobre empatia provou ser popular e poderoso. Por cinco dias, uma variedade de funcionários públicos — médicos, professores, autoridades — são submetidos a várias experiências de aprendizagem e exercícios de reflexão, que os ajudam a se colocar no lugar dos cidadãos, a fim de repensar o fluxo dos serviços que oferecem. No primeiro dia, os participantes aprendem os princípios básicos do *design thinking* e têm tempo para praticar o uso de ferramentas e abordagens relevantes. No segundo dia, eles aplicam as ferramentas em uma situação real. O objetivo é fazê-los perceber o que está errado com a prestação de um determinado serviço público da perspectiva do cidadão.

Na primeira edição do programa, a equipe enviou os participantes de volta ao próprio local de trabalho, para que observassem e refletissem sobre como os serviços eram prestados ali. Assim, os médicos voltaram para os hospitais, os professores

COMO UM GOVERNO DEVERIA SER

para as escolas e os dirigentes dos registros de imóveis para os escritórios em seu subdistrito. Mas essa abordagem não foi muito bem-sucedida. "Percebemos que nosso pessoal precisava aprender a observar e desenvolver olhar crítico. O hábito tornou-os insensíveis a enxergar as coisas de forma diferente no próprio local de trabalho. Ficamos pensando se, em vez disso, não seria melhor eles irem para o local de trabalho de outra pessoa. "Então, na segunda edição do programa, no segundo dia, os médicos foram para os escritórios de registro de imóveis, os professores, para os hospitais, e assim por diante. Todos ficaram realmente no mesmo nível do cidadão comum. Quando o médico tentou obter um registro de propriedade, não tinha ideia de como funcionava o processo. Teve que ficar na fila como todo mundo e descobrir sozinho. A equipe a2i certificou-se de que ele não ligaria para algum funcionário amigo pedindo ajuda.

Depois de serem colocados em pé de igualdade com o cidadão comum, no final do segundo dia os estagiários retornaram ao local de treinamento, para um período de reflexão. Muitos voltaram com opiniões contundentes sobre o que havia de errado com o serviço que tentaram obter. Equipados com as ferramentas do primeiro dia e com as provas concretas do segundo dia, os médicos, por exemplo, observaram muitos equívocos nos escritórios de registro de imóveis (mesmo que na edição anterior tivessem sido incapazes de encontrar falhas no hospital onde estavam alocados).

No terceiro dia, os representantes foram enviados para o próprio local de trabalho: os médicos para os hospitais, os dirigentes dos registros de imóveis para os escritórios e assim por diante. Depois de observar o local de trabalho de outra pessoa e de ouvir de outra pessoa sobre o seu próprio escritório, as barreiras tendem a cair e eles conseguem observar as coisas de uma maneira nova. O período de reflexão, que ocorre no final do terceiro dia, costuma ser emocionalmente carregado. "Durante o período de reflexão", diz Chowdhury, "alguns choram, enquanto outros dizem: 'Não sei como não fui capaz de ver tudo isso, embora esteja no meu posto há dez anos.' É muito comovente."

No quarto e quinto dias, com base em suas experiências e *insights* dos dias anteriores, os participantes desenvolvem o protótipo de uma nova forma de trabalhar. Aprendem a apresentar suas ideias a uma banca, a angariar apoio e a licitar e obter fundos.

"São cinco dias que passam rápido", diz Chowdhury. "Cobrimos muita coisa." Vinte e cinco por cento dos que frequentam o treinamento começam algo novo quando voltam ao trabalho. Um pouco menos de 25% é capaz de realmente levar a cabo suas novas iniciativas. Setenta e cinco por cento desistem completamente. Quando voltam, não adotam nenhuma ação, nem conduzem qualquer tipo de mudança.

Mas o trabalho da equipe a2i está longe de terminar. A etapa final é pegar os protótipos das intervenções dos que começaram algo novo e distribuí-los nacionalmente. O trabalho requer o engajamento dos ministérios pertinentes, levando-os a introduzir as novas soluções em todo o país. Segue-se um período de seis a nove meses de execução. No final, se tudo vai bem, a equipe a2i organiza um evento comemorativo, com todas as equipes bem-sucedidas e com os ministros relevantes e secretários. Durante o evento, os funcionários públicos veteranos percorrem a sala, enquanto os "govpreendedores" explicam suas propostas, como surgiram as ideias e como estão sendo implementadas em todo o país.

Algumas dessas intervenções, diz Chowdhury, são muito dependentes das pessoas. Quando os funcionários por trás da ideia vão embora, devido a promoções, transferências ou aposentadorias, é difícil institucionalizar suas inovações. "Não conseguimos resolver isso. Precisamos saber como foi feita a mudança e por que a instituição particular onde a ideia foi testada pela primeira vez não a implementou", diz. Outro desafio é implementar a ideia no país todo. Fazer isso requer muitas vezes uma mentalidade totalmente diferente, um conjunto distinto de pessoas e um processo inteiramente novo de financiamento e melhoria do projeto. No processo de adaptação, uma parte do entusiasmo que originou a inovação desaparece. O projeto torna-se corriqueiro. Na maioria das vezes, precisa de um novo tipo de colaboração. Pode ser uma parceria público-privada, mas quase sempre ele precisa ocorrer por meio de um processo governamental padrão — e assim, frequentemente, acaba morrendo.

Dos quase 1,8 mil pilotos que o processo a2i identificou e executou, apenas cerca de quarenta a cinquenta foram ampliados. A quantidade de dados acumulados é enorme. A equipe agora está analisando esses dados para entender melhor os perfis de quem promove mudanças e de quem impulsiona a ampliação, e como identificar essas pessoas.

Plataformas e Lego digital para o governo

Um segundo aspecto da capacitação para a mudança no governo implica a criação de plataformas habilitadoras. As plataformas, muitas vezes de natureza digital, são um terreno fértil para novas ideias. Os governadores podem usá-las para experimentar um serviço redesenhado, obter feedback sobre ele, melhorá-lo e incentivar a adoção da nova estratégia. As plataformas digitais também podem incluir outras pessoas nos centros de serviços digitais, como por exemplo, empresários locais. De fato, em muitos casos, é mais fácil para estes empresários realizarem a mudança do que para os funcionários do governo. Os funcionários muitas vezes não apoiam mudanças. Por exemplo, os administradores de distritos, quando solicitados a mudar o fluxo de acesso a registros de terra, muito provavelmente dirão: "Não estamos autorizados a fazer isso." Mas é improvável que os empreendedores sintam-se tão limitados. Em geral, eles são mais interessados nas mudanças e dirão: "Vamos aceitar!." Na verdade, as plataformas dão a eles a oportunidade de expressar sua ânsia inata por mudança.

O uso de plataformas digitais pela equipe a2i amadureceu ao longo do tempo. Em 2010, quando lançou um portal distrital, este não dispunha da infraestrutura técnica exigida. No entanto, explica Chowdhury, o portal serviu como "primeira oportunidade para um espaço digital". Desde 2010, no entanto, as estruturas de portal amadureceram em todo o mundo, ajudando a equipe a realizar suas ambições. Para fazer isso, no entanto, a equipe a2i precisou observar o que estava sendo feito e então desenvolver o próprio modelo, muitas vezes por meio de experimentação. Por exemplo, a ideia de um serviço digital público nasceu inspirada no Serviço Digital do Governo do Reino Unido, uma unidade formada em 2011, com o intuito de transformar a prestação de serviços públicos on-line. "Tivemos muita sinergia com o Reino Unido", diz Chowdhury, "e também com o Serviço Digital do governo dos Estados Unidos, uma unidade de tecnologia de elite dentro do gabinete executivo do presidente."

Ao longo do tempo, a equipe a2i construiu vários módulos diferentes, para que a plataforma digital realizasse tarefas diferentes. Por exemplo, a equipe construiu um módulo específico para verificação da identidade nacional. "É como o Lego funciona", diz Chowdhury: "pequenas unidades que você reúne para criar um novo serviço e material de protótipo. Esses módulos funcionam como blocos de construção para os diferentes ministérios. Cada ministério tem seus próprios blocos de construção e módulos que, juntos, formam a plataforma digital geral."

COMO UM GOVERNO DEVERIA SER

Uma nova abordagem reuniu funcionários públicos para que aprendessem uns com os outros sobre o uso de plataformas digitais. O Portal do Professor, por exemplo, é uma plataforma criada em 2011, baseada no Facebook, para professores de escolas públicas em Bangladesh. Começou com apenas 23 professores, de sete escolas, e, até 2020, o portal tinha mais de 400 mil professores. Ninguém faz a curadoria da plataforma ou do conteúdo. É inteiramente administrada por professores para professores: eles compartilham conteúdo digital entre si com foco no que os alunos precisam. A plataforma também usa "gamificação", para provocar mudanças: os professores jogam e são recompensados com base na pontuação, que é então usada para escolher o melhor professor da semana ou mesmo do ano.

Outra variante foi uma página do Facebook feita especificamente para funcionários públicos. No auge, a página tinha mais de 10 mil funcionários postando suas histórias, incentivando o aprendizado compartilhado e fornecendo a base para recompensas e reconhecimento. Para Ishtiaque Hussain, chefe da estratégia de exploração e inovação da equipe a2i, a página da web era parte importante do esforço para criar uma cultura de inovação no governo. "Queríamos instigar o sentimento de responsabilidade direta e os entusiastas da mudança dentro do governo, desde as bases até o secretário de gabinete e a primeira-ministra. Queríamos dizer publicamente a todo pessoal: 'Vá lá e aprenda, tudo bem fracassar, promova mudança.' Mas como divulgar essa mensagem no governo inteiro, inclusive na base da máquina pública?"[19]

A equipe decidiu usar o Facebook, em vez de outra plataforma como o Twitter, porque, de acordo com Hussain: "O Facebook é igual à internet em Bangladesh." Para administrar a página da Web, a equipe a2i contratou Manik Mahmud, que veio do setor de desenvolvimento e tinha experiência em ativismo participativo. Mahmud era treinado em metodologia social e sabia como desenvolver entusiasmo e sentimento de responsabilidade direta entre os membros on-line. "Manik", diz Hussain, "usou o Facebook como um cirurgião usa seus instrumentos. Foi clínico na disseminação da cultura de inovação. Ele sabia como provocar os inativos e incentivar os ativos."[20]

Nos primeiros três anos, o portal foi um sucesso. Houve atividade constante nele, com pessoas postando histórias e outras "curtindo" e sugerindo novas ideias. Mas, então, houve um efeito bumerangue, pois o sucesso inicial do portal se voltou contra ele mais tarde. Hussain se refere à experiência como o "desastre do Facebook". "A iniciativa defendida por Manik", diz, "tinha grande potencial. Possibilitou a mentoria. Mostrou que as pessoas estavam fazendo coisas interessantes e que havia paixão nas bases. Mas, então, tudo ficou fora de controle."[21] Os membros se tornaram tão prolíficos que ficou impossível gerenciar a página da web da maneira sistemática com a qual a equipe tinha administrado outras iniciativas. Começou a gerar ciúme e mal-estar. "Para cada dez membros que compartilhavam uma história do que tinham feito", diz Hussain, "havia noventa outros sujeitos a ficarem ressentidos."

A questão então passou a ser: como avaliar o que as pessoas estão dizendo de forma imparcial e objetiva? Como comparar as histórias objetivamente e usá-las para decidir quem deve ser o funcionário do mês? Incapaz de encontrar respostas satisfatórias para as perguntas, a equipe a2i acabou fechando a página quatro anos depois de ter sido lançada.

Log frames e log jams

A história do Facebook coloca em evidência apenas um do conjunto de desafios enfrentados pela equipe a2i ao introduzir a cultura de inovação no governo de Bangladesh. Talvez o desafio mais profundo e persistente seja que todas as novas intervenções de desenvolvimento em Bangladesh inevitavelmente se chocam com a abordagem *"log frame"* de decisão no Estado. O *log frame*, explica Hussain, é uma ferramenta usada para melhorar o planejamento, a implementação, a gestão, o acompanhamento e a avaliação de projetos. Fornece uma maneira de estruturar os principais elementos de um projeto e destacar as ligações lógicas entre eles.

O uso da abordagem *log frame* é normalmente impulsionado pela necessidade de atender os requisitos dos doadores ou as obrigações jurídicas de todos os governos, que devem fazer o melhor uso possível do dinheiro público. A abordagem ajuda a atender a necessidade de prestação de contas e fornece uma trilha de auditoria. Mas também resulta em governos impregnados de estruturas rígidas e processos lineares, que todo funcionário deve seguir: planos quinquenais, que exigem um sentido claro de avanço dos prováveis investimentos, e de resultados, em termos de impacto e retorno sobre os investimentos.

Chowdhury e Hussain acreditam que tal abordagem está fundamentalmente em desacordo com o impulso para inovar. Frequentemente, ela funciona como uma camisa de força que, embora obrigue os funcionários públicos a prestarem contas, também os constrange a um processo rígido e demorado. Seja na saúde, educação ou segurança pública, a abordagem obriga os funcionários a terem um plano bem elaborado e com enquadramento lógico, antes de fazerem qualquer coisa. "Ela os pressiona", diz Hussain, "a encontrar um caminho claro até o ponto de chegada e a estabelecer antecipadamente todos os passos necessários, sem indecisões." Mas que plano não tem incertezas ou surpresas? "Uma estrutura lógica assim só funciona para uma operação de linha de montagem", diz Hussain. "Não ajuda quando é preciso inovar, quando as circunstâncias mudam rapidamente e é preciso responder de forma ágil e eficiente."[22]

Chowdhury concorda. "Ainda estamos presos ao *log frame*. E essa é uma das principais razões pelas quais somos, tantas vezes, incapazes de criar alternativas substanciais a como as coisas são feitas atualmente."

Os principais desafios que o governo enfrenta permanecem: como criar uma cultura de inovação dentro de uma burocracia? Como introduzir inovação contínua no governo? Como medir a inovação e desenvolver métricas que objetivamente separem o bom do ruim? "Sem essas métricas", diz Chowdhury, "qualquer tentativa de construir uma cultura de inovação permanecerá incompleta."

Construir no governo uma cultura de inovação

A experiência da equipe a2i em Bangladesh, juntamente com as iniciativas em Boston e no Canadá, sugerem que três fatores são cruciais para qualquer tentativa de construir uma cultura de inovação no serviço público. O primeiro ingrediente vital é o foco no cidadão. Por exemplo, o enfoque da equipe a2i mudou ao longo dos anos. De tecnologia e e-governança, no início, para a criação de um governo sensível aos cidadãos, e de um serviço público que soubesse o que era necessário para viabilizá-lo. Buscar tal objetivo significava criar uma cultura de inovação: que ajudasse a burocracia a pensar de forma diferente, permitisse os riscos e disseminasse propósitos com-partilhados, pondo o cidadão em primeiro lugar.

O segundo ingrediente é a necessidade de formar parce-rias, de ser flexível e pragmático. A equipe a2i, por exemplo, não tinha um plano claro seguido de forma submissa desde o início. Em vez disso, como fazem as startups bem-sucedidas, a equipe foi flexível e aprendeu com o tempo a responder às demandas dos cidadãos, em parceria com o serviço público e com os próprios cidadãos. Até a equipe reflete essa diversidade; contratou pessoas de três setores: ONGs (que ajudam a incorporar a perspectiva do cidadão), burocratas (que sabem como navegar no labirinto da burocracia governamental) e do setor privado (que trazem o foco em métricas e resultados).

O ingrediente final é a necessidade de apoio político para conduzir a mudança. Qualquer tentativa de provocar uma mudança sistêmica provavelmente nascerá morta sem apoio e vontade política. Isto valeu para o Monum, em Boston, e para o Setor de Inovação e Serviços de Políticas Públicas, no Canadá. E também foi crucial para a existência e o sucesso da a2i em Bangladesh. Como Chowdhury afirma: "Em 2008-2009, a plataforma Digital Bangladesh, saída do programa de governo da Liga Awami, forneceu o plano político e o impulso. Sem ela, não teríamos sido capazes de realizar muita coisa. Seria possível criar alguma inovação, mas, dar-lhe escala e espalhá-la por todo o governo, teria sido difícil."

Se a liderança política é tão importante, é igualmente vital encontrar e votar nos líderes políticos certos. Mas como identificar líderes atentos à necessidade de mudança e dispostos a apoiá-la? Como cobrar resultados e garantir que, uma vez no governo, eles sejam cada vez mais sensíveis às necessidades dos cidadãos, sempre em constante mudança? E, mais importante, qual é o papel do cidadão? Voltamo-nos para essas questões no capítulo final deste livro.

10
Como os cidadãos deveriam ser?

Temos os líderes em quem votamos. Temos as políticas em que votamos. E quando não votamos, terminamos com o governo do outro, pelo outro e para o outro.

Michelle Obama

Nunca duvide que um pequeno grupo de cidadãos cheios de ideias e comprometidos vão mudar o mundo; na verdade, é a única coisa que sempre aconteceu.

Margaret Mead

Em julho de 2018, com base em uma pesquisa conjunta, a revista *The Atlantic* e o Public Religion Research Institute concluíram que os americanos "viviam em dois mundos separados". No primeiro, os EUA caminhavam na direção errada, com bilionários controlando a política, governos estrangeiros interferindo nas eleições e um número insuficiente de pessoas votando por mudança. No segundo, as coisas estavam melhorando, com um bom presidente no cargo, mas uma mídia falida e politicamente tendenciosa contra seus candidatos. A maioria dos democratas vivia no primeiro mundo, enquanto os republicanos habitavam sobretudo o segundo. Assim, 82% dos democratas contra 42% dos republicanos achavam que a influência do dinheiro na política era um grande problema; 78% dos democratas contra 58% dos republicanos disseram que a baixa participação eleitoral era um problema;

e 81% dos republicanos contra 41% dos democratas disseram que o viés da mídia, a favor de certos políticos, era um grande problema.[1] Além disso, muitos entrevistados não se importavam com as questões que jornalistas, acadêmicos e autoridades consideravam importantes, sugerindo uma lacuna entre as elites e a população em geral.

Como disse o jornalista americano George Packer, hoje a política americana requer a palavra "tribo", de conteúdo semântico tão primitivo, para chegar às "lealdades cegas e às grandes paixões da filiação partidária".[2] "Tribos exigem lealdade", escreve Packer, "e em troca, oferecem a segurança do pertencimento. De certa forma, tornam o pensamento desnecessário, porque pensam por você e vão puni-lo se tentar pensar por conta própria." Dan Kahan, professor de Yale, concorda. Americanos progressistas e conservadores, diz ele, são hoje motivados mais por "lealdade a importantes grupos de afinidade" do que por seus interesses individuais.[3] Ao que parece, os eleitores estão muito mais preocupados com a vitória de sua tribo política.

O tribalismo, claro, não é exclusivo dos Estados Unidos. Vemos isso em todo o mundo hoje, nas Américas do Norte e do Sul, na Europa e na Ásia. Além disso, o tribalismo não deve ser uma surpresa para nós. Em termos evolutivos, as raízes do comportamento de grupo vão muito mais fundo do que as da racionalidade individual. Na verdade, nossos cérebros são partidários, como sugerem pesquisas recentes. Em um estudo de 2016, Jonas Kaplan, da Universidade do Sul da Califórnia, colocou quarenta eleitores progressistas em máquinas de ressonância magnética funcional (RMF) e pediu-lhes que lessem declarações progressistas como "aborto deve ser legalizado" e declarações conservadoras, como "as pessoas são dez vezes mais assassinadas com facas de cozinha a cada ano do que por armas de fogo". Ler declarações que desafiavam suas visões

COMO OS CIDADÃOS DEVERIAM SER?

progressistas resultou em fluxo maior de sangue para as partes do cérebro ligadas a crenças básicas e de identidade pessoal, sugerindo que o tribalismo político está embutido em nossas mentes.[4]

Outra pesquisa confirma este resultado. Depois das eleições presidenciais dos EUA em 2012, Jeremy Frimer, da Universidade de Winnipeg, descobriu que os eleitores não estavam apenas desinteressados em ouvir o motivo de alguém apoiar o outro lado, eram extremamente avessos a essa ideia. Mais de 1/3 dos que votaram em Barack Obama e mais da metade dos que votaram em Mitt Romney "compararam a experiência de ouvir os eleitores do outro lado a ter um dente arrancado".[5] Frimer replicou o estudo no Canadá, antes da eleição de 2015, e encontrou resultados semelhantes.

Parece que as pessoas se recusam a aceitar fatos inconvenientes, ou têm por eles completo desprezo. Brendan Nyhan, da Universidade de Michigan, e Ethan Porter, da George Washington University, coordenaram em 2016 um estudo on-line durante os debates presidenciais americanos. Eles pediram que 1,5 mil pessoas avaliassem a confiabilidade e a precisão das declarações dos candidatos.[6] Quando Trump fez uma afirmação enganosa, a equipe enviou correções apenas para metade do grupo. Os que receberam as correções ajustaram sua opinião sobre o grau de precisão de Trump em relação aos que não receberam. Mas isso não fez diferença para a opinião deles de modo geral: o índice de favorecimento a Trump permaneceu o mesmo entre os que receberam as correções em relação aos que não as receberam.[7]

Este tipo de tribalismo não se limita a etnonacionalistas, ultraliberais, radicais do meio universitário e os chamados "antifa". David Adler, pesquisador político, acredita que é igualmente comum entre as pessoas do centro. A pesquisa dele mostra que, em toda a Europa e América do Norte, os centristas estão entre os que menos apoiam a democracia e

COMO UM GOVERNO DEVERIA SER

os que mais apoiam o autoritarismo. Adler argumenta que este não é apenas um fenômeno ocidental. No mundo em desenvolvimento, tiranos têm historicamente encontrado apoio no centro. "Desde o Brasil e Argentina até Cingapura e Indonésia", diz Adler, "os moderados da classe média incentivaram transições autoritárias em busca de estabilidade e crescimento. O mesmo poderia acontecer em democracias maduras como Grã-Bretanha, França e Estados Unidos?"[8]

A premissa central deste livro é que os governos podem ser aperfeiçoados. Mas a relação entre o Estado e seus cidadãos é simbiótica: os governantes servem ao povo, ao gosto do povo. É uma verdade em todos os Estados: mesmo autocratas precisam da aprovação e do apoio de seu povo. Mas é especialmente verdadeiro em democracias, nas quais os cidadãos têm papel especial no aperfeiçoamento de seus governos.

Qual é, então, o papel dos cidadãos para melhorá-los? Evidentemente, bons cidadãos têm que ser politicamente engajados e informados. Ainda mais importante, quando podem, precisam escolher seus líderes políticos com sabedoria e exigir deles prestação de contas. Consequentemente, este capítulo examinará como os eleitores escolhem bons líderes. Deixando de lado, na medida do possível, as questões essenciais de política, a pergunta será: como são os líderes que sabem administrar o governo do século XXI? Também será analisado como os cidadãos criam um círculo virtuoso, por meio do qual o governo se torna mais receptivo às pressões para mudança em tempo real. Claro, na pior das hipóteses, os cidadãos têm que estar preparados para fazer a mudança por si próprios. Se cidadãos informados e engajados não podem "vencê-lo", como podem "se juntar a ele" para realizar a mudança? Este capítulo terminará com a análise do papel dos cidadãos na condução de movimentos de protesto e ativismos políticos em todo o mundo.

Cidadãos: fundamentos

Mesmo em uma sociedade autocrática, os cidadãos têm que estar vigilantes. Devem avaliar e reavaliar constantemente os termos do contrato social. Como John Locke aconselhou, eles devem pressionar para obter o máximo do Estado, sem abrir mão da liberdade além do inevitável. Nas piores circunstâncias, têm que estar inclusive preparados para derrubar o governo para alcançar seus fins.

Além de engajados, os cidadãos também devem ser bem-informados. A educação cívica sempre foi essencial para os sistemas de governo: Platão, Cícero, Maquiavel e Rousseau enfatizaram a importância de incutir virtude política nos jovens. Como James Madison disse: "Um povo que pretende ser seu próprio governante deve armar-se com o poder que o conhecimento dá... Um governo popular, sem a difusão da informação e sem meios de acesso a ela, é apenas prólogo para a farsa ou para a tragédia; ou, talvez, para ambas."

Assim, o bom funcionamento do Estado depende de os cidadãos cumprirem fielmente seus deveres cívicos. Acima de tudo, eles devem participar regularmente de eleições. "No final das contas", diz Barack Obama, "se não votamos, então esta democracia não funciona."

É fácil exortar os cidadãos a serem bem-informados e engajados e a votarem. Na verdade, é quase desnecessário dizer que os cidadãos devem ser bem-informados e engajados e votar. Dar esse conselho é semelhante a dizer a um aluno: "Estude bastante, tire boas notas, seja inteligente." Mas como os cidadãos vão além dessas obrigações e aprendem a escolher melhor seus líderes? Como aprendem a discernir os bons políticos dos ruins?

COMO UM GOVERNO DEVERIA SER

Cidadãos: escolham bem seus líderes

As teorias contemporâneas de liderança são claras em linhas gerais. Os bons líderes têm uma proposta e a comunicam aos seguidores. E desenvolvem com eles uma relação especial, de confiança, nos bons e maus momentos. Mas, na política, isso por si só é insuficiente. Os líderes políticos têm que ser capazes de discursar e, então, de executar. Não é suficiente saber o *que* tem que ser feito; é preciso saber *como* fazer, e ter a motivação necessária para colocar os planos em ação. Ser capaz de executar requer muitas habilidades: conhecimento, experiência, compromisso, perseverança, pragmatismo, capacidade de trabalhar com outros (incluindo oponentes) e vontade de experimentar e admitir fracassos. Requer clareza sobre os fins, mas pragmatismo sobre os meios para alcançá-los.

Bons líderes sozinhos não fazem um governo bom. Mesmo líderes mais inteligentes e experientes não sabem tudo ou fazem tudo sozinhos. Admitir este fato ressalta a importância da equipe que os líderes formam para ajudá-los a atingir os objetivos. A equipe do líder tem pessoas cujos pontos fortes e fracos se complementam? Os cidadãos, na escolha de líderes, têm que seguir o exemplo dos capitalistas de risco que investem em *equipes* de startup por suas *ideias*. "Escolha os cavaleiros, não o cavalo" é o conselho dado ao investir em novas empresas, pois mesmo ideias medíocres são aperfeiçoadas quando a equipe é boa. E mesmo grandes ideias são suscetíveis de serem estragadas quando a equipe é ruim. Líderes de qualidade atraem pessoas de qualidade, e os cidadãos têm que aprender a procurar e a reconhecer essa habilidade. Os cidadãos também devem ser capazes de olhar além da equipe próxima do líder, para a organização maior: o partido do líder.

O que os cidadãos devem procurar em um líder e em sua equipe próxima e mais ampla? Em sintonia com os princípios de bom governo explorados neste livro, defendo que os cidadãos façam as seguintes perguntas aos seus líderes em potencial. São bons em equilibrar pragmatismo e ideologia? São bons em organizar e liderar equipes? São bons em agregar tribos variadas? Incluídas nestes temas estão questões relacionadas: são bons em compreender o papel da tecnologia — não apenas para ganhar eleições, mas para governar e impulsionar o crescimento inclusivo? São capazes de criar uma cultura de inovação, tanto dentro do governo quanto na economia em geral?

Qual a capacidade dos líderes de equilibrar pragmatismo e ideologia?

Na esfera política, nem é preciso dizer que os cidadãos deveriam procurar líderes com princípios transparentes e planos bem-elaborados. Em muitos casos, os princípios e os planos são apresentados nos programas dos partidos dos líderes e esclarecidos durante as campanhas eleitorais.

Mas o que acontece depois de uma campanha de sucesso, quando o líder eleito realmente tem que implementar seus planos? O que acontece quando os princípios e os planos colidem com a realidade, como invariavelmente acontece? Nesse caso, é crucial que o líder seja capaz de equilibrar seus princípios e sua ideologia com as restrições do mundo real. A flexibilidade e a capacidade de repensar e modificar planos são cada vez mais importantes. O líder está preparado para fazer isso? Na política, as pessoas geralmente dão grande valor a líderes que não mudam de ponto de vista. Margaret Thatcher disse uma vez, com orgulho, como se fosse uma boa coisa: "Você muda se quiser... Esta senhora aqui não muda." Tony Blair, numa declaração famosa, afirmou que não tinha marcha a ré. Mas uma rigidez assim pode atrapalhar no enfrentamento das dificuldades de um governo.

COMO UM GOVERNO DEVERIA SER

"Planos não valem nada", disse Dwight D. Eisenhower, "mas o planejamento é tudo." Na melhor das hipóteses, o planejamento ajuda a ter um começo inteligente de trabalho. Mas, em caso de emergência, Eisenhower avisou que "a primeira coisa a fazer é tirar todos os planos da prateleira de cima e jogá-los pela janela". Bons líderes são capazes de equilibrar princípios e planos, até mesmo sua ideologia, com a dose necessária de pragmatismo. Como afirma Peter Cannellos, da revista *Politico*: "A virtude e a fraqueza da ideologia é que ela já vem pronta: o mesmo programa se aplica em tempos bons e ruins, independentemente das condições em mudança."[9]

Cada vez mais, a capacidade de ser pragmático também tem a ver com a vontade de experimentar e conduzir políticas baseadas em dados concretos. Os cidadãos devem perguntar aos seus líderes potenciais se tomarão decisões da própria cabeça ou com base nos fatos, seguindo princípios racionais. São flexíveis quanto ao teste de novas ideias e a retrabalhá-las se necessário? Têm autocrítica e capacidade de julgamento para aprender com o fracasso e não apenas com seus sucessos?

Fundamentalmente, como os cidadãos podem saber com antecedência se seus líderes serão como eram *antes* de assumirem o cargo? Algumas características de líderes são visíveis quando estão em campanha. Os cidadãos podem observar os candidatos em apresentações ao vivo e debates na televisão, e fazer as seguintes perguntas a seus líderes em potencial: Quem são seus apoiadores? De onde eles tiram seu dinheiro? Com quem estão em dívida? Ainda mais importante do que a campanha é sua experiência anterior e seu currículo. Quando confrontados com potenciais líderes, os cidadãos devem saber o que eles fizeram antes. Dirigem uma organização importante? O quanto são boas suas habilidades organizacionais e de construção de equipes?

Qual a capacidade dos líderes de organizar e liderar equipes?

Bons líderes precisam conhecer as novas possibilidades e apresentar antecedentes que demonstrem tal conhecimento ao longo de sua carreira. Dirigem grandes organizações no setor público ou privado? Já fizeram isso antes em sua carreira política? Administraram equipes? Usaram tecnologia para administrar melhor?

Candidatos que já governaram antes, em níveis inferiores de governo, por exemplo, são mais propensos a governar bem quando eleitos para um cargo superior. Candidatos que governaram estados ou cidades ou foram ministros de governo têm esse histórico como prova da capacidade de serem bons líderes quando estão no poder. Se os líderes em potencial serviram no Congresso ou no Parlamento, os cidadãos podem avaliar seu histórico de votação e sua capacidade de trabalhar além das linhas partidárias, para elaborar e aprovar novas leis.

Cada vez mais, os cidadãos têm a opção de votar em "pessoas de fora": candidatos que não são da política, mas fizeram carreira em organizações da sociedade civil ou no setor privado. A vantagem de quem tem experiência no terceiro setor é a proximidade da vida dos cidadãos e, talvez, o compromisso com o enfrentamento dos problemas sociais. Quem é do setor privado, no entanto, pode desempenhar melhor sob pressão e saber trabalhar com metas, sob restrições financeiras e de tempo. Sem dúvida, há prós e contras de escolher políticos não profissionais. No lado positivo, é provável que tenham novas ideias e estejam dispostos a efetuar reformas radicais, que políticos puro-sangue não podem. Por outro lado, quem vem de fora talvez subestime os desafios de fazer política. Pode não ter credibilidade para conseguir que outros políticos trabalhem com ele. E pode não entender de processos e protocolos.

COMO UM GOVERNO DEVERIA SER

Os cidadãos devem, portanto, ter cuidado para não votar em estranhos meramente como forma de protesto, contra o *status quo* ou contra as elites e o establishment. Embora as consequências desses votos de protesto possam não ser muito prejudiciais quando tudo está bem, podem ser desastrosas se as coisas pioram. Em tempos de crise — econômicas ou pandemias, por exemplo —, a competência até mesmo do político profissional, mais sóbrio, pode ser mais valiosa do que a empolgante incompetência do *outsider* exibido. Durante a crise da Covid-19, por exemplo, ninguém menos do que o oráculo Jared Kushner, genro e braço direito de Donald Trump, lembrou que "muitos eleitores estão vendo agora que, ao eleger alguém para prefeito, governador ou presidente, você está tentando pensar sobre quem será um gerente competente em tempos de crise. Este é um momento de crise e vocês estão vendo que certos gerentes são melhores do que outros".[10] De muitas maneiras, os melhores candidatos podem ser os que têm experiência em dois ou mais setores: que já trabalharam no mundo empresarial ou em organizações da sociedade civil, bem como no governo. As carreiras híbridas ajudam os candidatos a incorporar o melhor de sua experiência anterior em seus novos trabalhos, evitando armadilhas.

Uma questão fundamental à qual os cidadãos precisam prestar atenção é a capacidade dos líderes para trabalhar com a equipe imediata e outras equipes de forma geral. Mesmo líderes mais inteligentes e experientes não sabem tudo ou fazem tudo sozinhos. A questão então é: eles são suficientemente conscientes de si para aprender sobre o que não sabem e humildes para aceitar suas limitações? Além disso: que tipo de equipe montaram para superá-las? A equipe tem pessoas com pontos fortes e fracos que complementam os do líder? Bons líderes têm que ser bons em delegar e em recrutar talentos. Os cidadãos têm que avaliar se seus candidatos estão dispostos e são capazes de transferir poder dentro de suas organizações para outros níveis do governo e, finalmente, para os próprios cidadãos. Especificamente: eles têm instintos autocráticos *versus* democráticos, e o quão capazes de lidar bem com o poder eles são?

Os cidadãos devem se perguntar quais são os candidatos mais inclinados a delegar autoridade e a orientar outras pessoas para que se aprimorem em seu trabalho. As pesquisas sobre formas contemporâneas de liderança sugerem que não é mais possível, necessário ou desejável fazer tudo ou centralizar poder — isso apenas abre caminho para autoritarismo e reacionarismo. Embora tal abordagem possa ter funcionado no passado, no mundo horizontal e não hierárquico de hoje, no qual os problemas são complexos e a especialização é distribuída, é importante que os líderes sejam capazes de partilhar poder e responsabilidade. E, assim, os cidadãos têm que olhar para o histórico de seus potenciais líderes em busca de provas de que eles podem fazer tudo isso. São capazes de dar crédito aos outros da equipe, mas assumem a culpa quando as coisas dão errado?

Como argumentei no capítulo anterior, os líderes também têm que ser capazes de liderar o fomento à inovação e à mudança sistêmica, não apenas na economia, mas dentro do próprio governo. Os cidadãos têm que escolher líderes que capacitem outros líderes para realizar mudanças. Eles devem perguntar: o candidato lida com a reforma organizacional nivelando hierarquias, quebrando comportamentos encapsulados, permitindo assumir riscos e a experimentação, possibilitando a avaliação de novas ideias e fazendo com que o governo as cumpra?

Cada vez mais, junto com a capacidade organizacional, líderes potenciais também têm que conhecer a tecnologia e seus usos. A ignorância dos políticos contemporâneos sobre o funcionamento das grandes plataformas digitais, como vimos, ficou embaraçosamente evidente quando Mark Zuckerberg

COMO UM GOVERNO DEVERIA SER

testemunhou na audiência conjunta perante os comitês de Justiça e do Comércio do Senado, depois das eleições norte-americanas de 2016. Durante as cinco horas da audiência, os senadores pareciam perdidos e derrotados. É claro que Zuckerberg explorou a falta de conhecimento dos membros do comitê e suas questões superficiais.

Os políticos em campanha estão usando a tecnologia cada vez melhor para ganhar eleições. Barack Obama usou o financiamento coletivo e as tecnologias digitais para vencer a eleição presidencial duas vezes. Donald Trump fez uso extensivo das mídias sociais durante sua campanha, e continuou usando-as enquanto estava no poder. Da mesma forma, Narendra Modi, na Índia, e Emmanuel Macron, na França. Na verdade, o movimento La République En Marche! [A República em Marcha!], de Macron, empregou um exército de jovens que construiu e usou ferramentas digitais sofisticadas para organizar iniciativas de campanha em todo o país até as eleições de 2017. Chamado de rede NationBuilder, ou "construtora da nação", este conjunto de ferramentas inovadoras de organização em campanhas políticas foi construído para incluir tudo o que uma candidatura precisa para ser bem-sucedida.[11] Ao usar esse conjunto de ferramentas, o novo partido de Macron rapidamente criou uma infraestrutura digital que permitiu a centenas de candidatos, de várias origens e posições no espectro político, realizarem campanhas à sua maneira e, ao mesmo tempo, permanecerem unidos sob a bandeira do En Marche! Na prática, o sistema NationBuilder era uma rede de sites individuais para cada candidato, totalmente integrada a um banco de dados de patrocinadores, que gerenciava eventos, voluntários e comunicações importantes. O sistema também estava integrado a redes sociais, como Facebook e Twitter.

Ainda que os candidatos saibam usar a tecnologia para vencer eleições, a grande questão é se sabem usá-la para governar depois de assumirem seus respectivos cargos. Os cidadãos devem se perguntar se os candidatos e os membros de suas equipes têm a capacidade de usar a tecnologia para concretizar as ações pretendidas ao assumirem o poder.

Além disso, não é apenas a capacidade de usar tecnologia *no* governo que importa, mas também a capacidade de compreender o papel da tecnologia na sociedade em geral. O candidato entende sobre regulação e sabe como se relacionar com a indústria, de modo a obter os melhores resultados das novas descobertas, minimizando os riscos? São capazes de equilibrar desapego (orientar) com permanência no poder (remar)? Têm noção de estratégia industrial e capacidade de se envolver com todos os tipos de indústria — desde grandes empresas a pequenas startups e inovadores de base —, sem que se sintam em dívida com eles? Mais importante ainda, sabem como usar a tecnologia não para provocar conflito, mas para ser inclusivo e unir a todos?

Qual a capacidade dos líderes de reunir muitas tribos?

O tribalismo pode ter um efeito pernicioso no corpo político. As pessoas tendem a permanecer em suas bolhas e a se preocupar apenas com a opinião de outros da sua tribo. Assim, os da direita se chocam com os da esquerda (e vice-versa), e as elites do centro desprezam todo mundo. Além disso, líderes que provocam a divisão exacerbam tendências tribais. Embora isso possa ajudar a galvanizar seus principais patrocinadores, e até mesmo levá-los a ganhar as eleições, os efeitos de longo prazo são bastante prejudiciais. A vítima provavelmente será a democracia, o que requer que todos se conheçam e se preocupem com todos os outros. Como John Stuart Mill escreveu em *Considerações sobre o governo representativo*, a democracia é prejudicada quando as pessoas expressam o "voto primário e belicoso [...] a partir do interesse pessoal ou de classe do eleitor, ou de algum sentimento mesquinho da própria mente". Os cientistas políticos afirmam que algumas pessoas chegam a votar simplesmente para anular o voto do cônjuge!

Há muita coisa que os cidadãos podem fazer para superar o tribalismo. Eles precisam estar cientes de suas tendências tribais e dos vieses que as acompanham. Devem superar atitudes e comportamentos que reforçam tais preconceitos. Devem olhar para todos os grupos e transcender as velhas categorias esquerda-direita, jovem-velho, preto-branco e pensar em termos mais abrangentes. Precisam se relacionar ativamente com pessoas com pontos de vista opostos, ver as coisas da perspectiva delas e identificar interesses comuns. Sem dúvida que é muito difícil fazer isso, mas é crucial para o sucesso a longo prazo das sociedades e da economia. Mais importante, talvez, os cidadãos têm que escolher líderes que sejam eles próprios capazes de transcender ideologias e sentimentos tribais. Como aferir essa habilidade nos candidatos?

Ajuda observar os candidatos durante a campanha. A presença física pode dar apoio e dissolver polaridades políticas das quais o tribalismo se alimenta. Como afirma Alexandria Ocasio-Cortez, a integrante mais jovem do Congresso dos Estados Unidos: "Quando alguém de fato bate na sua porta, ou participa de um encontro da sua associação comunitária, e você realmente toca na mão deles, isso realmente muda tudo."[12]

Bons líderes sabem como se comunicar bem e conseguir o apoio de outros grupos. Os cidadãos devem, portanto, perguntar: qual dos candidatos equilibra vários pontos de vista e está disposto a encarar interesses arraigados se forem uma barreira para o progresso?

Cidadãos: cobrem resultado de seus líderes

Mesmo os melhores líderes vacilam em relação aos compromissos que assumem com a população. Uma vez no cargo, eles podem esquecer as promessas que fizeram ao longo da campanha. Ou, apesar das melhores intenções, podem falhar no confuso processo de implementação e ter dificuldade na hora de tomar as decisões difíceis que a mudança exige. Eles podem ainda sucumbir à oposição ou ser incapazes de lidar com dissidentes.

Claro, os cidadãos, se estão insatisfeitos com o que os líderes fazem no cargo, não votam neles nas eleições seguintes. Mas quatro a cinco anos é muito tempo para esperar: o que fazer nesse ínterim?

Não é suficiente escolher os líderes certos e então não fazer mais nada até poder votar novamente. Os cidadãos têm também que prestar atenção ao que está acontecendo entre as eleições. Têm que cobrar resultados dos líderes depois de elegê-los para o cargo. Têm que manter a pressão por meio da imprensa, por meio de reuniões na Câmara Municipal e, se necessário, através de protestos.

Os cidadãos podem usar o poder das multidões e mobilizar o apoio de outros para forçar a mudança. Podem fazer isso se filiando aos partidos e usando as máquinas partidárias para exercer pressão sobre os eleitos. Ou se juntando a novos movimentos que criem condições de forçar as autoridades a adotarem novas políticas. Nos Estados Unidos, por exemplo, no final do século XIX, o movimento progressista deu origem às políticas antitruste que Theodore Roosevelt e Woodrow Wilson implementaram no início do século XX. Na Grã--Bretanha, o movimento fabiano pavimentou o caminho para o Estado de bem-estar social do início a meados do século XX. Novamente, na década de 1960, o movimento dos Direitos Ci-

COMO UM GOVERNO DEVERIA SER

vis, nos Estados Unidos, levou ao ideal da Grande Sociedade, propalado por Lyndon Johnson. Como os cientistas políticos Roberto Stefan Foa e Yascha Mounk argumentam, desde que Gabriel Almond e Sidney Verba escreveram *The Civic Culture* [A cultura cívica], em 1963, os estudos mostram que o "engajamento cívico afeta a capacidade da democracia fornecer bens públicos, cobrar resultado dos funcionários estatais e de garantir um governo eficaz".[13]

Alienação e afastamento da ação pública têm efeitos adversos na nação ao longo do tempo. Nos Estados Unidos, por exemplo, o aumento dos déficits orçamentários tem sido parte do preço que os cidadãos pagaram pela apatia e alienação. Talvez os eleitores achem conveniente delegar ao Estado as tarefas das quais não têm tempo, ou vontade, de cuidar. Mas, se fizerem isso, o Estado pode usar indevidamente o dinheiro dos impostos, privando-os dos serviços que os cidadãos esperam receber, e levar muita gente à pobreza.

Nos últimos anos, os jovens têm se mostrado particularmente empenhados em cobrar resultado dos líderes. Por décadas, a resposta aos tiroteios em massa de americanos, por exemplo, foi previsível: intensa cobertura da mídia por alguns dias, os inevitáveis "pensamentos e orações" de políticos e a impotência final do Congresso em aprovar quaisquer leis importantes de controle de armas. Mas, pelo menos desde o tiroteio de fevereiro de 2018 em Parkland, Flórida, uma nova onda de ativismo estudantil tem provocado abalos. Já ocorreram greves escolares com milhões de alunos e manifestações *die-ins* diante da Casa Branca e em outros lugares. Menos de seis meses após o tiroteio, a Marcha Pelas Nossas Vidas, uma manifestação em Washington convocada por um estudante de Parkland, acabou sendo a terceira maior da história dos Estados Unidos. Agora, qualquer novo ataque resulta em uma resposta imediata de sobreviventes de tiroteios em escolas e de outros

COMO OS CIDADÃOS DEVERIAM SER?

ativistas adolescentes. As convocações para novos protestos são rapidamente compartilhadas e amplificadas nas redes sociais.[14]

Adolescentes ativistas pelo controle de armas também estão cadastrando jovens para votar. Os sobreviventes do tiroteio em Parkland passaram o verão de 2018 em uma excursão nacional de ônibus, batizada de Estrada para a Mudança, durante a qual registraram jovens eleitores em todo o país. Seu objetivo maior é garantir que os legisladores responsáveis por bloquear a legislação de controle de armas não sejam reeleitos. No Arizona, defensores do controle de armas nas escolas secundárias, muito jovens para votar, ajudaram a organizar uma campanha em todo o estado para registrar os colegas de classe e amigos de 18 e 19 anos de idade.

Assim como acontece com o ativismo a favor do controle de armas, também ocorre com o ativismo público contra desigualdade, mudança climática e injustiça racial. Daí os movimentos Occupy, pós-crise financeira de 2008, e, mais recentemente, Extinction Rebellion e Black Lives Matter, que se espalharam por todo o mundo.

Protestar é importante. Mas a revolta civil por si só não basta. Às vezes, é até contraproducente. Se os movimentos de protesto quiserem produzir mudanças de longo prazo, devem aprender a desenvolver e nutrir a máquina do governo. Transformar movimentos sociais em partidos políticos e governos pode, no entanto, ser difícil.

Veja o caso do En Marche!, da França. Apesar de seu espetacular sucesso na conquista do poder em 2017, o movimento se dissipou desde então. A sede da campanha do partido costumava ser um centro animado, com caixas de comida para viagem por todos os lados e jovens amontoados em torno de laptops. No momento em que Macron foi eleito, no entanto, os membros de sua equipe desapareceram em empregos públicos ou, terminada a festa, voltaram aos seus negócios ou à universidade. Desde então, os índices de popularidade de Macron têm sido medíocres.

Assim como na França, também na Itália. O Movimento Cinco Estrelas elegeu prefeitos para duas das maiores cidades da Itália: Turim e Roma. Mas em ambas eles tiveram problemas. Em Turim, os residentes estão descontentes com Chiara Appendino, que se tornou prefeita em junho de 2016. "Há um sentimento muito forte, mesmo entre os que votaram em Appendino, de que Turim é uma cidade que já não é administrada", diz Pietro Occhetto, dono de uma loja no centro da cidade.[15] Em Roma, Virginia Raggi tem governado uma cidade com buracos, lixo não coletado, transporte ineficiente e infestações de ratos. Embora alguns desses problemas precedessem sua eleição, Raggi foi prejudicada por escândalos e críticas por sua incapacidade de resolvê-los. Para piorar, em junho de 2018, ela enfrentou um julgamento por nepotismo.

Enquanto isso, no mundo árabe, a revolta que gerou a Primavera Árabe está explodindo novamente. Na Tunísia, único país onde a democracia se enraizou, a economia vacilou mesmo enquanto o novo regime se desenvolvia. Muitos cidadãos de classe média se consideram economicamente em pior situação do que sob o ex-ditador Ben Ali. A corrupção e a burocracia atrapalham o estabelecimento de empresas e o sistema educacional continua a formar indivíduos para empregos no setor público, em vez de para empresas no setor privado, que procuram quem tem habilidades científicas e formação profissional.

Ou seja: os cidadãos têm que protestar, mas ter cuidado para não achar que a resistência cívica é superior aos assuntos comuns do governo. Quando os cidadãos usam a resistência contra um regime, têm que estar munidos de um plano confiável de governo para o país, caso logrem promover uma mudança de regime. Na ausência de um plano confiável, a resistência civil pode acabar se tornando parte do problema e não da solução.

COMO OS CIDADÃOS DEVERIAM SER?

Infelizmente, muitos movimentos sociais em todo o mundo têm sido inadequados para a tarefa tediosa de dirigir partidos políticos e governos. E os cidadãos que os apoiaram acabaram pagando o preço.

Cidadãos: sejam vocês mesmos a solução

No final das contas, os cidadãos talvez não possam depender inteiramente dos outros para fazer o trabalho de governar em seu nome. Em último caso, eles talvez tenham que assumir pessoalmente e resolver problemas sociais por conta própria. Há duas maneiras de fazer isso: fora do governo, em organizações da sociedade civil, ou no próprio governo.

No Reino Unido, nos últimos anos, temos visto muitas ocasiões em que os cidadãos intervieram para resolver problemas locais, em relação aos quais o governo vinha falhando. Como afirma Aditya Chakrabortty, jornalista do *Guardian*, as políticas de austeridade, a centralização e os mais baixos orçamentos para os governos locais de toda a Organização para a Cooperação e Desenvolvimento Econômico (OCDE) fizeram com que os cidadãos comuns do Reino Unido tivessem que "retomar o controle".[16] Houve enormes cortes orçamentários de modo geral. A situação foi agravada pelo fato de que o governo local, que fornece 1/4 de todos os serviços públicos, controla apenas 1,6% do PIB (em comparação com 6%, 11% e 16% na França, Alemanha e Suécia, respectivamente). As prefeituras cortaram gastos com creches, bibliotecas, lares de idosos, visitas a idosos, parques públicos e reparos de estradas.

Para estudar as consequências, Chakrabortty passou vários meses em 2018 examinando como as comunidades locais reagiram a tal estrangulamento. Com raras exceções, o mais notável é "como é pequeno o papel desempenhado pelo governo

COMO UM GOVERNO DEVERIA SER

local", e o quão importantes os cidadãos têm sido ao impedir que suas comunidades afundem.

Em Liverpool, Chakrabortty conheceu pessoas que residiam em ruas antes abandonadas, e que as haviam reabilitado graças ao incremento do crédito habitacional. Em Oldham, fornecedores de refeições escolares estavam alimentando as crianças com refeições orgânicas de primeiríssima qualidade. Em Witney, ele falou com Andrew Lyons, que largou o emprego na Stagecoach, empresa de transportes, para ajudar a administrar os ônibus comunitários, porque não concordava com a ideia de deixar os aposentados presos em casa. Em Brighton, residentes locais criaram o Brighton's Bevy, um pub e também um centro comunitário, onde os vizinhos se encontram para resolver questões locais ou para se manifestar contra cortes escolares e problemas de habitação. Em Plymouth, havia um ecossistema completo de empreendimentos sociais e cooperativas. Em todos esses lugares, cidadãos comuns, que se preocupam com suas casas e vizinhos, encontraram maneiras de melhorar a situação em que viviam. Participação é fundamental: muitas das soluções dependem do envolvimento de outros. Essas organizações, diz Chakrabortty, são barulhentas e ativas.[17]

Mas os cidadãos não são movidos apenas pelo desespero. Em muitos casos, também são positivamente fortalecidos pelo acesso a novas ferramentas, que os ajudam a se envolver e a fazer a diferença. Em Boston, Massachusetts, um coletivo de millennials chamado TransitMatters está trabalhando com o governo local para melhorar o sistema de trânsito da cidade.[18] Baseando-se em uma rede de *insiders* do governo, além dos dados amplamente disponíveis sobre os horários dos trens, o grupo usou abordagens baseadas em dados para aumentar a participação do cidadão, melhorando os resultados do tráfego e economizando o dinheiro da cidade. O TransitMatters, por exemplo, convenceu a cidade a lançar um serviço de ônibus noturno, pela primeira vez em décadas, e a abrir uma faixa de ônibus em uma ponte reformada sobre o Rio Charles, visando agilizar algumas das linhas de ônibus mais superlotadas.

Em São Paulo, em 2009, Sergio Andrade fundou a Agenda Pública, para melhorar a gestão no setor estatal. A ONG incentiva a participação social por meio de parcerias entre governos locais, sociedade e empresas privadas, com o intuito de resolver problemas ligados à habitação e ao saneamento básico. Na Cidade do Cabo, François Petousis configurou a Lumkani, para produzir e vender um detector de calor que reduz o número de incêndios nos barracos das favelas. A rede de dispositivos instalada em uma favela usa frequência de rádio para enviar mensagens de texto e notificar os moradores em caso de emergência. O dispositivo central localiza as coordenadas GPS do chamado e entra em contato com o corpo de bombeiros, para que entre em ação imediatamente. Em Nova Délhi, a arquiteta Bhavya Singh lançou o #LightUpDelhi, para melhorar a segurança das mulheres incrementando a iluminação pública na cidade. Ela então liderou o She Creates Change [Ela faz a mudança], um programa on-line de apoio, treinamento e fortalecimento da comunidade, com duração de um ano, para mulheres que fazem campanhas por mudanças sociais na Índia.

Se os cidadãos sentirem que os empreendimentos sociais são muito precários ou não sistemáticos para provocar mudanças, podem resolver problemas sociais de dentro do governo. Infelizmente, há a percepção comum de que há mais oportunidades de inovar no setor privado do que no setor público. Essa crença persiste, apesar do fato de que o setor público oferece maior potencial para mudança sistêmica, e, portanto, tem maior necessidade de funcionários inovadores. Desprezar a capacidade do setor público de ser inovador por dentro pode resultar em uma profecia autorrealizável. Como diz Mariana Mazzucato em *The Entrepreneurial State*: "os jovens mais inteligentes, ao tirarem o diploma, acham que será mais emocionante e divertido trabalhar no Goldman Sachs ou no Google do que em um banco de investimento estatal, ou em um ministério para inovação".[19] Consequentemente, os melhores jovens talentos se afastam do Estado. A única maneira de reequilibrar o problema, diz Mazzucato, é melhorar a imagem do governo.

Alternativamente, os cidadãos podem trabalhar para partidos políticos. Segundo o cientista político Olof Petersson, uma das características distintivas da cultura política sueca, pelo menos durante a maior parte do século XX, foi a adesão em massa aos partidos políticos. Em 1983, quase 1/4 da população estava filiada a um partido político: funcionava como a mídia social hoje, os jovens aderem para conhecer outras pessoas, especialmente na área rural. Por estarem tão imersos na vida cotidiana, os funcionários do partido tinham uma boa ideia sobre o que as pessoas comuns estavam falando. Desde então, porém, a filiação partidária entrou em colapso. Cerca de metade dos membros do Partido Social Democrata desapareceram, após a abolição da filiação coletiva por meio dos sindicatos. Em 2010, o partido, que outrora ostentava 1 milhão de membros, tinha pouco mais de 100 mil. Como resultado, já não existia o mecanismo pelo qual a liderança em Estocolmo pudesse ouvir as coisas que não queria ouvir.[20]

Em último caso, os cidadãos podem se candidatar e concorrer localmente, regionalmente ou nacionalmente. Foi o que Alexandria Ocasio-Cortez fez no Queens, em Nova York, nas eleições legislativas em 2018. Ativista latina da classe trabalhadora, Ocasio-Cortez organizou a campanha presidencial de Bernie Sanders, em 2016. Após a eleição, ela viajou pelos Estados Unidos para lugares como Flint, no Michigan, e Standing Rock, em Dakota do Norte, e conversou com as pessoas afetadas pela crise da água, em Flint, e pelos confrontos relativos à construção do Oleoduto de Acesso de Dakota, que opuseram as petrolíferas aos nativos norte-americanos e seus apoiadores. Standing Rock, diz Ocasio-Cortez, foi um ponto de inflexão para ela. Antes da visita, ela acreditava que a única maneira de concorrer a um cargo era tendo acesso a muito dinheiro, influência e poder. Mas, quando viu outras pessoas "colocando suas vidas inteiras e tudo mais que tinham em jogo para a proteção de sua comunidade", ela se dispôs a tentar.[21]

Em 26 de junho de 2018, Ocasio-Cortez venceu as primárias dos democratas no 14º distrito congressional de Nova York, derrotando o presidente da convenção partidária dos democratas, Joe Crowley, na maior virada das primárias eleitorais de meio de mandato naquele ano. Quando ela assumiu o cargo, em 3 de janeiro de 2019, aos 29 anos, Ocasio-Cortez se tornou a congressista mais jovem na história dos Estados Unidos.

Em outra parte do mundo, Leila Ali Elmi, 30 anos, também se candidatou a um cargo público. Elmi — que chegara à Suécia ainda criança, depois que sua família fugiu da guerra civil da Somália — obteve uma vitória surpresa nas eleições do outono de 2018, prometendo dar voz a imigrantes que enfrentavam uma hostilidade crescente. Antes das eleições, Elmi trabalhou como intérprete, ajudando imigrantes e refugiados a transitar pelos processos administrativos de sua pátria adotiva. Depois disso, foi vereadora do Partido Verde. Sua inspiração política, diz ela, foi Shirley Chisholm, a primeira mulher negra eleita para o Congresso dos Estados Unidos.

Uma nação: um "vaso frágil" unido pelo povo

A relação entre os governos e o povo é especial. Nas democracias onde "nós, o povo" somos, em sentido muito real, soberanos, isso é particularmente verdadeiro. Nas democracias, os

COMO UM GOVERNO DEVERIA SER

cidadãos votam e cobram resultados dos governos. Estes, por sua vez, servem o povo, ao gosto do povo.

Este contrato social, que funcionou por tanto tempo no Ocidente, e que surgiu mais recentemente no mundo em desenvolvimento, hoje está a ponto de se quebrar em toda parte. Parece que o governo está impotente, pesado e desconectado diante das intensas demandas populares. Líderes e partidos oportunistas aparentemente privilegiam os próprios interesses e os das elites, em detrimento dos interesses de seus países e cidadãos em geral. As pessoas, em tese empoderadas pelas redes sociais, estão, ao mesmo tempo, mais conscientes das fraquezas e falhas do governo e menos capazes de mudar o *status quo*, o que fomenta a insatisfação em grande escala e, na maioria das vezes, leva à apatia. De tempos em tempos, gera o oposto: protestos e rejeição automática pelo meio-termo sensato, em favor dos extremos. Por isso, com o objetivo de obter reformas ou registrar a frustração, as pessoas têm apoiado populistas disruptivos que, a longo prazo, apenas pioram a situação.

Para que o contrato social funcione adequadamente, as pessoas precisam fazer a sua parte. Precisam estar engajadas e bem-informadas. Precisam escolher bem seus líderes e cobrar resultados durante e depois das eleições. Na pior das hipóteses, têm que trabalhar no governo, ou resolver problemas sociais com o governo a partir de organizações da sociedade civil. Acima de tudo, têm que resistir às seduções do tribalismo e à mentalidade do "nós contra eles".

Em dezembro de 2018, o primeiro-ministro holandês, Mark Rutte, escreveu uma carta aberta ao povo da Holanda, alertando-o sobre o que acontece quando uma nação deixa de trabalhar em conjunto para o bem comum. Na carta, Rutte admitiu que a Holanda não era perfeita, mas, mesmo assim, tinha feito progresso. O país era um "bem precioso", disse ele, que pertencia a todos. Mas "era frágil... e podia quebrar

COMO OS CIDADÃOS DEVERIAM SER?

facilmente", como "um vaso" seguro por seus milhões de cidadãos, "comuns e excepcionais", que "não querem apenas uma vida boa para si próprios e seu círculo de relações, mas querem também contribuir para a felicidade dos outros".[22] Era especialmente importante garantir que o vaso permanecesse inteiro, mas isso exigia "acordos... para que problemas difíceis pudessem ser resolvidos de forma sensata". Os que se recusavam a trabalhar juntos podiam acabar "quebrando o vaso por segurá-lo com muita força". Usando como exemplo a Grã-Bretanha do Brexit, ele acrescentou: "Lá, os políticos e o povo esqueceram o que alcançaram juntos. E agora estão presos no caos."

Antes da eleição de meio de mandato de 2018, Barack Obama soou um alarme diferente. Para ele, a maior ameaça para a democracia era a indiferença. "(A) história da América...", disse ele, "... não foi alcançada apenas por um punhado de líderes famosos fazendo discursos", mas por "incontáveis atos silenciosos de heroísmo e dedicação dos cidadãos, de pessoas comuns".[23] Em vez de agirem como espectadores da história, pessoas comuns lutaram e marcharam repetidas vezes, mobilizaram-se e votaram para fazer dos EUA o que eles são.

O mesmo, é claro, pode ser dito sobre praticamente qualquer outro país do mundo hoje. Agora é o momento das pessoas, e elas precisam enfrentar juntas os desafios variados que se apresentam. Precisam escolher e agir com sabedoria. O futuro da sociedade depende disso.

Agradecimentos

Quero agradecer a muitas pessoas que viabilizaram a realização deste livro: Paul Lewis, que me apresentou a Patrick Walsh, meu agente; Clare Grist Taylor, que trabalhou comigo em uma primeira proposta e entregou o projeto para Ed Lake; Ed, por acreditar na ideia, encomendar o livro e, em seguida, contribuir incisivamente ao longo do processo de escrita; Fiona Screen, pela edição de texto; Philippa Logan, pela revisão, e Paul Forty, por coordenar o trabalho editorial; James Jones, pela arte de capa; Steve Panton, pela direção de arte; Jane Pickett, minha assessora de imprensa; e o restante da equipe de marketing da Profile Books.

Também quero agradecer às muitas pessoas que entrevistei para o livro: Beatrice Andrews, Jos de Blok, Kris Carter, Anir Chowdhury, Kevan Collins, Marco Daglio, Tomas Diez, David Halpern, Ishtiaque Hussain, Nigel Jacob, Sanjay Jain, Per Kongshøj Madsen, Liz McKeown, Nandan Nilekani, Anna Malaika Nti-Asare-Tubbs, Gerald Nyaoma, Vivek Raghavan, Robyn Scott, Ram Sewak Sharma, Rohan Silva, Andrea Siodmok, Michael Talbot, Mark Thompson, Lisa Witter e Aleeya Velji. Suas histórias e percepções tornam o livro o que é.

Agradeço aos meus colegas e alunos, com quem discuti aspectos deste livro ao longo dos anos. Sou especialmente grato aos funcionários públicos de vários países, cujas contribuições avivaram e aprofundaram as ideias aqui.

Acima de tudo, agradeço à minha família o cuidado e apoio ao longo do processo. Eu não faria nada disso sem ela.

Notas

O autor e a editora não assumem a responsabilidade pelo conteúdo de websites que não pertencem à editora. Ainda que todo o cuidado tenha sido tomado para assegurar que os links estivessem corretos no momento da publicação, a editora não garante que permaneçam ativos.

Introdução

1. Radjou, N., Prabhu, J. e Ahuja, S. *Jugaad Innovation: Think Frugal, Be Flexible, Generate Breakthrough Growth*. Josey bass, 2012. Edição brasileira: *A inovação do improviso*. Rio de Janeiro, Elsevier, 2012.
2. Radjou, N., Prabhu, J. e Polman, P. *Frugal Innovation: How To Do Better With Less*. Economist Books, 2015.
3. Chopra, A., *Innovative State: How New Technologies can Transform Government*. Open Road+ Grove/Atlantic, 2014.

Capítulo 1: Alicerces

1. "From Narayana Murthy to Salil Parekh: how chief executives have steered Infosys over the years", *Economic Times*, 4 dez. 2017.
2. Friedman, T., "Builders & titans: Nandan Nilekani", *Time*, 8 mai. 2006.
3. Todas as citações de Nandan Nilekani, fundador e ex-CEO da Uidai, foram retiradas de entrevista com o autor, 31 mar. 2017.
4. Raghavan, V., arquiteto biométrico, Uidai, entrevista com o autor, 1º abr. 2017.
5. Jain, S., diretor de produto, Uidai, entrevista com o autor, 31 mar. 2017.
6. Sharma, R. S., diretor-geral, Uidai, entrevista com o autor, 6 abr. 2017.
7. Rebello, K., "Narendra Modi, from Aadhaar critic to champion: a FactCheck", *BOOM Live*, 11 abr. 2017.
8. "Future of UIDAI was uncertain", *Economic Times*, 24 jun. 2014.
9. Mishra, A. R., "NDA govt kicks off PDS reforms with direct cash transfers", *LiveMint*, 3 jul. 2015.
10. Ibid.
11. "Prime Minister to launch Pradhan Mantri Jan Dhan Yojana tomorrow", Press Information Bureau, Government of India, 24 ago. 2014.
12. "Need reforms backed by growth to end poverty", *Deccan Herald*, 6 jul. 2015.

Capítulo 2: Como um governo deveria ser?

1. Hayek, F. A., "Reflections on the Pure Theory of Money of Mr. J. M. Keynes", *Economica*, 11(33), pp. 270-95, 1931.
2. Ibid.
3. Hayek, F. A., *Prices and Production and Other Works*, Ludwig von Mises Institute, 2008.
4. Keynes, J. M., "The Pure Theory of Money. A reply to Dr. Hayek", *Economica*, 11(34), pp. 387-97, 1931.
5. Ibid.
6. Von Mises, L., *Economic Calculation in the Socialist Commonwealth*. Lulu Press, 2016.
7. Hayek, F. A., "Economics and knowledge", *Economica*, 4(13), pp. 33-54, 1937.
8. Hayek, F. A., *The Road to Serfdom: Text and Documents: The Definitive Edition*. Routledge, 2014. Edição Brasileira: *O caminho da servidão*. São Paulo, LVM, 2020. Tradução de José Italo Stelle, Liane de Morais Ribeiro e Anna Maria Capovilla.
9. Ebenstein, A., *Friedrich Hayek: A Biography*. St. Martin's Press, 2014.
10. Tebble, A. J., *F. A Hayek*. A&C Black, 2013.
11. Orwell, G., Davison, P. H., Angus, I., and Davison, S., *I Have Tried to Tell the Truth: 1943-1944* (vol. 16). Secker & Warburg, 1998.
12. Micklethwait, J., and Wooldridge, A., *The Fourth Revolution: The Global Race to Reinvent the State*. Penguin UK, 2014. Edição brasileira: *A quarta revolução*. São Paulo, Portfolio Penguin, 2015. Tradução de Afonso Celso Cunha.
13. Matthijs, M. M., *Ideas and Economic Crises in Britain from Attlee to Blair (1945-2005)*. Routledge, 2012.
14. Kotler, P., *Advancing the Common Good: Strategies for Businesses, Governments, and Nonprofits*. ABC-CLIO, 2019.
15. Madrick, J., *Age of Greed: The Triumph of Finance and the Decline of America, 1970 to the Present*. Vintage, 2012.
16. Reis, R., "How do countries differ in their response to the coronavirus economic crisis?", *Guardian*, 3 abr. 2020.

Capítulo 3: O Leviatã insidioso

1. Gelb, A., Mukherjee, A., Navis, K., Thapliyal, M., e Giri, A., "What a new survey of Aadhaar users can tell us about digital reforms: initial insights from Rajasthan", Center for Global Development, dez. 2017. Disponível em: <www.cgdev.org/publication/what-a-new-survey-aadhaar-users-can-tell-us-about-digital-reforms-initial-insights>.
2. "Of 42 'hunger-related' deaths since 2017, 25 'linked to Aadhaar issues'", *Wire*, 21 set. 2018.
3. "Uniquely vulnerable: a watertight store of Indians' personal data proves leaky", *The Economist*, 11 jan. 2018.

NOTAS

4. Ibid.

5. Ibid.

6. Choudhary, M., "Viewpoint: the pitfalls of India's biometric ID scheme", *BBC News*, 23 abr. 2018.

7. Ibid.

8. Ibid.

9. Tharoor, S., "Why link mobiles, bank accounts to Aadhaar?" *Week*, 8 abr. 2018.

10. Abraham, R. and Bennett, E., "Viewpoint: world's biggest ID scheme Aadhaar still poses risks", BBC News, 26 set. 2018.

11. "Centre saved Rs 90,000 crore through digital transfer: Amitabh Kant", *Economic Times*, 19 jun. 2018.

12. Mitter, S. "India world's second biggest fintech hub, with Mumbai and Bengaluru leading the charge: study", *YourStory*, 4 mar. 2019.

13. KPMG, "Fintech in India: a global growth story", jun. 2016. Disponível em: <assets.kpmg/content/dam/kpmg/pdf/2016/06/FinTech-new.pdf>.

14. "Aadhaar helped government save $9 billion: Nandan Nilekani", *Hindustan Times*, 13 out. 2017.

15. Nilekani, N., "Aadhaar: universal access is for the greater good", *LiveMint*, 13 fev. 2018.

16. Ibid.

17. Ibid.

18. Ibid.

19. Ibid.

20. "When Nobel winner Paul Romer praised India's Aadhaar scheme", *India Today*, 8 out. 2018.

21. Wetzel, D., "Bolsa Família: Brazil's Quiet Revolution", The World Bank, 4 nov. 2013. Available at: <www.worldbank.org/en/news/opinion/2013/11/04/bolsa-familia-Brazil-quiet-revolution>.

22. Ibid.

23. Ibid.

24. Lowe, J., "Three ways Latin America can make dealing with government less painful", *Apolitical*, 3 set. 2018.

25. Roseth, B., Reyes, A., Farias, P., Porrúa, M., Villalba, H., Acevedo, S., Peña, N., Estevez, E., Lejarraga, S. L. e Fillotrani, P., *Wait No More: Citizens, Red Tape, and Digital Government*. Inter-American Development Bank, 2018.

26. Lowe, J., "Three ways Latin America can make dealing with government less painful", *Apolitical*, 3 set. 2018.

27. Burke, J., "e-ID saves Estonia 2% of GDP a year. It's time America caught up", *Apolitical*, 7 dez. 2018.

28. Mistreanu, S., "Life inside China's social credit laboratory", *Foreign Policy*, 3 abr. 2018.

29. Ibid.

30. Kuo, L. "China bans 23m from buying travel tickets as part of 'Social Credit' system", *Guardian*, 1º mar. 2019.

COMO UM GOVERNO DEVERIA SER

31. Kobie, N., "The complicated truth about China's Social Credit System", *Wired*, 7 jun. 2019.
32. Wang, M., "China's chilling 'Social Credit' blacklist", Human Rights Watch, 12 dez. 2017. Disponível em: <www.hrw.org/news/2017/12/12/chinas-chilling-social-credit-blacklist>.
33. Kobie, N., "The complicated truth about China's Social Credit System", *Wired*, 7 jun. 2019.
34. Ibid.
35. Ibid.
36. Kostka, G., "China's social credit systems are highly popular — for now", Mercator Institute for China Studies blog, 17 set. 2018. Disponível em: www.merics.org/en/blog/chinas-social-credit-systems-are-highly-popular-now>.
37. Kobie, N., "The complicated truth about China's Social Credit System", *Wired*, 7 jun. 2019.
38. Ibid.
39. Ibid.
40. Tan, C. K., "China spending puts domestic security ahead of defense: budget rise highest in western regions of Xinjiang and Tibet", *Nikkei Asia Review*, 14 mar. 2018.
41. "China due to introduce face scans for mobile users", *BBC News*, 1º dez. 2019.
42. Wang, M., "China's algorithms of repression: reverse engineering a Xinjiang police mass surveillance app", *Human Rights Watch*, 1º mai. 2019. Disponível em <www.hrw.org/report/2019/05/02/chinas-algorithms-repression/reverse-engineering-xinjiang-police-mass>.
43. Ibid.
44. Mistreanu, S., "'Seldom uses front door' report reveals how China spies on Muslim minority", *Guardian*, 1º mai. 2019.
45. Davidson, H., "Asian countries face possible second wave of coronavirus infections", *Guardian*, 2 abr. 2020.
46. Kobie, N., "The complicated truth about China's social credit system", *Wired*, 7 jun. 2019.
47. Rolley, C., "Is Chinese-style surveillance coming to the west?", *Guardian*, 7 mai. 2019.
48. Mozur, P., Kessel, J. M., e Chan, M., "Made in China, exported to the world: the surveillance state", *New York Times*, 24 abr. 2019.
49. Ibid.
50. Kobie, N., "The complicated truth about China's social credit system", *Wired*, 7 jun. 2019.

Capítulo 4: O Estado atencioso

1. Todas as citações de Jos de Blok, fundador e CEO de Buurtzorg, foram retiradas de entrevista com o autor, 20 mar. 2018.
2. Laloux, F., *Reinventing Organizations: A Guide to Creating Organizations Inspired by the Next Stage in Human Consciousness*. Nelson Parker, 2014.

NOTAS

3. Ibid.
4. Buurtzorg. Disponível em: <www.buurtzorg.com/about-us/our-organisation>.
5. Laloux, F., *Reinventing Organizations: A Guide to Creating Organizations Inspired by the Next Stage in Human Consciousness*. Nelson Parker, 2014.
6. Gray, B., Sarnak, D. O., e Burgers, J., "Home care by self-governing nursing teams: the Netherlands' Buurtzorg model", The Commonwealth Fund, 29 mai. 2015. Disponível em: <www.commonwealthfund.org/publications/case-study/2015/may/home-care-self-governing-nursing--teams-netherlands-buurtzorg-model>.
7. Laloux, F., *Reinventing Organizations: A Guide to Creating Organizations Inspired by the Next Stage in Human Consciousness*. Nelson Parker, 2014.
8. Gray, B., Sarnak, D. O., e Burgers, J. "Home care by self-governing nursing teams: the Netherlands' Buurtzorg model", The Commonwealth Fund, 29 mai. 2015. Disponível em: <www.commonwealthfund.org/publications/case-study/2015/may/home-care-self-governing-nursing--teams-netherlands-buurtzorg-model>.
9. KPMG, *The Added Value of Buurtzorg Relative to Other Providers of Home Care: A Quantitative Analysis of Home Care in the Netherlands in 2013* [em holandês], jan. 2015.
10. Todas as citações de Mark Thompson, professor de economia digital, Universidade de Exeter, foram retiradas de entrevista com o autor, 9 abr. 2018, salvo indicação em contrário.
11. Amin-Smith, N., Phillips, D., e Simpson, P., "Adult social care funding: a local or national responsibility?", The Institute for Fiscal Studies, mar. 2018.
12. "Interface between health and adult social care", Sixty-Third Report of Session 2017-19, House of Commons Committee of Public Accounts, 19 out. 2018. Disponível em: <publications.parliament.uk/pa/cm201719/cmselect/cmpubacc/1376/1376.pdf>.
13. Fishenden, J., Thompson, M., e Venters, W., "Better Public Services: The Green Paper accompanying Better Public Services, A Manifesto", mar. 018. Disponível em: <digitizinggovernment.weebly.com/uploads/1/3/0/7/13071055/green_paper_interactive_pdf_compressed.pdf>.
14. "Government and IT — 'a recipe for rip-offs': time for a new approach", Twelfth Report of Session 2010-12, House of Commons Public Administration Select Committee, 18 jul. 2011. Disponível em: <publications.parliament.uk/pa/cm201012/cmselect/cmpubadm/715/715i.pdf>.
15. Micklethwait, J., e Wooldridge, A., *The Fourth Revolution: The Global Race to Reinvent the State*. Penguin UK, 2014.
16. Thompson, M., "UK voters are being sold a lie. There is no need to cut public services", *Guardian*, 12 fev. 2015.
17. Ibid.
18. Fishenden, J., Thompson, M., e Venters, W., "Better Public Services: The Green Paper Accompanying Better Public Services: A Manifesto", mar. 2018. Disponível em: <digitizinggovernment.weebly.com/uploads/1/3/0/7/13071055/green_paper_interactive pdf_compressed.pdf>.

19. Oltermann, P., "Germany's devolved logic is helping it win the coronavirus race", *Guardian*, 5 abr. 2020.
20. "France's Napoleonic approach to Covid-19", *The Economist*, 4 abr. 2020.
21. "Bring on the mayors", *The Economist*, 27 abr. 2017.
22. Rotheram, S., "My global lesson in how mayors can change the world for cities", *Evening Standard*, 10 ago. 2017.
23. O'Reilly, T., "Government as a platform", *Innovations: Technology, Governance, Globalization*, 6(1), pp. 13-40, 2011.
24. Berdou, E., Lopes, C. A., Sjoberg, F. M., e Mellon, J., "The case of UNICEF's U-Report Uganda", *Civic Tech in the Global South*, p. 97, 2015.
25. D-CENT, NESTA. Disponível em: <www.nesta.org.uk/project/d-cent>.
26. "Trust in OECD governments back at pre-crisis levels as governments seek to be more open and engaged", OECD, 14 nov. 2019. Disponível em: <www.oecd.org/newsroom/trust-in-oecd-governments-back-at-pre-crisis-levels-as-governments-seek-to-be-more-open-and-engaged.htm>.
27. Friedman, U., "Trust in government is collapsing around the world?", *Atlantic*, 1 jul. 2016.
28. Ibid.
29. Ibid.

Capítulo 5: O Estado inclusivo

1. Dovere, E.-I., "Can this millennial mayor make Universal Basic Income a reality?" *Politico*, 24 abr. 2018. Disponível em: <www.politico.com/magazine/story/2018/04/24/michael-tubbs-stockton-california-mayor-218070>.
2. Hubert, C., "Michael Tubbs, one of America's youngest mayors, aims to lift his hometown of Stockton", *Sacramento Bee*, 12 abr. 2017. Disponível em: <www.sacbee.com/news/local/article144077954.html>.
3. Dovere, E.-I., "Can this millennial mayor make Universal Basic Income a reality?", *Politico*, 24 abr. 2018. Disponível em: <www.politico.com/magazine/story/2018/04/24/michael-tubbs-stockton-california-mayor-218070>.
4. Ibid.
5. Ibid.
6. Ibid.
7. Ibid.
8. Ibid.
9. Ibid.
10. Christie, J., "How Stockton went broke: a 15-year spending binge", *Reuters*, 3 jul. 2012.
11. Dovere, E.-I., "Can this millennial mayor make Universal Basic Income a reality?", *Politico*, 24 abr. 2018. Disponível em: <www.politico.com/magazine/story/2018/04/24/michael-tubbs-stockton-california-mayor-218070>.

NOTAS

12. Ibid.
13. Nti-Asare-Tubbs, A. M., escritor e doutorando, University of Cambridge, entrevista com o autor, 14 jun. 2018.
14. Advance Peace. Disponível em: <www.drkfoundation.org/organization/advance-peace>.
15. Shapiro, T. M., and Loya, R., "Michael Tubbs on universal basic income: 'The issue with poverty is a lack of cash'", *Guardian*, 21 mar. 2019.
16. Yoon-Hendricks, A., and Anderson, B., "Stockton is giving people $500 a month, no strings attached. Here's how they're spending it", *Sacramento Bee*, 3 out. 2019.
17. Dovere, E-I., "Can this millennial mayor make Universal Basic Income a reality?", *Politico*, 24 abr. 2018. Disponível em: <www.politico.com/Magazine/story/2018/04/24/michael-tubbs-stockton-california--mayor-218070>.
18. "Stockton mayor touts experimental program that pays families $500 a month", CBS, 1º fev. 2018. Disponível em: <sanfrancisco.cbslocal.com/2018/02/01/olitico-mayor-tubbs-touts-universal-income-experiment/>.
19. Madsen, P. K., professor emérito de Ciências Políticas na Aalborg University, entrevista com o autor, 15 jun. 2018.
20. "Flexicurity: a model that works", *The Economist*, 7 set. 2006.
21. Bredgaard, T., and Madsen, P. K., "Farewell flexicurity? Danish flexicurity and the crisis", *Transfer: European Review of Labour and Research*, 24(4), pp. 375-86, 2018.
22. Madsen, P. K., professor emérito de Ciências Políticas na Aalborg University, entrevista com o autor, 15 jun. 2018.
23. Ibid.
24. Katzenstein, P. J., *Small States in World Markets: Industrial Policy in Europe*. Cornell University Press, 1985.
25. Madsen, P. K., professor emérito de Ciências Políticas na Aalborg University, entrevista com o autor, 15 jun. 2018.
26. *Christensen, E.,* "Basic income ('Borgerløn') in Denmark — status and challenges in 2017", BIEN Danmark, 13 out. 2017. Disponível em: <basisindkomst.dk/basic-income-borgerloen-in-denmark-status-and-challenges-in-2017>.
27. Henley, J., "Money for nothing: is Finland's universal basic income trial too good to be true?", *Guardian*, 12 jan. 2018.
28. Ibid.
29. Colson, T., "The economist behind Universal Basic Income: Give all citizens UBI to help combat a 'neofascist wave of populism'", *Business Insider*, 5 jan. 2017.
30. Goldin, I., "Five reasons why universal basic income is a bad idea", *Financial Times*, 11 fev. 2018.
31. Ibid.
32. Ibid.

COMO UM GOVERNO DEVERIA SER

33. Ibid.
34. Ibid.
35. Ibid.
36. Madsen, P. K., professor emérito de Ciências Políticas na Aalborg University, entrevista com o autor, 15 jun. 2018.
37. Henley, J., "Finland to end basic income trial after two years', *Guardian*, 23 abr. 2018.
38. Loew, J., "What a big tech executive learned transforming Italy's government", *Apolitical*, 12 nov. 2018.
39. Cottam, H., "More money will not fix our broken welfare state. We need to reinvent it", *Guardian*, 21 jun. 2018.
40. Smillie, I., *Freedom from Want: The Remarkable Success Story of BRAC, the Global Grassroots Organization that's Winning the Fight against Poverty*, Kumarian Press, 2009.
41. Cottam, H., "More money will not fix our broken welfare state. We need to reinvent it", *Guardian*, 21 jun. 2018.
42. Dudman, J., "'The NHS would collapse without them': the growing role of volunteers", *Guardian*, 4 jul. 2018.
43. Ibid.
44. Murphy, S., "More than 500,000 people sign up to be NHS volunteers", *Guardian*, 25 mar. 2020.
45. Gayle, C., "The truth about black unemployment in America", Guardian, 7 jul. 2018.
46. Ibid.
47. Ibid.
48. Cochrane, E., e Fandos, N., "Senate approves $2 trillion stimulus after bipartisan deal", *New York Times*, 25 ma. 2020.
49. Beckett, L., "One California mayor has tried universal basic income. His advice for Trump: 'Think big'", *Guardian*, 20 mar. 2020.
50. Ibid.

Capítulo 6: O Estado experimental

1. Wintour, P., "Clegg and Gove in spending review battle over free nursery education", *Guardian*, 24 jun. 2013.
2. Burton, M., "The politics of public sector reform: from Thatcher to the Coalition", in M. Burton, *The Politics of Public Sector Reform* (pp. 1-13). Palgrave MacMillan, London, 2013.
3. Silva, R., consultor olitico do primeiro-ministro 2010-13, entrevista com o autor, 5 mar. 2018.
4. Ibid.
5. Ibid.
6. Osborne, G., "Nudge, nudge, win, win", *Guardian*, 14 jul. 2008.
7. Silva, R., Silva, R., consultor olitico do primeiro-ministro 2010-13, entrevista com o autor, 5 mar. 2018.
8. Ibid.

NOTAS

9. Ibid.
10. Halpern, D., CEO do the Behavioural Insights Team, entrevista com o autor, 14 fev. 2018.
11. Ibid.
12. Ibid.
13. Ibid.
14. Ibid.
15. Halpern, D., *Inside the Nudge Unit: How Small Changes Can Make a Big Difference*. Random House, 2015. Edição Brasileira: *Nudge: como tomar melhores decisões sobre saúde, dinheiro e felicidade*. Rio de Janeiro, Objetiva, 2019.
16. Ibid.
17. Ibid.
18. Ibid.
19. Ibid.
20. Ibid.
21. Halpern, D., CEO do the Behavioural Insights Team, entrevista com o autor, 14 feve. 2018.
22. Halpern, D., *Inside the Nudge Unit: How Small Changes Can Make a Big Difference*. Random House, 2015.
23. Ibid.
24. Halpern, D., CEO do the Behavioural Insights Team, entrevista com o autor, 14 fev. 2018.
25. Ibid.
26. Silva, R., consultor político do primeiro-ministro 2010-13, entrevista com o autor, 5 mar. 2018.
27. Ibid.
28. Ibid.
29. Halpern, D., CEO do the Behavioural Insights Team, entrevista com o autor, 14 de fev. De 2018.
30. Cochrane A. L., *Effectiveness and Efficiency. Random Reflections on Health Services*. London: Nuffield Hospitals Trust, 1972.
31. Dollery, C. T., "*Constructive Attack. Effectiveness and Efficiency. Random Reflections on Health Services (A. L. Cochrane)*", Book Reviews. *British Medical Journal*, 2(5804), p. 56, 1972.
32. "About What Works", UK Cabinet Office blogs. Disponível em: <whatworks.blog.gov.uk/about-the-what-works-network>.
33. Halpern, D., CEO do the Behavioural Insights Team, entrevista com o autor, 14 fev. 2018.
34. Todas as citações de Kevan Collins, diretor executivo da Education Enndowment Foundation, foram retiradas de entrevista com o autor em 9 de mar. De 2018.
35. Guay, J., "Evidence-based policymaking: is there room for science in politics?", *Apolitical*, 7 out. 2018.
36. Cairney, P., *The Politics of Evidence-Based Policy Making*. Springer, 2016.
37. Yates, T., "Why is the government relying on nudge theory to fight coronavirus?", *Guardian*, 13 m. 2020.

Capítulo 7: O Estado empreendedor: regulando a economia

1. Nayak, B. B., *The Synergy of Microfinance: Fighting Poverty by Moving Beyond Credit*. SAGE Publishing India, 2014.
2. Ndung'u, N., "Digital technology and state capacity in Kenya", *Center for Global Development Policy Paper*, 154, 2019.
3. Burns, S., "Mobile money and financial development: the case of M-PESA in Kenya", nov. 2015. Disponível em: <papers.ssrn.com/s013/papers.cfm?abstract_id=2688585>.
4. Todas as citações de Gerald Nyaoma, diretor do departamento de supervisão, Central Bank of Kenya, foram retiradas de entrevista com o autor, 20 abr. 2018.
5. "Financial access in Kenya: results of the 2006 national survey", FSD Kenya, outubro 2007. Disponível em: <www.centralbank.go.ke/uploads/financial_inclusion/410963334_FinAccess%20%20Household%20 2006%20Key%20Results%20Report.pdf>.
6. Burns, S., "Mobile money and financial development: the case of M-PESA in Kenya", nov. 2015. Disponível em: <papers.ssrn.com/s013/papers.cfm?abstract_id=2688585>.
7. "Enabling mobile money transfer: The Central Bank of Kenya's treatment of M-Pesa", Alliance for Financial Inclusion. Disponível em: <www.afi-global.org/publications/1577/Case-Study-1-The-Central-Bank-of--Kenya%E2%80%99s-treatment-of-M-Pesa>.
8. Ibid.
9. Ibid.
10. Ibid.
11. "FinAccess National Survey 2009: dynamics of Kenya's changing financial landscape", FSD Kenya, junho 2009. Disponível em: <www.central-bank.go.ke/uploads/financial_inclusion/2025116444_FinAccess%20%20 Household%202009%20Key%20Results%20Report.pdf>.
12. "Enabling mobile money transfer: The Central Bank of Kenya's treatment of M-Pesa", Alliance for Financial Inclusion. Disponível em: <www.afi-global.org/publications/1577/Case-Study-1-The-Central-Bank-of--Kenya%E2%80%99s-treatment-of-M-Pesa>.
13. Rolfe, A., "Mobile money transactions equivalent of half of Kenya's GDP", *Payments Cards and Mobiles*, 25 jan. 2019.
14. Cook, T., and McKay, C., "How M-Shwari works: the story so far", Consultative Group to Assist the Poor (CGAP) and Financial Sector Deepening (FSD) Kenya, 2015. Disponível em: <www.cgap.org/sites/default/files/Forum-How-M-Shwari-Works-Apr-2015.pdf>.
15. Mader, P., "Rise and fall of microfinance in India: the Andhra Pradesh crisis in perspective", *Strategic Change*, 22(1-2), pp. 47-66, 2013.
16. Oransky, I., "Albert Hofmann", *Lancet*, 371(9631), p. 2168, 2008.
17. Tweney, D., "LSD inventor Albert Hofmann dead at age 102", *Wired*, 29 abr. 2008.
18. Delaney, T., *Social Deviance*. Rowman & Littlefield, 2017.

19. Gasser, P., Kirchner, K., e Passie, T., "LSD-assisted psychotherapy for anxiety associated with a life-threatening disease: a qualitative study of acute and sustained subjective effects", *Journal of Psychopharmacology*, 29(1), pp. 57-68, 2015.
20. Jacobs, J., "'They broke my mental shackles': could magic mushrooms be the answer to depression?", *Guardian*, 10 jun. 2019.
21. Griffiths, R. R., Johnson, M. W., Carducci, M. A., Umbricht, A., Richards, W. A., Richards, B. D., Cosimano, M. P., e Klinedinst, M. A., "Psilocybin produces substantial and sustained decreases in depression and anxiety in patients with life-threatening cancer: a randomized double-blind trial", *Journal of Psychopharmacology*, 30(12), pp. 1181-97, 2016.
22. Jacobs, J., "'They broke my mental shackles': could magic mushrooms be the answer to depression?", *Guardian*, 10 jun. 2019.
23. Paarlberg, R., "A dubious success: the NGO campaign against GMOs", *GM Crops & Food*, 5(3), pp. 223-28, 2014.
24. Ibid.
25. Ibid.
26. Ibid.
27. Ibid.
28. European Commission, "A decade of EU-funded GMO research 2001-2010", *Directorate-General for Research and Innovation, Biotechnologies, Agriculture, Food*, 2010. Disponível em: <ec.europa.eu/research/biosociety/pdf/a_decade_of_eu-funded_gmo_research.pdf>.
29. "Facebook: a timeline of the social network", *Daily Telegraph*, 1º fev. 2012.
30. MacManus, R., "Facebook mobile usage set to explode", *ReadWriteWeb*, 27 out. 2011.
31. Clement, J., "Number of Facebook users worldwide 2008-2019", Statista, 30 jan. 2020. Disponível em: <www.statista.com/statistics/264810/number-of-monthly-active-facebook-users-worldwide>.
32. Olsen, P., "Exclusive: the rags-to-riches tale of how Jan Koum built WhatsApp into Facebook's new $19 billion baby", *Forbes*, 2 fev. 2014.
33. Patil, S., "India has a public health crisis. It's called fake news", *New York Times*, 29 abr. 2019.
34. Ibid.
35. Ibid.
36. Ibid.
37. Isaac, M., e Wakabayashi, D., "Russian influence reached 126 million through Facebook alone", New York Times, 30 out. 2017.
38. Ibid.
39. Lewis, P., "'Fiction is outperforming reality': how YouTube's algorithm distorts truth", *Guardian*, 2 fev. 2018.
40. Ibid.
41. Stewart, E., "Lawmakers seem confused about what Facebook does — and how to fix it", *Vox*, 10 abr. 2018.
42. Ibid.

43. Helmore, E., "Google made $4.7bn from news sites in 2018, study claims" *Guardian*, 10 jun. 2019.
44. Ibid.
45. Solon, O., "George Soros: Facebook and Google a menace to society", *Guardian*, 26 jan. 2018.
46. Gabbatt, A., and Paul, K., "Facebook cofounder calls for company to break up over 'unprecedented' power", *Guardian*, 9 mai.2019.
47. Scott, M., Cerulus, L., e Kayali, L., "Six months in, Europe's privacy revolution favors Google, Facebook", *Politico*, 19 abr. 2019.
48. Scott, M., Cerulus, L., Overly, S., "How Silicon Valley gamed the world's toughest privacy rules", *Politico*, 25 mai. 2019.
49. Shieber, J., "Alphabet, Apple, Amazon and Facebook are in the crosshairs of the FTC and DOJ", *Tech Crunch*, 3 jun. 2019.
50. Aleem, Z., "Why London is banning Uber from its streets", *Vox*, 24 set. 2017.
51. Burns, E., "London is open... except for Uber — Mayor Sadiq Khan says firm should 'play by the rules'", *Computer Business Review*, 22 set. 2017.
52. "Connected and Autonomous Vehicle industry worth £28bn to the UK by 2035", *Catapult Transport Systems*, 8 set. 2017. Disponível em: <ts.catapult.org.uk/news-events-gallery/news/connected-autonomous-vehicle-industry-worth-28bn-uk-2035>.
53. Garston, E., "Sharp growth in autonomous car market value predicted but may be stalled by rise in consumer fear", *Forbes*, 13 abr. 2018.
54. Simons, R. A., Driverless Cars, Urban Parking and Land Use. Routledge, 2020. O autor cita artigo na *Economist* que se refere ao estudo da UBS. Ver <www.economist.com/the-economist-explains/2018/03/05/why-driverless-cars-will-mostly-be-shared-not-owned>.
55. Todas as citações de Michael Talbot, ex-chefe de estratégia digital, Centre for Connected and Autonomous Vehicles, foram retiradas de entrevista com o autor, 15 mai. 2018.
56. "Code of Practice: Automated vehicle trialling", Centre for Connected & Autonomous Vehicles, fev. 2019. Disponível em: <assets.publishing.service.gov.uk/government/uploads/system/uploads/attachment_data/ file/776512/invitation-to-comment-code-of-practice-automated-vehicle-trialling.pdf>.
57. Karsten, J., e West, D., "The state of self-driving car laws across the U.S.", *Brookings*, 1º mai. 2018.
58. Ibid.
59. Ibid.
60. Ohnsman, A., "Arizona governor bans self-driving Ubers after pedestrian fatality", *Forbes*, 26 mar. 2018.

Capítulo 8: O Estado empreendedor: estimulando a economia

1. Todas as citações de Michael Talbot, ex-diretor de estratégia digital, Centre for Connected and Autonomous Vehicles, foram retiradas de entrevista com o autor, 15 mai. 2018.

NOTAS

2. Bender, B., "A new moon race is on. Is China already ahead?", *Politico*, 13 jun. 2019.
3. "A new age of space exploration is beginning", *The Economist*, 18 jul. 2019.
4. Bender, B., "A new moon race is on. Is China already ahead?", *Politico*, 13 jun. 2019.
5. Losier, T., "The race to the red planet: how NASA, SpaceX are working to get to Mars", AccuWeather. Disponível em: https://www.accuweather.com/en/weather-news/the-race-to-the-red-planet-how-nasa-spacex-are--working-to-get-to-mars/358844.
6. Feldscher, J., "We want access to every part of the moon, at any time", *Politico*, 13 jun. 2019.
7. Fishman, C., *One Giant Leap: The Impossible Mission that Flew Us to the Moon*. Simon & Schuster, 2019.
8. Fishman, C., "Five lessons from Apollo for the new space age", *Politico*, 13 jun. 2019.
9. Ibid.
10. Ibid.
11. Mazzucato, M., *The Entrepreneurial State: Debunking Public vs. Private Sector Myths*. Penguin, 2018. Edição brasileira: *O Estado empreendedor*. São Paulo, Portfolio Penguin, 2014. Tradução de Elvira Serapicos.
12. Ibid.
13. Losier, T., "The race to the red planet: how NASA, SpaceX are working to get to Mars", AccuWeather. Disponível em:,www.accuweather.com/en/weather-news/the-race-to-the-red-planet-how-nasa-spacex-are-working--to-get-to-mars/358844>.
14. Mazzucato, M., *The Entrepreneurial State: Debunking Public vs. Private Sector Myths*. Penguin, 2018.
15. "Challenge prizes", NESTA. Disponível em: <www.nesta.org.uk/feature/innovation-methods/challenge-prizes>.
16. Todas as citações de Tomas Diez, diretor, Fab Lab Barcelona, foram retiradas de entrevista com o autor em 25 de jul. 2019.
17. Gershenfeld, N., *Fab: The Coming Revolution on your Desktop — From Personal Computers to Personal Fabrication*. Basic Books, 2008.
18. Rosen, Z., "From Fab Labs to Fab Cities", *Shareable*, 16 dez. 2014. Disponível em: <www.shareable.net/from-fab-labs-to-fab-cities>.
19. Riley, T., "The FABulous Sherry Lassiter", *SKF*, 14 mai. 2018. Disponível em: <evolution.skf.com/the-fabulous-sherry-lassiter>.
20. Ibid.
21. Rosen, Z., "From Fab Labs to Fab Cities", *Shareable*, 16 dez. 2014. Disponível em: <www.shareable.net/from-fab-labs-to-fab-cities>.
22. Riley, T., "The FABulous Sherry Lassiter", SKF, 14 mai. 2018. Disponível em: <evolution.skf.com/the-fabulous-sherry-lassiter>.
23. Ibid.
24. "How to make (almost) anything", *The Economist*, 11 jun. 2005.

COMO UM GOVERNO DEVERIA SER

25. Corsini, L., "The Maker Movement responds to Covid-19", *Medium*, 30 mar. 2020.
26. Fried, B., e Wetstone, K., "The White House Maker Faire: 'Today's D.I.Y. is tomorrow's Made in America'", White House Blog, 18 jun. 2014. Disponível em: <obamawhitehouse.archives.gov/blog/2014/06/18/president--obama-white-house-maker-faire-today-s-diy-tomorrow-s-made-america>.
27. Ibid.
28. Ibid.
29. Ibid.

Capítulo 9: O Estado inovador

1. Seelye, K., "Thomas M. Menino, mayor who led Boston's renaissance, is dead at 71", *New York Times*, 30 out. 2014.
2. Ibid.
3. Todas as citações de Nigel Jacob, codiretor, Escritório do Prefeito da Nova Mecânica Urbana, Boston, foram retiradas de entrevista com o autor, 5 set. 2019.
4. Schreckinger, B., "Boston: there's an app for that: 'civic hacking' and the transformation of local government", *Politico*, 10 jun. 2014.
5. Todas as citações de Kris Carter, codiretor, Escritório do Prefeito da Nova Mecânica Urbana, Boston, foram retiradas de entrevista com o autor, 5 set. 2019.
6. Schreckinger, B., "Boston: there's an app for that: 'civic hacking' and the transformation of local government", *Politico*, 10 jun. 2014.
7. Glaeser, E., "New Urban Mechanics, keep tinkering", *Boston Globe*, 9 jan. 2014.
8. Schreckinger, B., "Boston: there's an app for that: 'civic hacking' and the transformation of local government", *Politico*, 10 jun. 2014.
9. Crabtree, J., "Civic hacking: a new agenda for e-democracy", *OpenDemocracy*, 12 jun. 2007.
10. "Boston's innovation lab teaches government to take risks. Here's how", *Apolitical*, 21 ago. 2018.
11. "Distributed ledger technology: beyond block chain", A report by the UK government chief scientific adviser, 19 jan. 2016. Disponível em: <assets.publishing.service.gov.uk/government/uploads/system/uploads/attachment_data/file/492972/gs-16-1-distributed-ledger-technology.pdf>.
12. "Boston's innovation lab teaches government to take risks. Here's how", *Apolitical*, 21 ago. 2018.
13. Todas as citações de Aleeya Velji, analista, Strategic Design and Innovation, Treasury Board of Canada Secretariat, foram retiradas de entrevista com o autor em 24 de jun. 2019.
14. "How Covid-19 is driving public-sector innovation", *The Economist*, 4 abr. 2020.

368

NOTAS

15. Smith, H., "How Greece is beating coronavirus despite a decade of debt", *Guardian*, 14 abr. 2020.
16. Ibid.
17. Todas as citações de Anir Chowdhury, conselheiro político, UNDP Bangladesh, governo de Bangladesh, foram retiradas de entrevista com o autor em 11 de out. 2019.
18. Pink, D. H., *Drive: The Surprising Truth about What Motivates Us*. Penguin, 2011.
19. Hussain, I., analista político, UNDP Bangladesh, entrevista com o autor, 11 out. 2019.
20. Ibid.
21. Ibid.
22. Ibid.

Capítulo 10: Como os cidadãos deveriam ser?

1. Green, E., "One country, two radically different narratives", *Atlantic*, 17 jul. 2018.
2. Packer, G., "A new report offers insights into tribalism in the Age of Trump", *New Yorker*, 13 out. 2018.
3. Kahan, D. M., "Ideology, motivated reasoning, and cognitive reflection: an experimental study", *Judgment and Decision Making*, 8, pp. 407-24, 2012.
4. Kaplan, J. T., Gimbel, S. I., and Harris, S., "Neural correlates of maintaining one's political beliefs in the face of counterevidence", *Scientific Reports*, 6, p. 39589, 2016. Disponível em: <www.ncbi.nlm.nih.gov/pmc/articles/PMC5180221>.
5. "The partisan brain: what psychology experiments tell you about why people deny facts", *The Economist*, 8 dez. 2018.
6. Nyhan, B., Porter, E., Reifler, J., and Wood, T. J., "Taking fact-checks literally but not seriously? The effects of journalistic fact-checking on factual beliefs and candidate favorability", *Political Behavior*, 11, pp. 1-22, 2019.
7. "The partisan brain: what psychology experiments tell you about why people deny facts", *The Economist*, 8 dez. 2018.
8. Adler, D., "Centrists are the most hostile to democracy, not extremists", *New York Times*, 23 mai. 2018.
9. Canellos, P., "What FDR understood about socialism that today's Democrats don't", *Politico*, 16 ago. 2019.
10. McCarthy, T., "Jared Kushner and his shadow corona unit: what is Trump's son-in-law up to?", *Guardian*, 5 abr. 2020.
11. "Emmanuel Macron's La République En Marche!", Tectonica blog. Disponível em: <www.tectonica.co/la_republique_en_marche>.
12. Smarsh, S., "They thought this was Trump country. Hell no", *Guardian*, 26 jul. 2018.
13. Foa, R. S., and Mounk, Y., "The danger of deconsolidation: the democratic disconnect", *Journal of Democracy*, 27(3), pp. 5-17, 2016.

14. Younge, G., "What happened next? How teenage shooting survivor David Hogg became a political leader", *Guardian*, 12 dez. 2018.
15. Giuffrida, A., "How Turin turned against its Five Star Movement mayor", *Guardian*, 4 fev. 2018.
16. Chakrabortty, A., "Yes, there is an alternative. These people have shown how to 'take back control'", *Guardian*, 26 set. 2018.
17. Ibid.
18. Trickey, E., "'They're bold and fresh': the millennials disrupting Boston's transit system", *Politico*, 25 out. 2018.
19. Mazzucato, M., *The Entrepreneurial State: Debunking Public vs. Private Sector Myths*, Penguin, 2018.
20. Brown, A., "Sweden's far right has flourished because the elite lost touch with the people", *Guardian*, 26 ago. 2018.
21. Aspinall, G., "12 reasons why we love Alexandria Ocasio-Cortez", *Grazia*, 7 nov. 2018.
22. Henley, J., "Netherlands PM uses Britain's Brexit 'chaos' as cautionary tale", *Guardian*, 17 dez. 2018.
23. Obama, B., "Barack Obama: you need to vote because our democracy depends on it", *Guardian*, 18 set. 2018.

Índice

#

3D (impressão em), 11, 242, 263, 273-274, 276
5G, 258

A

a2i *ver* Programa de Acesso à Informação
Aadhaar (projeto UID da Índia), 31-41, 67, 69-78, 81, 92, 163
Abed, Fazle Hasan, 161
Abraham, Ronald, 76
acidentes automobilísticos, 236
Adam Smith Institute, 157
Adler, David 329-330
Administração Nacional de Segurança de Tráfego Rodoviário (NHTSA), 239
administração, 96-98, 106-107, 121-126
África, 57-58, 129, 140, 218, 270, 272
African Leadership Academy, 140
Agência de Pesquisa sobre Internet, Moscou, 229
Agência de Projetos de Pesquisa em Defesa Avançada (DARPA), 257, 259
agenda Cutucão 177, 180
Agenda Pública, 347
Agnew, David, 129
Airbnb, 11, 86, 114
Alasca, 149
Alemanha, 43, 50, 85, 112, 126-127, 192, 345

alfabetização, 160, 194
Alibaba, 85
Almelo, 105-106
Almond, Gabriel, *The Civic Culture*, 342
Alpert, Richard, 221
Alphabet, 297
Amazon, 13-14, 66-67, 85, 114-117, 121, 123, 131, 232
Amsterdam, 267
Andrews, Beatrice, 131
aplicativo Citizens Connect, 285-287, 289-291, 301
aplicativos, 30-21, 41, 73, 90, 92, 227
aposentadorias, 39, 72, 81, 170, 319
Appendino, Chiara, 344
Apple, 227, 229, 232, 257, 285
Arduino, 266
Arizona, 241, 343
Ásia, 57-58, 88, 272, 328
Ásia Oriental, 57
assistência, 96-99, 104-108, 116, 121, 163
assistência a idosos, 96-99, 102, 109
assistência a pacientes, 99-102, 104, 108, 116, 120, 126, 163
assistência à saúde da comunidade, 95, 98, 102-105, 121
assistência à saúde, 95, 101, 106-107, 109, 111, 116, 121-122, 131, 160, 281, 297
    assistência à saúde da comunidade, Holanda, 95-98, 101

Brasil, 79-80, 132, 163, 270, 330
Buurtzorg, Holanda, 99, 101--111, 115, 120-122, 126, 132
China, 90
Estado inclusivo, 135, 137, 139, 141, 143, 145, 147, 149, 151, 153, 155, 157, 161, 167, 169, 171
Estado responsivo, 126, 283
NHS do Reino Unido, 116, 118, 121, 163-164, 192--193
responsabilidade do Estado, 281
Estados Unidos, 122, 143
Bangladesh, 20, 34, 124, 160--161, 217, 308-310, 312, 316, 322, 324-326
assistência social, 111, 113, 116, 163
ativismo, 323, 342-343
austeridade, 11, 46, 155, 193, 202, 345
Austrália, 203
Áustria, 45, 50, 154
automação, 147, 157
autonomia, 102-103, 163, 245
Autoridade de Identidade Única da Índia (Uidai), 27-28, 30, 32, 34, 37, 40, 72-73
autoritarismo, 91, 330, 337
avaliação, 288
avaliações de crédito, 61, 85-87, 219-220
Azad, Ghulam Nabi, 70

B

Banco Central do Quênia, 207, 210, 214, 234, 280
bancos
China, 83, 85

crise financeira 60-61, 63
Índia, 41-42, 75
Quênia, 206-207, 209-210, 216, 234, 280
serviço bancário formal, 205
Bangalore, 23, 28-29, 31, 35, 309
Bangladesh, 160-161, 217, 308--310, 312, 316, 322, 324-326
Barcelona, 129, 159, 262, 264, 266-271, 278-279, 281
Barra, Mary, 234
bases de dados, 33, 40, 72-76, 88, 338
Ben Ali, Zine El Abidine, 344
Bennett, Elizabeth, 76
bens públicos, 281, 342
Bezos, Jeff, 117, 251, 253
Bharatiya Janata Party (BJP), Índia, 33-39, 69
Bibliotecas, 268, 295, 345
Biju Janata Dal (partido), Índia, 70
Bilinguismo, 194
BJP *ver* Bharatiya Janata Party
Black Lives Matter, 343
Blair, Tony, 60, 179-180, 333
Blok, Jos de, 95, 97-103, 105--107, 110-111, 121, 353
Bloomberg Harvard City Leadership Initiative, 128
Bloomberg, Michael, 128
Blue Origin, 251, 253-254
Boggan, DeVone, 145
Boston Fab Lab, 263-264
Boston, Massachusetts, 263-264, 283-290, 293, 295-297, 299-301, 305, 308-309, 325-326, 346
Bots, 229
BRAC, 161-162, 309
Brasil, 79-80, 132, 163, 270, 330
Brexit, 351
Bria, Francesca, 270

ÍNDICE

Bridenstine, Jim, 251-252, 260
Brighton's Bevy, 346
Brown, Gordon, 169, 174
Buracos, 284-285, 289-291, 344
Burke, Edmund, 283
Burocracia, 13, 23, 28, 83, 93, 99-100, 123, 155-156, 170, 280, 297, 314
Busca Ativa, 80
Bush, George W., 59
Butão, 270, 279
Buurtzorg, 99, 101-111, 115, 120--122, 126, 132
Byrne, Liam, 169

C

Cairney, Paul, 199, 201
Califórnia, 135-136, 144-146, 159, 240-242, 328
Cambridge Analytica, 230, 232
Câmeras, 88-91, 235, 238
Cameron, David, 169-172, 176--178, 191
campos de reeducação, 89
Canadá, 20, 124, 203, 302, 304--305, 325-326, 329
Cannellos, Peter, 334
Capitalismo, 44, 49-51, 54, 58, 63, 82, 253
Carhart-Harris, Dr Robin, 222--223
Carros, 186, 242, 289-290, 294; ver também veículos autônomos
Carter, Kris, 288-289, 291-293, 300, 353
cartões de lojas, 175
Caterpillar, 248
celulares, 41, 69, 73, 75, 89, 129, 206-207, 212-213, 215, 217--218, 290
Centro de Tecnologia de South End, Boston, 264

Centro para Veículos Conectados e Autônomos (CVCA), 236, 239, 242, 247, 255, 258
Chakrabarti, Suma, 187
Chakrabortty, Aditya, 345
Chandrachud, juiz D., 76
Chaslot, Guillaume, 229
Chen, Jane, "Embrace", 276
Chile, 80
China, 20, 58, 63-64, 67, 73, 82--83, 85, 87-92, 110, 249-251, 275
Chisholm, Shirley, 349
Chopra, Aneesh, Estado inovador, 18
Choudhary, Mishi, 73-74
Chowdhury, Anir, 308-316, 319, 321, 324-326, 353
Christensen, Erik, 155
Cialdini, Robert, 172, 176
Cidadão Inteligente (projeto), 265--268
cidadãos
    cidadãos como solução, 265--268
    cidades inteligentes, 278
    como deveria ser o cidadão, 19-20, 327-351
    desenvolvendo a economia, 262, 268, 276
    design centrado no usuário, 126
    e líderes, 270, 299, 302-303, 305-306, 311, 326-327, 330--337, 339, 341
    engajamento dos cidadãos, 81, 288
    Estado responsivo, 126
    identificação, 25, 32
    modelo "cívica" 296
    nação, governo e seu povo, 349-351
    programa a2i Bangladesh, 308--323, 325-326

projeto Cidadão Inteligente, 266

projeto Monum Boston, 263-264, 283-290, 291, 293, 295-297, 299

satisfação dos cidadãos, 82

serviço público e confiança dos cidadãos, 112

cidades

desenvolvendo a economia, 261-262, 268, 276

Estado inovador, 283, 301

Fab Labs, 11, 263-265, 268, 271-272, 274-275, 278-279, 281

iniciativa Fab City, 269, 270, 277

modelo "cidade inteligente", 295

movimento "faça você mesmo", 271, 273-278

ciência comportamental, 68, 171, 181

Cisco, 265, 295

Clark, Greg, 173

Clegg, Nick, 169-170

Clinton, Bill, 59-61

Cochrane, Archie, 191-193

Code for America, 289

cogumelos mágicos, 221

Colau, Ada, 270, 278

colheita de dados, 91, 232

Collins, Kevan, 194-202

Comissão Federal de Comércio, 232

Commonwealth Connect, 286

como um cidadão deveria ser?, 327-351

cidadãos como solução, 344-349

escolhendo líderes, 332-333

líderes envolvendo tribos, 339-340

líderes equilibrando pragmatismo e ideologia, 333

líderes organizando e liderando equipes, 335-339

mantendo líderes sob fiscalização, 341-344

nação, governo e seu povo, 349-351

política e tribalismo, 327-330

como um governo deveria ser?

batalha de Hayek com Keynes, 45-49

crise financeira, 60-63

fama de Hayek, 44-45

Friedman e os homens de Chicago, 52-55

Hayek e amigos versus Amazon & Cia, 66

Hayek em Viena e Londres, 44-45

liberais versus estatistas, 63-66

O *caminho da servidão*, de Hayek, 49-51

persistência do papel do Estado, 60

resto do mundo, 57

Thatcher e Reagan, 54

comunidades, 160-163, 194, 262-264, 267

comunismo, 43-44, 52, 64, 148

concorrência, 55, 58, 64, 96, 98, 120, 293, 313

confiança, 86, 127, 131-132, 152, 182, 220, 228, 241, 248, 278, 291, 296, 298-299, 301, 307, 332

Congresso Nacional Indiano, 27

Connected Bits, 285

Conselho Nacional Consultivo, Índia 33

Consult Hyperion, 213

Contracultura, 222-223

ÍNDICE

contrato social, 331, 350
controles de fronteira, 54, 170
Coreia do Sul, 295
coronavírus *ver* pandemia de Covid-19, 275
corporativismo democrático, 154
corrida espacial, 249-250, 253, 255, 280
corrupção, 72, 278, 308, 313-314, 344
Cottam, Hilary, 160, 162-163
Crédito Universal, 166-167
crédito, 11, 162, 175, 205-206, 220
crescimento econômico, 157, 204, 249-250, 277-278
Crespo, Anna Majó, 270
crianças, 79, 96, 110, 113, 129-130, 136, 144-145, 161-162, 180, 194-195, 264
Crime, 145-146, 295
crises financeiras, 11, 15, 60-63, 65, 132, 142, 152, 169, 175, 343
Crowley, Joe, 349
cupons de comida, 56, 59

D

dados biométricos, 28, 30, 33, 75
Darpa *ver* Agência de Projetos de Pesquisa em Defesa Avançada
Davidson, Ruth, 245
D-CENT (Tecnologias de Engajamento Descentralizado de Cidadãos), 129-130
Dehaye, Paul-Olivier, 232
demanda e oferta, 44, 47, 112, 118-119
demência, 96, 98
democracia, 41, 43, 48, 50-51, 67, 129, 170, 229, 329, 331, 339, 342, 344, 351

Departamento de Energia e Mudança Climática, Reino Unido, 186, 188, 271, 277, 343
Desemprego, 45, 48, 50, 55-56, 61, 66, 150-155, 157-158, 165
desenvolvendo a economia, 245--281
   corrida espacial, 249-250, 253, 255, 280
   cultura de inovação, 296, 307--308, 322-325, 333
   Estado empreendedor, 205, 245, 254
   Fab Lab Barcelona, 262
   inovação guiada por desafio, 258-261
   kit Cidadão Inteligente, 265--268
   nova estratégia industrial, 246
   orientar versus remar, 277
   prefeitos e Fab Cities, 271, 278
design centrado em humanos, 126
desigualdade, 18, 60, 63, 65, 67, 79, 149, 157-158, 165, 343
desinformação, 228-229
desregulamentação, 55-56, 60-61
Dickinson, H. D., 47
Diez, Tomas, 262-271, 277-280
Digital Bangladesh, 326
Digitalização, 80, 106, 159, 309--311, 313-314
Dinamarca, 20, 151-155
Dinheiro, 45-46
direitos humanos, 79, 89, 92
direitos trabalhistas, 150
Discover BPS, 289, 291
Dívida, 61, 85, 142, 175
Dixon, Racole, 136
doenças terminais, 90, 113
domínio, 316-316
Down, Nick, 182-183
Drèze, Jean, 33, 71-72

drogas psicodélicas, 222-223
drones, 88
Ducey, Doug, 241

E

Ebenstein, Alan, 51
economia
desenvolvendo a economia,
245-280
Hayek e Keynes, 44-49
regulando a economia, 205
economia comportamental, 172-
-173, 177-178, 203
economia de bico, 156
economia informal, 215
economia planificada, 15, 48
economias de incluídos e excluídos, 150
economias fintech (tecnologia financeira), 77
Edelman (empresa), 132
Edelman, Benjamin, 233
Edelman, Richard, 132
e-dinheiro, 212-213
educação
Bangladesh, 160-161, 217, 308-
-310, 312, 316, 322, 324-326
Brasil, 79-80
Estado efetivo e eficiente, 69-
-92
Estado experimental, 167, 169
Estado inclusivo, 135
Estado inovador, 18, 283
inclusão social, 143, 271
mundo árabe, 344
O Que Funciona Reino Unido,
180, 194-202, 204
Portal dos Professores, 322
responsabilidade do Estado,
280
serviços públicos e confiança
dos cidadãos, 131

efetividade, 192-193, 197, 204, 256
eficiência, 48, 66-67, 80-81, 86,
92, 97, 115, 117, 119, 176,
189, 192, 204, 219
e-governança, 310, 314, 325
Eisenhower, Dwight D., 54, 59,
334
elaboração de política pública,
132, 174, 178-179, 187-188,
199, 204
Eleições, 34, 141, 162, 193, 216,
228-229, 312, 327, 329, 331,
333, 338-339, 341, 348-350
Elites, 132, 328, 336, 339, 350
Elmi, Leila Ali, 349
empregos, 146-147, 149-154, 156-
-158, 164
empresas sociais, 261, 344
empréstimos, 162, 218-219
En Marche!, 338, 343
enfermagem, 95, 97, 99, 105-106
Equipe de Ideias Comportamentais (Unidade Cutucão), 178,
182-183, 186, 191, 193, 202-
203
Escola de Chicago, 54
escolas, 60 , 144, 180, 194-200,
289, 322, 342-343
Escritório de Gerenciamento de
Pessoal (EGP), 130
Escritório do Prefeito da Nova
Mecânica Urbana (Monum),
286-289, 291, 293, 296-302,
305, 326
espaçonave Crew Dragon, 252
Espanha, 124, 129
Especialistas, 132, 256, 258-259
Estação Espacial Internacional, 257
Estado
como um governo deveria ser?,
21
escala e escopo, 14

Estado eficiente e efetivo, 69-
-93
Estado empreendedor, 205,
245, 254
Estado empreendedor: desenvolver a economia, 261
Estado empreendedor: regular
a economia, 83
Estado experimental, 167, 169
Estado inclusivo, 135
Estado inovador, 18, 283
Estado responsivo, 126
implicações da tecnologia, 10
Estado babá, 176
Estado de bem-estar, 60, 149, 154,
160, 341
Estado efetivo e eficiente, 69-92
eficácia, segurança e privacidade, 70
Estado de vigilância da China,
88
governo do século XXI, 92,
330
outros países, 91
prós e contras do uso de impressões digitais, 77-78
Sistema de Crédito Social da
China, 82, 92
Suprema Corte, 70, 74-76
Estado experimental, 167, 169
cutucar o governo, 180-181,
202-204
Equipe de Ideias Comportamentais (Unidade Cutu-
cão), 178, 182-183, 186,
191, 193, 202
impostos, 182-185
O Que Funciona, 167, 171,
177, 180, 182, 190-191,
193-195
realidades desordenadas do
comportamento humano,
171-176

rigor para o governo, 178
testes, 127, 159, 184, 192
Thaler em Whitehall, 172-177
Estado inclusivo
dinamarqueses e a flexigurança, 149, 152
incluir os excluídos como solução do problema, 160-165
inclusão econômica e empregos, 146-149
inclusão social, educação e justiça, 143
problemas de Stockton, 139,
141
renda básica universal, 146-
-147, 149, 155, 157-159,
165, 167
Stockton e outros lugares, 165
Tubbs como vereador e depois
prefeito, 140-141
Tubbs preparando-se para o
mandato, 137-139
vida inicial de Tubbs em Stockton, 136-137
Estado inovador, 283
construindo cultura de inovação no governo, 325-326
construindo cultura de inovação para o governo, 314-
-317
cultura de inovação, 296, 307-
-308, 322-325, 333
desafios de inovar em grandes
organizações, 293-296
dificuldade de mudar o governo, 305-306
Digital Bangladesh, 326
inovação em outros níveis de
governo, 301-305
log frames e log jams, 323
plataformas e Lego digital para
governo, 320-323

programa a2i de Bangladesh, 308-323, 325-326

projeto Monum, 286-289, 291, 293, 296-302

treinamento, 317-320

Estado responsivo, 126-133

avanço com prefeituras, 124--126

Buurtzorg, 99, 101-111, 115, 120-122, 126, 132

crise global nos serviços públicos, 111-113

design centrado no usuário, 126-131

equipes autoadministradas, 102-103

mundo sedutor da Amazon, da Netflix e do Google, 114--120

obstáculos à mudança, 123

povo acima da burocracia, 99-101

Estados Unidos

cidadãos e líderes, 327-330, 342

corrida espacial, 249-250, 253, 255, 280

crises financeiras, 60-61

desenvolver a economia, 261

Estado de vigilância, 88

Estado experimental, 167, 169

Estado inclusivo, 135

Estado responsivo, 126

papel do governo, 56, 58, 65, 244, 246, 254

política, 224, 327-328

regular a economia, 83

Serviço Digital do Governo, 321

estatistas, 14, 17, 63-64, 163, 280

Estônia, 80-81

Estrada para a Mudança de Ônibus, 343

estratégia industrial, 246, 248, 261, 339

Estratégia para Alfabetização Primária, 194

Europa, 43, 50, 57, 62, 80, 118, 149, 158, 223-225, 231, 250, 274, 302, 328-329

Experian, 85

Extinction Rebellion, 343

F

Fab Foundation, 269, 272

Fab Labs, 263-265, 268, 271--272, 274-275, 278-279, 281

fabricação digital, 262-263, 268, 273

fabricação pessoal, 263-264, 273

fabricantes, 247, 256, 259

Facebook, 13-14, 67, 101, 121, 205, 226-232, 267, 322-323, 338

fake news, 227-230

Federal Reserve, 45, 56, 61-62

Feiras Faça Você Mesmo, 275

Filadélfia, 302

financiamento coletivo, 266, 273, 338

Finlândia, 129, 149, 155

Fishman, Charles, 253-254

Flexigurança, 149, 151-155

Flint, Michigan, 348

Foa, Roberto Stefan, 342

França, 110, 112, 126-127, 132, 169, 330, 338, 343-345

Friedman, Milton, 14, 52-55, 57--58, 64, 66, 148, 205

Friedman, Thomas, 25

Friends of the Earth, 224-225

Frimer, Jeremy, 329

Fundação Bloomberg, 302

Fundação Ford, 164

Fundação para a Educação, 194--197, 201

ÍNDICE

G

Gabuev, Alexander, 95
Galbraith, John Kenneth, 43
Gandhi, Maneka, 40
Gandhi, Rahul, 35, 228
Gandhi, Sonia, 33-34
Gasser, Peter, 222
gasto do Estado, 47, 49, 53, 56, 59, 157, 256, 345
Gates, Bill, 157
Gershenfeld, Neil, 263-265, 268, 273
gigantes digitais, 14, 19, 67-68, 114, 117, 119, 121, 226, 232-233
Glaeser, Ed, 291
globalização, 25, 65, 133, 156-157, 277
Goldin, Ian, 157-158
Goldwater, Barry, 54
Google, 13-14, 29, 67, 114-115, 118, 121, 131, 137-139, 229-232, 267, 297, 348
Göring, Hermann, 44
Goswami, Namrata, 250
Gove, Michael, 194
governo de coalizão, 169, 191
governo federal, 258, 274, 302-306
governo Lego, 125
governo local, 144, 288, 310, 313, 345-346
governo municipal, 267, 279, 284-285
governo provincial, 303
governos
    argumentos do pós-guerra, 48
    como um cidadão deveria ser? 331-334, 345-351
    como um governo deveria ser?, 43-68
    como um governo do século XXI deve ser?, 92

escala e escopo, 14
Estado eficiente e efetivo, 69-93
Estado empreendedor: desenvolver a economia, 205-281
Estado empreendedor: regular a economia, 205-281
Estado experimental, 167-205
Estado inclusivo, 135-167
Estado inovador, 283-327
Estado responsivo, 126-130
implicações da tecnologia, 10
nação, governo e seu povo, 349-351
orientar versus remar, 277
"govpreendedores", 316, 319
GPS (Global Positioning System), 41, 235, 257, 290, 347
Grande Depressão, 44, 47-50, 60, 63, 149
grãos geneticamente modificados (GM), 223, 225
Grécia, 153, 307
Greenpeace, 224-225
Greenspan, Alan, 56, 61-62

H

habitação social, 346
Habitação, 114, 164, 236, 271, 291, 297, 346-347
HackerspaceSG, 274
Hallsworth, Michael, 183-184
Halpern, David, 176-18,1, 18., 185-189, 191, 193, 202-203
Hamilton, Alexander, 69
Hancock, Matt, 164
Harrison, Brandon, 145
Hasina, Sheikh, 312
Hatch, Orrin, 230
Hayek, Friedrich von, 14, 44-52, 54-58, 64, 66-68
    A constituição da liberdade, 55

Collectivist Economic Planning [Planejamento econômico coletivista], 47
Cortina de Ferro, 57
e Keynes, 45-49
Economia e conhecimento, 48
escala de governo, 15, 59
fama, 51
Friedman e os homens de Chicago, 52
Hayek e amigos versus Amazon & cia., 66-68
morte de, 53
O caminho da servidão, 49, 51, 57
Preços e produção, 46
Thatcher e Reagan, 54
Viena e Londres, 44
Heisbourg, François, 127
Helsinque, 130
Herzberg, Elaine, 241
Heywood, sir Jeremy, 185, 190
Hilton, Steve, 171, 173, 176, 178, 180
HMRC (Her Majesty's Revenue and Customs), 182-186
Hoffman, Samantha, 87, 90-91
Hofmann, Albert, 220-221, 223
Holanda, 95, 101, 105, 107, 109--110, 121, 154, 350
Hospitais, 60, 95, 102-103, 110, 116, 163, 317-318
Hughes, Chris, 205, 231
Hussain, Ishtiaque, 322-324
Hyper Habitat IAAC, 268

I

IA *ver* inteligência artificial, 297
IAAC *ver* Instituto para Arquitetura Avançada da Catalunha, 262, 264-266, 268, 271, 279
Identificação Única (UID), 27, 29, 79

Identificação, 25-29, 29, 32, 41, 72-74, 79, 81, 89, 224, 289; *ver também* Aadhaar (projeto UID da Índia)
ideologia, 333-334
IDU *ver* ID Única
imigração, 170, 229
Imperial College de Londres, 222
Implementação, 17, 40, 149, 159--160, 167, 201, 232, 246, 277, 324, 341
imposto da gordura, 179
imposto de renda negativo (IRN), 166
imprensa, 179, 190, 300
incêndios, 347
inclusão
  econômica, 146-149
  financeira, 38-39, 77, 205-206, 210, 217-219
  social 143, 271
Índia, 23
  #LightUpDelhi, 347
  bancos, 39-41, 206, 211, 219--20
  confiança dos cidadãos, 131
  corrida espacial, 249-250
  Fab Labs, 268
  mídias sociais, 228
  projeto UID Aadhaar UID, 31--40
  RBU, 158, 167
  She Creates Change, 237
Ineficiência, 17, 57, 67, 118-119
Inflação, 55-56, 152
Infosys, 23-26, 28-29
Iniciativa de Ciências Sociais e Comportamentais, 204
iniciativa Fab City, 269, 270, 277
inovação
  cidadãos e líderes, 333, 337
  cultivando a economia, 245--246, 254-262, 280

ÍNDICE

cultura de inovação, 296, 307-308, 322-325, 333
    implicações para o governo, 10, 13
    inovação frugal, 11-12
    inovação guiada por desafios, 258-261
    setor público, 347
    ver também Estado inovador
inovação frugal, 11-12
INR *ver* imposto negativo de renda
Instituto para Arquitetura Avançada da Catalunha (IAAC), 262, 264-266, 268, 271, 279
Instituto para Estudos Fiscais, 180
inteligência artificial (IA), 19, 88, 90, 147, 235, 237-238, 242, 299, 303
internet, 11, 66, 91, 101, 114-115, 117, 120, 125, 229, 254, 257, 259, 267-268, 273-275, 299, 308, 312, 322
investimento, 32, 44, 47, 60-61, 64, 155, 237-238, 245, 291
iPhone, 257, 285, 290
Islândia, 129
isolamento térmico de sótãos, 186, 188
isolamento, 186-188
Israel, 81, 249
Itália, 159, 344

J

Jacob, Nigel, 285-288, 290-291, 293, 296-302, 305
Jaguar Land Rover, 248
Jain, Sanjay, 29-31
Jaitley, Arun, 38, 40, 69-70
James, Donnell, II, 138, 145
James, Sly, 164
Japão, 58, 110, 112, 256-257
Javadekar, Prakash, 37
Jefferson, Thomas, 69

Jing, Yijia, 82
Jobs, Steve, 257
Johnson, Lyndon, 59, 342
Johnson, Paul, 180
Johnstone, Catherine, 163
Jones, Maurice, 164
Joseph, Michael, 208, 212
jugaad, 11
justiça, 143

K

Kahan, Dan, 328
Kahneman, Daniel, 172-173, 177
Kangas, Olli, 158
Kansas City, 164-165
Kant, Amitabh, 77
Kaplan, Jonas, 328
Karnataka (estado), Índia, 24, 26
Katzenstein, Peter, 24, 26
Kennedy, John F., 54, 59
Ketcham, Dale, 252, 258
Keynes, John Maynard, 45
    e Hayek, 48, 66
    Keynesianismo, 53
    liberais versus estatistas, 63
    Teoria geral do emprego, do juro e da moeda, 48, 66
    Tratado sobre a moeda, 45
Khan, Sadiq, 233
Khera, Reetika, 70-72
Kickstarter (campanhas), 266
King, Martin Luther, Jr, 135, 148
King, Melvin, 263
Klaus, Václav, 57
Knight, Frank, 52
Kronenberg, Gonnie, 101
Kumar, Peeyush, 39
Kushner, Jared, 336

L

laissez-faire, 19, 63, 173, 211, 258
Laloux, Frederic, 103-104
Lamba Labs, 275

Lane, Rose Wilder, 52-53
Lange, Oskar, 47
Lara, Hector, 149
Lassiter, Sherry, 269, 272-273
lavagem de dinheiro, 213-214, 256
Leary, Timothy, 221-222
Leferink, Ard, 101
Lehman Brothers, 60
Lei Glass-Steagall, 61
Letwin, Oliver, 173
Liberais Democratas, Reino Unido, 169-170, 176
liberais, 52, 57-58, 63-64, 155, 157, 169-170, 176
Liberalismo, 45, 52, 155
Liberdade, 50-51, 54-55, 63-67
liderança
    e cidadãos, 327
    envolvendo tribos, 339-340
    equilibrar pragmatismo e ideologia, 333
    escolhendo líderes, 335-337
    Estado inovador, 283, 287-327
    mantendo líderes sob fiscalização, 341-344
    nação, governo e seu povo, 350
    organizando e liderando equipes, 335-339
líderes políticos, 299, 326, 330, 332
Liga Awami, 312, 326
#LightUpDelhi, 347
Lisc (Local Initiatives Support Corporation), 164-165
Liverpool, 346
livre mercado, 47, 56, 63
Locke, John, 331
log frame, 324-325
London School of Economics (LSE), 44-45, 49, 65
Long-Bailey, Rebecca, 167

LSD (dietilamida do ácido lisérgico), 220-223, 241
Lumkani, 347
Lyons, Andrew, 346

M

Machines with Vision, 248
Macron, Emmanuel, 338, 343-344
Madison, James, 331
Madsen, Per Kongshøj, 151-155, 158
Mahmud, Manik, 322
Mao Tsé-tung, 87
Maquiavel, 331
Mar do Sul da China (ilhas), 251
Marcha Pelas Nossas Vidas, 342
Marte, 249, 251, 260-261
Mazzucato, Mariana, 254-255, 257, 259, 347-348
Mead, Margaret, 327
Medicaid, 56, 59
Medicare, 59, 148
Menger, Carl, Princípios de economia, 45
Menino, Thomas Michael, 283-289, 291
mercado de trabalho, 151-153, 156
Mercado, 46-48, 56-61, 82, 150, 254
Methods, 111
México, 80, 129, 270, 279
Micklethwait, John, A quarta revolução, 53, 120
microfinanças, 219
mídia noticiosa, 132, 228-229
mídia, 175, 229, 231, 327-328, 342, 348
mídias sociais, 11, 228-229, 231, 273, 300, 338
migrantes, 207, 209, 217; ver também imigração
Mill, John Stuart, 95, 339

Mises, Ludwig von, 45, 47-48
MIT (Massachusetts Institute of Technology), 263-264, 281, 285
Mitsotakis, Kyriakios, 307
modelo do Advance Peace, 145
Modi, Narendra, 34-37, 39, 338
módulo espacial Dragon, 252, 257
monetarismo, 55
monopólio de poder, 228, 232
Monum ver Escritório do Prefeito de Nova Mecânica Urbana
motivação, 188, 315
Mounk, Yasha, 342
movimento "faça você mesmo", 271, 274-276
Movimento Cinco Estrelas, 344
movimento dos Direitos Civis, 341-342
movimento fabiano, 341
Moynihan, Daniel Patrick, 148
M-Pesa (projeto), Quênia, 207--208, 210-218, 220, 234, 246, 255-256, 280
M-Shwari (projeto), Quênia, 218
mudança climática, 186, 188, 271, 277, 343
mulheres, 136-137, 161-162, 166, 347
Murdoch, Rupert, 231
Musk, Elon, 157, 251, 253

N

nacionalização, 44, 50
nações em desenvolvimento, 20, 64
Nadhamuni, Srikanth, 29
Nairóbi, 207-209
Nasa (National Aeronautics and Space Administration), 250--252, 254, 257-258, 260-261, 274, 280

Nasscom (Associação Nacional de Empresas de Software e Serviços), 25
National Institute for Health and Care Excellence (NICE), 193
Nehru, Jawaharlal, 12
NESTA (think tank), 131, 202, 317
Netflix, 114-115, 117, 131
New Deal, 44, 53
NHS (National Health Service), 116, 118, 121, 163-164, 192--193
Nilekani, Nandan, 23-29, 31, 35--37, 77-78, 81
Nixon, Richard, 59, 148, 222
Northamptonshire (prefeitura), 113
Noruega, 264
Nova mecânica urbana, 286
Nti-Asare-Tubbs, Anna, 144-145
Nutt, David, 223
Nyaoma, Gerald, 207-218, 280
Nyhan, Brendan, 329

O

O Que Funciona, 180, 193, 188--202, 204
O'Donnell, Gus, 190
O'Reilly, Tim, 128
Oakland, Califórnia, 146
Oates, Bill, 284
Obama, Barack, 62, 137, 139--141, 175, 204, 276-277, 302, 329, 331, 338, 351
Obama, Michelle, 327
Ocasio-Cortez, Alexandria, 340, 348-349
Occhetto, Pietro, 344
Occupy (movimento), 343
OCDE (Organização para Cooperação Econômica e Desenvolvimento), 131, 151, 345

Ohlberg, Mareike, 85-88
Oleoduto de Acesso de Dakota, 349
oligarcas, 63
ônibus, 234, 226, 289, 295, 343, 346-347
organismos geneticamente modificados (OGMs), 224-226
Organização Europeia de Consumidores (BEUC), 224
organizações não governamentais (ONGs), 161-162, 223--224, 326
orientar versus remar, 277
Orth, Matthias, 127
Orwell, George, 52
Osborne, George, 172, 174, 176, 191
Osborne, Stephen, 82
Osgood, Chris, 285-286
outsider (candidatos), 336
Oxbotica, 248

P

P&D (pesquisa e desenvolvimento), 238, 246-248, 254, 256
Paarlberg, Robert, 224-225
Pabal, India, 264
Packer, George, 328
Padmanabhan, Ananth, 73
PAHAL (programa), Índia, 38
Palmerston, Lord, 283
pandemia de Covid-19, 15, 65, 90, 165-166, 203, 275, 306
pandemia *ver* pandemia de Covid-19
parcerias público-privadas (PPPs), 313
Paris, 270, 279
Park Won-soon, 128
Partido Comunista da Chinês (PCC), 87, 90
Partido Comunista da Índia, 70

Partido Conservador, Reino Unido, 54-55, 172, 245
Partido do Congresso, Índia, 27, 33-35, 70, 74, 167
Partido Trabalhista, Reino Unido, 56, 167, 193
Paterson, Isabel, *O Deus da máquina*, 52-53
Pedersen, Thor, 152
pesquisa FinAccess, 209, 215
Petersson, Olof, 348
Petousis, Francois, 347
Piacentini, Diego, 159
Pierrakakis, Kyriakos, 307
Pink, Dan, 315-316
planejamento central, 43, 50, 58
planejamento do Estado, 50, 58, 64
plataforma Betri (Better) Reykjavik, 130
Plataforma dos Professores, 322
plataforma integrada de operações conjuntas (PIOC), 89
plataforma Salesforce, 125
Plymouth, 346
pobreza, 26, 60, 79, 113, 136--137, 143, 157, 157, 162, 165, 205, 218, 342
Podemos, 15
Poder, 14, 34, 36-37, 39, 48, 55, 63, 68, 92, 119, 126-127, 159, 341, 343
Policiamento, 111, 145
política, 13-14, 32, 35, 44-45, 47, 65, 91, 159, 174, 191, 201, 239
políticas antitruste, 341
poluição do ar, 265
poluição, 235, 265-267
populista, 350
Porter, Ethan, 329
poupança, 162, 209, 218, 289, 301

PPP *ver* parcerias público-privadas

Pragmatismo, 332-334

prática baseada em dados concretos, 171, 179, 193-195, 199, 201, 334

precarizado, 156

preços, 45-48

prefeitos
cidadãos e líderes, 335, 343-344
desenvolver a economia, 261
Estado inclusivo, 135-167
Estado inovador, 283-327
Estado responsivo, 126-131
Fab Cities, 271, 278
prefeitos municipais, 127-129, 343-344
projeto Monum, 286-289, 291, 293, 296-302, 305, 326

Prefeitura do Distrito de Adur, 124, 126

prefeituras municipais, 265-268, 271, 279, 281

Primavera Árabe, 344

prisões, 40, 170

privacidade, 33-34, 70, 72, 74-76, 78-79, 81, 87, 91, 214, 227, 232, 237

privatização, 43, 55-56, 59, 148

problema do último quilômetro, 206

produtividade, 112, 166, 205-296, 245

professores,196-201, 288, 317-318

programa Bolsa Família, Brasil, 79, 163

programa Boston Saves, 301

Programa das Nações Unidas para o Desenvolvimento (PNUD), 308

Programa de Acesso à Informação (a2i), Bangladesh, 308-326

Programa Nacional de Almoço Escola, 130

programas de defesa, 257

programas lunares, 252

Progressista (movimento), 341

Projeto de Segurança Econômica (ESP), 146, 148

propósito, 315-316

Protestos, 330, 336, 331, 343, 350

Protocolo de Cartagena, 224-225

psicologia, 178-179, 182

psilocibina, 221-223, 241

Public Religion Research Institute, 327

publicidade, 230, 232, 297-298

Q

Quênia, 20, 159, 206-207, 209-210, 212, 214-218, 234, 280

R

racionalidade, 173, 328

racismo, 165

Raggi, Virginia, 344

Raghavan, Vivek, 29-30

Rand, Ayn, 52-53, 56

Rasmussen, Poul Nyrup, 151

RBU *ver* renda básica universal

Reagan, Ronald, 14, 54, 56, 59-60

Receitas, 307

reciclagem, 172, 174, 273

recursos de código aberto, 129, 266, 272, 274-275, 278

rede NationBuilder, 338

redes de segurança, 136, 149, 158

refeições em escolas, 130, 346

refugiados, 349

Registro Nacional de População (NPR), Índia, 33

Regulação Geral de Proteção de Dados (RGPD), 231-232
regulação, 219-220, 226-227, 231, 233-234, 236-237, 243-244, 256-257, 280, 339
regular a economia, 83
  abordagens regulatórias abertas no Reino Unido e nos Estados Unidos, 239-42
  Centro para Veículos Conectados e Autônomos, 239-242
  due diligence, 210
  M-Pesa (projeto), 207-208
  orientar versus remar, 277
  super-regular as gigantes digitais, 226-227, 232-233
  super-regular psicodélicos e transgênicos, 220-225
  veículos autônomos, 234-241, 246-248, 255-256, 258, 260
reidratação oral, 161
Reikjavik, 130
Reino Unido
  Brexit, 351
  cidadãos e líderes, 333, 337
  crise financeira, 61, 169, 175
  Estado de Vigilância, 88
  Estado experimental, 167-205
  Estado responsivo, 126
  impostos, 183-187
  movimentos de protesto, 330, 343
  nacionalização, 44
  NHS, 116, 118, 121, 163-164, 192-193
  O Que Funciona, 191, 193-195, 198, 204
  pandemia de Covid-19, 275, 306
  persistência do papel do Estado, 58

regulação, 219-220, 226-227, 231, 233
Serviço Digital do Governo, 321
Reis, Ricardo, 65
Remessas, 39
renda básica universal (RBU), 146-147, 149, 155, 157-159, 165, 167
renda básica, 146-149, 155-159, 165, 167
renda garantida, 147
Renda, 79, 132, 144, 146-149, 153-159, 162, 165-167, 184-185, 206, 219, 263, 313
replicação de resultados, 200
responsabilização, 198
Richmond (modelo Advance Peace), 145
risco, 189-191, 206, 210-212, 214, 216, 218, 223, 249, 325, 332
Robbins, Lionel, 45-46
robótica, 19, 242, 248, 274, 276
Roma, 344
Romer, Paul, 78
Romney, Mitt, 329
Rongcheng, China, 83
Roosevelt, Franklin D., 169
Roosevelt, Theodore, 341
Rosen, Zak, 272
Roth, Mark, 276
Roy, Aruna, 33
Royal Voluntary Service, 163
Rússia, 43, 50, 63, 249
Rutte, Mark, 350

S

Safaricom, 206-208, 210-216, 218-219, 234
salários, 146, 156-157, 164, 218, 313

ÍNDICE

San Francisco, 142, 242, 276
Sanders, Bernie, 15, 157, 348
Sandoz, 220-221
São Paulo, 347
Satpathy, Tathagata, 70
saúde mental, 110, 222
saúde preventiva, 109
Schatz, Brian, 230
Schufa, 85
SEED (projeto Demonstração de Capacitação Econômica de Stockton), 146-149
segurança de dados, 72-76, 79, 86
segurança nacional, 35
seguridade social, 18, 53, 64, 80, 109, 150, 155-156, 158, 166-167
seguro saúde, 85, 101, 106-108
serviço bancário formal, 205
serviço bancário móvel, 210
serviço de entrega, 71, 85, 245, 257
Serviço Digital do governo dos Estados Unidos, 321
Serviço Digital do Governo, Reino Unido, 321
serviço público
    América do Sul, 80
    Bangladesh e Estado inovador, 308-312, 316, 322, 324-326
    começar com as prefeituras, 124-126
    crise global no, 111
    e confiança dos cidadãos, 131
    Estado experimental, 167-205
    Estado inovador, 18, 283-325
    Estado responsivo, 126
    governo local, 310, 313
    mundo sedutor da Amazon, da Netflix e do Google, 114-120

obstáculos à mudança, 123
responsabilidade do Estado, 280
usuários finais, 163
serviços bancários, 209
serviços financeiros, 39, 206, 209, 216-217
serviços públicos e confiança dos cidadãos, 131-133
Sesame Credit, 85-86
setor privado, 12, 14, 28, 30, 65, 77-78, 120, 128, 152, 251-256, 258, 261, 293, 296, 303, 312, 344
setor público, 82, 111, 115, 120, 122-123, 191, 193, 196, 204, 255, 279-280, 289, 295, 300, 306, 344
Shahbaz, Adrian, 91
Sharma, Ram Sewak, 31-34, 37
She Creates Change, 347
Silva, Anthony, 141
Silva, Lula da, 79
Silva, Rohan, 171, 190
Sina Weibo, 87
Sindicatos, 152-153, 348
Singapura, 245, 274
Singh, Bhavya, 347
Singh, Manmohan, 27, 35
Siodmok, Andrea, 131
Sistema de Crédito Social, China, 82, 86-97, 91-92
sistemas de classificação, 83-84
skunk Works, 177, 296
Skynet (sistema de vigilância), 88
Snowden, Edward, 91
socialismo, 43, 45, 47-48, 50-51, 53, 55, 155
sociedade civil, 92, 335-336, 345, 350
Sociedade Mont Pèlerin, 52

soja, 224
Songdo, 295
Soros, George, 231
SpaceShop Rapid Prototyping Lab, 274
SpaceX, 251-254, 257-258
Spotify, 114
Square Reader, 11
Standing Rock, North Dakota, 348-349
Standing, Guy, O precariado, 156-157
startups, 9, 14, 77, 114-115, 156, 259, 261, 277, 285, 294, 296, 305, 325, 339
Stigler, George, 52
Stockton, California, 135-142, 144, 146-147, 149, 156, 159, 165-166
Street Bump (aplicativo), 289--291
Subramanian, Arvind, 38
subsídios de alimentação, 38-40
subsídios de gás, 71
subsídios, 32, 37, 54, 59, 71, 78, 165, 186, 188, 250-251
Suécia, 110, 345, 349
Sunstein, Cass, 173, 175-176, 191
Suprema Corte, India, 70
Surrey (prefeitura), 113
swaps de default de crédito (SDC), 61

T

Talbot, Michael, 237-238, 241--242, 248-249, 255-258
Taleb, Nassim Nicholas, O cisne negro, 172
taxas de juro, 45
Tech Bangla, 309
TechShop, 276

tecnologia
cidadãos e líderes, 333, 337--340
comercialização, 246
e poder, 66-67
Estado de vigilância, 88
Estado empreendedor, 205, 209
Estado inovador, 283, 287
Estado responsivo, 126
gigantes digitais, 226, 232--233
governo do século XXI, 92, 330
implicações para o governo, 10, 13, 18
regulação, 219-220
serviço público, 112, 115-117
tecnologia disruptiva, 65
tecnologia de informação (TI), 30, 119, 268
tecnologia de reconhecimento facial, 232
tecnologia digital, 114-115, 131, 295, 302
tecnologia disruptiva, 65
Tencent, 85
Tent City Corporation, 264
teoria organizacional, 296
terceirização, 24, 28
testagem, 127, 194, 246, 257, 260, 281
testes randomizados e controlados (TRCs), 192
testes, 184, 192, 240, 242-243
Thaler, Richard, 172-177, 203
Tharoor, Sashi, 74-75
Thatcher, Margaret, 14, 43, 54--56, 59-60, 135, 333
Third World Network, 225
Thompson, Mark, 111-115, 117--126

TikTok, 229
tiroteio em Parkland, 342-343
Tocqueville, Alexis de, 49
trabalho em equipe, 102-105, 335-
-339
trabalho, 146-147, 149-154, 155-
-158
tráfego, 91, 139, 227, 239, 247,
346
TransitMatters, 346
transparência, 127, 299, 313-314
transporte público, 210
treinamento de empatia, 317
Trias, Xavier, 269-270, 278
tribalismo, 328-329, 339-340, 350
tributação, 53, 55, 84, 154, 165-
-166, 182-184, 189
trolls, 229
Trump, Donald, 35, 135, 302,
329, 226, 338
Tubbs, Michael, 135-149, 165-
-166
Tufekci, Zeynep, 229
Tunísia, 344
Turim, 344
Tversky, Amos, 173
Twitter, 35, 322, 338

U

Uber, 85, 92, 114, 123, 233, 241
Uganda, 129, 217
Uidai *ver* Autoridade de Identi-
dade Única da Índia
uigures, 89
União Soviética, 52, 57-58, 63,
250, 256
Unidade Cutucão (Equipe de Ideias
Comportamentais), 177, 180
urbanismo participativo, 287
U-Report, 129
Uruguai, 80
uso de drogas, 158, 222
usuários finais, 163

V

Varma, Pramod, 29
veículos autônomos, 234-241,
246-248, 255-256, 258, 260
veículos conectados e autônomos
(VCAs), 234, 236, 238-239,
242, 247, 255, 258, 280
veículos sem motoristas, 236
Velji, Aleeya, 302-306
Verba, Sidney, The civic culture,
342
vigilância, 16, 70, 73, 76, 81, 85,
88-91
violência armada, 145, 229
Vodafone, 206, 208, 210, 214
Voluntários, 160-164
voto, 141, 172, 336, 340
votos de protesto, 336

W

Walport, Sir Mark, 299
Walsh, Marty, 299
Wang, Maya, 89
WeChat, 82
Weiss, Mitchell, 284, 286-287
Wetzel, Deborah, 79
WhatsApp, 11-12, 90, 227-228,
230
WIC (Mulheres, Jovens e Crian-
ças) vouchers, 136
Wieser, Friedrich von, 44
Wilson, Woodrow, 341
Windsor and Maidenhead (muni-
cípio, Reino Unido), 174-175
Winfrey, Oprah, 140
Wooldridge, Adrian, A quarta re-
volução, 53, 120
Worthing Borough Council, 124

X

Xanghai, 275
Xi Jinping, 88

Xinchejian, 275
Xinjiang (província), China, 73, 88-89, 92

Y

Y Combinator, 146
Yang, Andrew, 167
Ye Peijian, 251

Yechury, Sitaram, 70
YouTube, 228-230

Z

Zain, 216
Zeng, Jing, 86
Zuckerberg, Mark, 205, 226, 230-231, 337-338

Este livro foi composto na tipografia Sabon LT Pro
Roman, em corpo 12/16, e impresso em papel
off-white no Sistema Cameron da
Divisão Gráfica da Distribuidora Record.